"互联网+"背景下中职教育教学探讨

田淑娟 高 帅 任 晔◎著

哈尔滨出版社
HARBIN PUBLISHING HOUSE

图书在版编目（CIP）数据

"互联网+"背景下中职教育教学探讨/田淑娟,高帅,任晔著.—哈尔滨:哈尔滨出版社,2022.9
ISBN 978-7-5484-6795-3

Ⅰ.①互… Ⅱ.①田… ②高… ③任… Ⅲ.①中等专业学校－网络教学－教学研究 Ⅳ.①G718.3

中国版本图书馆 CIP 数据核字(2022)第 184940 号

书　　名："互联网+"背景下中职教育教学探讨
"HULIANWANG+"BEIJING XIA ZHONGZHI JIAOYU JIAOXUE TANTAO

作　　者：田淑娟　高　帅　任　晔　著
责任编辑：孙　迪　李维娜
封面设计：徐芳芳

出版发行：哈尔滨出版社（Harbin Publishing House）
社　　址：哈尔滨市香坊区泰山路82-9号　邮编：150090
经　　销：全国新华书店
印　　刷：北京四海锦诚印刷技术有限公司
网　　址：www.hrbcbs.com
E－mail：hrbcbs@yeah.net
编辑版权热线：（0451）87900271　87900272
销售热线：（0451）87900202　87900203

开　　本：787mm×1092mm　1/16　印张：11.75　字数：214千字
版　　次：2023年5月第1版
印　　次：2023年5月第1次印刷
书　　号：ISBN 978-7-5484-6795-3
定　　价：58.00元

凡购本社图书发现印装错误，请与本社印制部联系调换。
服务热线：（0451）87900279

前　言

职业教育的基本特征是以经济社会发展为导向，面向企业生产第一线，与经济社会发展结合密切，其培养目标是高素质劳动者和技术技能型人才，培养规格以各行业熟练劳动者和社会需要的各类技术人员、管理人员为主。"互联网+"时代使中国教育领域进入信息化层面，教师可以在充分利用信息技术的基础上，结合"互联网+"的发展，采取科学、合理、有效的措施来提高教学质量，促进整体的发展。此外，处于"互联网+"时代下的中职教育，需要结合"互联网+"的发展来提升所开展的教学活动质量，因为传统的教学模式以教师讲解为主、学生听课为辅，长此以往，无论是对教师教学质量的提高还是对学生学习效率的提升，都会产生不利作用，因此，结合"互联网+"的发展，改变这一传统教学模式，在充分利用网络信息技术的基础上丰富教师的教学内容，创新教师的教学方式，从而促使各个方面得到进步与发展。

鉴于此，笔者撰写了《"互联网+"背景下中职教育教学探讨》一书，全书在内容编排上共设置六章，以中职教育教学价值取向的构建分析、中职的潜意识教育与信息化发展、"互联网+"背景下中职学生的有效管理为切入点，重点探讨"互联网+"背景下中职教育教学新理念、"互联网+"背景下学分制分层选课教学、"互联网+"背景下中职核心课程教育教学、"互联网+"背景下中职学科实践教育教学、"互联网+"背景下中职人才培养教育实践等内容。

全书结构科学、论述清晰，力求达到理论与实践相结合，让读者在学习基本方法和理论的同时，注重感悟教学的思维、理念和精神，以达到提高能力、提升素质的目的。

笔者在编写本书的过程中，得到了许多专家学者的帮助和指导，在此表示诚挚的谢意。由于笔者水平有限，加之时间仓促，书中所涉及的内容难免有疏漏之处，希望各位读者多提宝贵意见，以便笔者进一步修改，使之更加完善。

目 录

- 第一章　绪论 ………………………………………………………………… 1
  - 第一节　中职教育教学价值取向的构建分析 ……………………………… 1
  - 第二节　中职的潜意识教育与信息化发展 ………………………………… 4
  - 第三节　"互联网+"背景下中职学生的有效管理 ……………………… 17

- 第二章　"互联网+"背景下中职教育教学新理念 ……………………… 20
  - 第一节　"以人为本"的中职教育新理念 ………………………………… 20
  - 第二节　中职服务育人教育新理念的解读 ………………………………… 47
  - 第三节　"互联网+"背景下中职混合式教学理念 ……………………… 66

- 第三章　"互联网+"背景下学分制分层选课教学 ……………………… 69
  - 第一节　中职的学分制、选课制与分层教学 …………………………… 69
  - 第二节　中职教育学分制分层教学思考 …………………………………… 75
  - 第三节　中职学分制选修教学质量 ………………………………………… 77
  - 第四节　"互联网+"背景下中职学分制信息化平台 …………………… 80

- 第四章　"互联网+"背景下中职核心课程教育教学 …………………… 84
  - 第一节　"互联网+"背景下中职语文的教育教学 ……………………… 84
  - 第二节　"互联网+"背景下中职数学的教育教学 ……………………… 86
  - 第三节　"互联网+"背景下中职英语的教育教学 ……………………… 88
  - 第四节　"互联网+"背景下中职计算机教育教学 ……………………… 122

第五章 "互联网+"背景下中职学科实践教育教学 ·············· 126

第一节 "互联网+"背景下中职市场营销教育教学 ············· 126
第二节 "互联网+"背景下中职会计专业教育教学 ············· 128
第三节 "互联网+"背景下中职护理专业教育教学 ············· 131
第四节 "互联网+"背景下中职数控专业实训教学 ············· 132

第六章 "互联网+"背景下中职人才培养教育实践 ·············· 136

第一节 "互联网+"背景下中职电商人才培养 ················ 136
第二节 "互联网+"背景下中职高端技能人才培养 ············· 156
第三节 "互联网+"背景下中职汽车专业人才培养 ············· 159
第四节 "互联网+"背景下中职"双创"人才培养策略 ············ 162
第五节 "互联网+"背景下中职专业群建设人才培养 ············ 166

参考文献 ·· 180

第一章 绪 论

第一节 中职教育教学价值取向的构建分析

一、中职教育教学价值取向的特征

（一）历史性特征

人类的价值活动遵循人类自己的社会行动的规律，生产关系要适应生产力发展规律，人们的思想、意识等社会活动匹配和服务经济发展规律。在此规律下，国家、社会、杰出人物等历史活动主体在自然世界、人类社会和精神家园中实践和创造价值，生成具有时代意义的价值标准，产生该时代的价值取向。价值取向一经形成，在生产力和生产关系未发生大的变化之前，引导主体行动符合规律性和目的性。社会发展有自身的规律、目的和根本的价值追求，在一定历史时期，社会有占主导的价值取向，影响和约束着社会成员的价值选择和行动方向，但是不同集团、阶层站在自身立场有着独立的价值取向，与社会主导价值取向或一致、或相近、或背离。

就个体而言，其价值选择和行动方向受到社会主导价值取向的制约，与社会价值追求和目的保持一致。可见，社会价值取向为个人设置了预期，但个体的行动实际产生的结果并不是预期的，或者这种结果起初似乎还和预期的目的相符合，而到了最后却完全不是预期的结果，个体总是追求对自己有价值的东西，其取向往往趋于价值最大化。当个人、社会的价值取向与人类最终的价值追求、总体目的相符合即合目的性，如果相背离就是不合目的性，而合目的的社会规律与不合目的的社会现状之间的矛盾形成了社会发展的动力。

不同历史时期社会生产力对职业教育形态和价值取向产生了塑造作用，并且当前诸多价值取向都保留了历史上不同时期价值取向的残留和影响。人类第一次分工，促进产品的交换，为职业的产生和以职业为内容的教育形态的产生奠定了基础。而手工业从农业中分离出来的第二次大分工促进了私有制的产生，更促进了早期职业形态的产生，并且初步形成了职业所需的知识与技能的区分，不同职业之间形成了以职业地位为核心的社会差异。第三次大分工后，等级制度进一步强化，以血统出身为基础的社会地位，通过专门的"职业"教育传授知识垄断经济，实现阶层的稳定与延续，而掌握技艺的工人也因师徒、家传的"职业"教育指定学习"专门"技能而被固化。

工业革命以后，因为社会分工越来越细、专业化程度越来越高产生专门的职业学校，掌握技术、提高生产力是这一时期职业教育的中心。现代社会，生产力大发展，生产方式和生产关系发生了巨大变化，影响职业身份和地位的因素越来越多元，知识与技能不再被某一阶层所全权代表，在经济和文化等的多重作用下，职业教育为社会提供了阶层流动的通道，但也出现了技能固化职业流动性的弊端。

（二）相对性特征

"就个人而言，依靠辩证思维，概括实证科学的成果，可以达到相对真理。因为个人是有限的，而客观发展是无限的。客体属性的可能性与主体需要的多样性之间的复杂结构形成了价值取向的相对性。"[①] 价值取向的相对性主要表现在空间的差异性与时间的连续性特征、社会的规定性与个体的多元性对比两个方面。生活在高山、峡谷、海岛、平原、丘陵等不同地域空间的人们生存、发展的需求差异，可资利用的客体差异形成了不同甚至是迥异的价值选择、判断标准，面对相同客体时不同地域的人表现出不同的需求、态度和行动。在历史发展的历程中，不同时期对同一客体的需求表现出具有继承性和连续性的特征。这意味着因社会发展而改变的主体需求和价值取向是受到前一历史时期价值取向的影响和约束的。

就空间与时间维度而言，价值取向是相对的，是由时空发展的有限性所决定的，而非绝对性的差异，是会因时空条件的变化而转化或趋同的。在主体的视角，个体的自由性决定了个人会根据自身利益需求作出价值判断和选择，形成个性化的价值取向。群体或社会的价值取向会超越个体，寻求具有同一性的利益需求形成群体共同认可的价值取向。群体与个体的价值取向是相对的，群体的价值取向超越个体又蕴含个体的需求，但不是满足个体的所有需求或所有个体的需求；不同个体的需求的同一性成就群体价值取向，但是个体价值取向的多元性是不可或缺的。

---

① 李久军. 中等职业教育价值取向研究 [D]. 成都：四川师范大学，2021：58.

价值取向的相对性主要表现为多元性和多层性，多元性主要指主体的利益需求是多元的，需要不同的客体来满足；多层性指主体的价值取向是系统性的，具有高低层次之分，对不同客体的定位是有差异的。

例如，东部沿海地区、中部和西部地区因开放程度不同，经济社会发展水平差异，不同职业之间的阶层差异、对待相同职业的态度不同，形成了具有地域特性的职业价值认识差异。职业价值认识差异导致个体对职业的诉求不同，形成具有地域特性的职业价值观差异，进一步形成不同的职业教育价值取向。

二、中职教育教学价值取向的确立

中等职业教育是直接为第一、第二、第三产业提供初级技术人才的重要基地，具体而言，我国中等职业教育的基本价值取向，应落实以下两个层面：

（一）教学生做"人"

第一，坚持以德育为本。职业教育要将德育贯彻始终，要渗透到各教学环节、学生生活和社会实践中。要有针对性地开展爱国主义、集体主义和社会主义教育，开展中华民族优秀文化传统教育和革命传统教育，基本国情、国内外形势教育和民主法治教育。特别应针对职业教育的实际，大力加强职业道德教育，培养受教育者正确的职业观念和职业意识，使之养成敬业爱岗的良好品质，把教育对象培养成社会主义劳动者。

第二，促进个性发展。职业教育应当走出我国传统教育，尊重受教育者的人格、个性，处理好全面发展与个性发展的关系，鼓励创新，适当满足个人自身完善的需要。

第三，培养现代人的品质。现代人的品质，是指诸如创造精神、自主性、民主观念、参与意识、竞争意识、协作精神、效率感等现代人所应具备的文化心理品质。中等职业教育不能忽视培养学生作为现代人的品质。应通过各种途径和方式，有意识地培养受教育者准备并乐于接受新的思想观念和社会变革的品质，关心、参与集体和社会事务的意识，讲求效率、守时惜时的作风，尊重科学、实事求是的态度等。另外，还必须不断加强职业教育自身的现代化，无论是教育制度、教育内容、教育方法与技术，还是教育管理和教育者自身的文化心理品质，都要逐渐趋于现代化。

（二）教学生做"事"

第一，适应社会需要。社会主义市场经济发展需要怎样的人才，职业教育就应该培养怎样的人才。要根据社会需要及时调整或增减所设专业，使学生能学有所用，真正为社会服务。

第二，产教结合。我国中等职业教育应是大职业教育，应具有广泛的社会性，需要动员社会各方面力量参与办学。职业学校与企业和单位联合办学，产教结合，把企业作为学生实习的基地，让学生在"做"中学，能使学生巩固专业理论知识，同时获得实际动手操作的机会和实践经验，也为学生提供了潜在的就业出路。

第三，文化基础教育不容忽视。中等职业教育承担着普及文化基础教育和培养职业劳动技能的双重责任。加强文化基础教育，是经济社会和教育发展对职业教育提出的客观要求。因此，职业学校决不能忽视文化基础学科的教学，同时也要重视知识的实际应用和学生实践能力的培养，保证必要的实验和社会实践环节。

教师是教育的实施者，教师水平的高低直接影响着教育效果。因此，我国中等职业教育要加强师资队伍建设，注重教师的知识更新和专业技能提高，鼓励支持在职进修，职业学校还应吸收优秀的工程师和技能师傅到校任教。

第二节 中职的潜意识教育与信息化发展

一、中职的潜意识教育

潜意识教育重点是指运用大脑中被定义为潜意识的能力对学习内容加以掌握，从而达到活学活用、随时使用的目的。潜意识教育是相对重要的教育形式，对中职学生而言，这种教育形式影响较大，可以让他们无意注意、无意记忆和本能模仿，不会加剧他们的心理负担，避免产生不愉快的体验。通过将潜意识教育与中职教学密切结合，使学生自主地表达出学习欲望，将本能的好奇、模仿和揣摩展示得淋漓尽致，可以通过相对简易的方式轻松获取别人需要刻苦努力记忆的知识。

教育是人类社会生产经验得以传承并发扬的重要途径，在广义的层面上分析，只要是能够让人获取知识、对自身思想意识产生重要影响的活动都可视为教育；在狭义的层面上分析，教育主要是指学校教育，指教育工作者依照特定的要求，有目的地开展教育活动，有计划、有组织地对受教育者的身心施加影响，使其逐步成为对社会和国家有利的人才。涉及的基本类型包括正规教育、技术教育和终身教育等，一般受教育对象会根据实际的需求进行合理的选择。

"潜意识教育就是一门系统的教育体系,通过将潜意识教育与学习力教育体系结合起来,可以让学习力教育体系更加丰富和充实。"① 潜意识通常是指隐藏在一般意识下的,相较于意识而存在的心理活动。人具备但并未使用的能力被称为潜力,潜力的动力一般是深藏于深层意识中,这便是"潜意识"。应该肯定潜意识教育的价值,在学生出生后对其进行有目的、有计划地教育,使他们拥有多方面的经验,促使其与外界亲密接触,家中多样化的事物能为孩子们的潜意识教育提供机会。

(一) 中职潜意识教育的重要功能

第一,感染功能。潜意识教育最为突出的功能便是感染功能,人在特定的环境下不知不觉接受多种意识的刺激,人们一般将这种影响称为感染。中职校园中,校风对学生展示出感染作用,各个班级的班风也能对其产生一定的影响,因此,需要明确潜意识教育中感染功能的价值。

第二,渗透功能。潜意识教育还有一定的渗透功能,通过"润物细无声"的渗透过程,使学生接收到更多的知识,掌握更多的技能。若是其中存在负面因素,极易对学生产生不良影响,需要让学生积极规避。

第三,输入功能。一般而言,人的"无意"行为多是通过潜意识进行相对应的支配,人的潜意识依照特定的程序执行相关的操作。潜意识教育中,借助科学的手段,可以为中职院校的学生输入多种信息资源,使他们不自觉地吸收。

第四,感悟功能。在潜意识教育的运用中,还能体现出寓教于乐的内涵。通过将教育和多样化的活动结合起来,使教育在相对轻松且活跃的氛围中开展,保证让中职学生在特定的环境下获得启示。

第五,引导功能。潜意识教育是教育工作者非常重要的教育途径,依照中职学生的思想特征,可以让其更好地思考并分析相关问题。

(二) 中职潜意识教育的主要特征

潜意识教育是一种寓教于乐的教育手段,其体现出灵活性和隐蔽性等多种多样的特点,对比于传统的教育形式,潜意识教育与学科教育密切结合,遵循学科教育的基本理念

---

① 肖志忠. 中职学校教学中潜意识教育的应用 [J]. 现代职业教育, 2022 (11): 124.

和特定出发点，实现对学生原有学习模式的创新，保证学生在潜意识下学习，让学习的成效更突出。

1. 平等性特征

中职院校的学生对枯燥的知识缺乏探索兴趣，尤其是在相对特殊的成长阶段，传统的有意识教育并未起到显著的效果，甚至降低了他们的参与积极性，这对他们的学习和发展不利。潜意识教育是无讲台教育模式，学生感受着与教师的平等关系，在共同学习和共同交流中努力奋进。在具体的教学中，教育者和被教育者的地位相对平等，这种平等性的展示使学生的心理需求得以满足，除了减轻学生的心理负担外，也让他们的参与意识得到强化。

2. 灵活性特征

潜意识教育的另一突出特征就是灵活性，主要表现在三个方面：①展示在内容上。中职教学中，对相关知识的讲解并不会按照特定的文本思路展开，而是教育工作者依照中职学生的认知需要开展教学活动，完成情感以及行为取向上的自主安排，教育的内容和中职学生心理需求息息相关，具有较强的针对性，对强化学生的学习能力具有较大的帮助。②展示在方法上。潜意识教育主要是从满足学生的个性化发展需要出发，通过开展生动、愉悦的情景活动，将教育渗透至中职学生的生活及学习中，不管是哪个方面，都能清楚地了解潜意识教育的存在，这对传统教学模式实现了全面的突破，更能迎合学生的基本诉求，也能保证教育成效的强化。③展示在时机上。潜意识教育并不会选择特定的时间对学生进行引导，而是根据实际的情况选择最佳时机，便于学生欣然接受，也让预期效果及时达成。

3. 隐蔽性特征

在潜意识教育方针的运用中，无须通过相对直白的方式展示出潜意识教育的理念，而是通过一种较隐蔽的过程，使潜意识教育成果展示出来，这对学生的成长具有深刻影响。正是因为潜意识教育体现出相对明显的隐蔽性特征，所以可以在潜移默化中引导学生，使其更好地感受到无时无刻、无处不在的教育，自主地接受丰富的知识，主动提高学习能力。

潜意识教育突破了以往极具限制性的教育模式，通过将教育意向、教育目的隐藏在相应的载体中，将极具内涵和意义的道理传递给学生，让学生在心灵深处认识到教育的价值，逐步转变为自我意识，形成良好的品格和理想信念。在开展多种教学活动的时候，均应该结合实际情况加以分析，还需明确潜意识教育渗透的关键点，寻找到合理的路径，确保潜意识教育的价值充分体现。教师应该明确潜意识教育具体的特征，对其展开细致的分析，使潜意识教育真正服务于中职教育。

（三）中职潜意识教育的应用策略

在中职教育工作实际开展时，教师应寻找科学的潜意识教育路径，运用科学的策略，使中职学校潜意识教育的成果更加显著，满足学生的个性化需求。以中职化学学科为例，化学是中职教育中的关键组成部分，但是因为化学知识的记忆难度大，体系过于抽象，若教师一味采用传统教学方法，将无法保证学习成效，甚至还会起到反作用。需要结合潜意识教育的定位，运用科学化的手段开展中职教学活动，使其更好地服务于化学课堂教学。

1. 合理运用环境熏陶的策略

对中职学生而言，因其自制力有待加强，所以在学习中容易受到环境的影响，面对这样的情况，应该重视环境熏陶法的合理使用，以此让学生在环境和氛围中无意识地受到感染。中职化学中涉及很多实验，其中包含的原理较为复杂，若是单纯地依靠教师的讲解，对学习基础相对薄弱的学生而言，他们会对化学学习失去足够的兴趣。教师应该运用环境熏陶法，在开课前为学生创造特定的实验环境，通过潜移默化的影响，促使学生在特定的氛围中无意识地自学和自省，由此更好地强化化学知识的理解程度，为化学学科素养的培养创造良好的条件。由此可见，环境熏陶法的适用性较强，可以带领学生进入特定的学习氛围中，使其主动地接受知识并运用知识。

2. 灵活利用榜样示范的策略

榜样的力量是很大的，无论是在何种环境下，学生都能积极地接受相应的引导，通过榜样力量的展示，促使相应的学习成效更为突出。在潜意识教育中，榜样示范法就是一种相对可靠的方法，通过将榜样树立起来，可以引导学生主动思考，还能让其明确榜样身上的优势之处，在潜移默化中改正自身的不足，主动投入学习实践中。中职化学相较于其他学科有一定的难度，对"学困生"而言，想要正确地理解化学方程式和化学原理、化学实验步骤等基础性的知识难度较大，如果在教学中教师一味地盲目授课，势必会加大学生间的差距，还会降低学生的学习积极性，从而使他们难以参与到多元化的学习活动中。

应该在潜意识教育背景下，借助榜样示范法，对学习成绩和表现相对优异的学生进行引导，让他们在讲台上演示化学实验的过程，同时搭配生动且通俗的讲解，让讲台下的学生自主地吸收知识，明确榜样的力量，无意识地强化自身的能动力，更好地强化自身的化学学习技能。除了榜样的亲身示范效果，还有暗示作用，可以让学生主动依照榜样去改变自己，按照特定的标准为人处世。同时也有明显的调节功能，让学生认识到遇到挫折和困难时应积极面对，即便是化学学习的难度较大，也应该调整心态和行动，按照新的方法向目标不断前行。

3. 正确使用情绪感染的策略

情绪感染的方法主要是让人的思想情绪受到场景、情境以及气氛等的感染。在中职教育工作中，潜意识教育的使用可以结合情绪感染法发挥作用，通过此类手段调节学生的情绪，让其主动投入学习环境中。

首先是现有的情绪环境，主要是依照学生的情绪状态，将其带入特定的情绪环境中，使其可以全身心地感受以及体验。整个实践阶段，学生的主体地位显现出来，他们在课堂上的主观能动性更加明显。其次是相应情绪环境的创建，例如，在化学实验前，精心打造实验场景，张贴一些基本的警示标语等。通过这样的方式，可以引领学生进入特定的环境中，使其不自觉地融入特定的氛围中，学生的学习情绪得到有效的激发，对强化他们的潜意识学习动力具有较大的帮助。在化学学习中，情绪感染法的适当运用，能够让学生真正融入化学实验、原理探究等多个环节中，对提升他们的学习能力和实践认知能力等均有较大的帮助。

4. 结合中职校园文化开展教育

对当代中职学生而言，丰富多彩的校园文化能够对学生健全人格的形成产生积极的影响，使学生受到良好文化的熏陶，丰富他们的课余生活，让其视野更加开阔。在中职化学教学中，开展的各项实践活动应该符合校园文化建设的方针，在相应的活动实践中开展潜意识教育，使学生在"第二课堂"中有目的、有计划、有兴趣地学习。对中职学生而言，化学知识有一定的难度，特别是基础相对薄弱的学生，他们无法详细解读化学原理和化学方程式背后的内涵，如果教师盲目地开展教学活动，势必会降低他们的学习兴趣，还会给学习活动的进一步推动设下阻碍。在中职化学教学中，教师应该在教学活动中灵活地融入校园文化建设的内容，通过潜意识的引导，让学生理解学习化学的意义，结合寓教于乐的活动内容，使学生可以在相对轻松的氛围中接受熏陶，由此达到相对理想的潜意识教育成果。

5. 精神调节与潜意识教育结合

在潜意识教育中，应该关注学生的精神状态，应该选择在相对适宜的情况下开展潜意识教育，这样所收获的潜意识教育成果更加显著。为了保证化学教学的基本质量，可以将精神调节法与潜意识教育相互结合，使学生拥有较理想的精神状态，为强化综合素质创造良好条件。例如，适当地开展实验探究活动，倡导学生积极地运用理论知识推动实验进程，由此调动他们的探究兴趣，使其主动地参与到化学教学的各个环节中，保证以智慧的力量去获取更加丰硕的学习成果。开展化学原理研讨会，结合中职学生的实际情况，积极地组织多元化的活动，让学生强化自身的语言表达能力，借助参与活动的实践过程，加深他们对理论知识的认识，更好地提升学习的成效。此外，还可以通过开展化学实验展示会等，让学生以小组为单位展示实验的成果，除了可以让他们进行深入的交流和分析外，还能锻炼他们的思考能力和总结能力，让其清楚地认识到化学学习的意义。通过一系列的活动，学生真正发挥出了自身的主观能动性，明确了实际的技能成果，潜意识教育的具体价值充分显现，对学生的长远发展和进步具有深远影响。

综上所述，在中职学校中，应该采取适宜的手段，让潜意识教育的教育功能和价值充分体现，在灵活展示多种特征的基础上，强化学生的学习能力，使其从内心深处接受学习、认可学习，以相对积极的姿态应对中职教学。

二、中职的信息化发展

（一）加强中职的信息化建设顶层规划

1. 教育信息化经费统筹的规划

对于中职学校的信息化建设，针对资金分配问题，资金分配方式如下：部分经费由地方财政统筹，用于决策各学校共性部分的信息化建设（如公共基础网络、公共平台建设、智慧管理系统等）；部分经费由各学校自主分配，用于其个性化的信息化建设（如某些个性化教学系统、资源制作与开发中心、特色专业的虚拟仿真实训等）。通过部分经费由地方财政统筹规划、各中职学校共性部分的信息化建设由专业团队统筹实施的方式，达到互利双赢的目的，优点具体如下：

（1）能有效保障资金分配均衡，尽量避免把资金直接分拨到各学校后，各学校在信息化建设过程中可能出现的不良现象。

（2）避免各学校分散建设导致的数据标准不统一，无法实现数据互联互通以及重复建设的问题。

（3）由专业团队整合各个企业的优势软硬件、资源等，共同完成学校的信息化建设，通过政府相关部门同意，以大量采购的方式，以最低的成本价格购买到高质量的产品，可以规避由一家企业建设带来的风险。

（4）能有效完成各学校信息化建设的实际需求（共性的信息化建设、个性化的信息化建设）。

（5）可打造新型智慧校园，构建一批领先全国的优质标杆学校，发挥区域辐射的示范作用。

2. 教育信息化主体的规划

当前，随着公众认知度的提升，在线教育行业渗透率不断增长，2022年将超过50%，因此，中等职业教育信息化的发展要考虑多元主体的利益。教育信息化规划的主体不能只是教育信息化部门，因为各级教育主管部门的教育信息化规划不但需要相关利益者（学校、企业等）的参与，更需要财政、科技等部门的支持。规划的内容必须取得相关业务管理部门的支持并达成共识，充分体现相关利益者的诉求和利益，要有较强的系统性。

3. 教育信息化可操作性的规划

中等职业教育信息化规划要配套相应的项目，项目实施方案要具有可操作性。在制定规划后，后续要及时制定总体实施办法，或按不同的领域、事务制定专门的实施意见，明确规划目标的具体要求和操作路径。

4. 教育信息化执行力的规划

制定出一个好的规划仅仅只是前提条件，良好的执行力才是规划得以落实的生命力。为加强中等职业教育信息化规划的执行力，需要进一步完善教育信息化评估和督导机制，将中等职业教育信息化纳入教育现代化的重要评价指标中，加强对中等职业教育信息化规划的评估和督导。

（二）完善中职的信息化基础设施建设

第一，制定完善的信息化财政资金政策，保证学校建设资金的投入。为加强中职学校的数字化校园建设，全面提升中职学校的信息化水平，就要制定中职学校数字化校园建设标准，采取"标准引领、项目示范、分步实施"的方式，推进中职学校数字化校园建设。通过制定完善的信息化财政资金政策，可合理规划教育信息化建设资金，明确基础设施建设资金比例；同时，也可鼓励社会力量参与办学，打开学校自筹资金的渠道，为学校的信息化建设提供资金保障。

第二，升级中职学校信息化基础设施。以加强中职学校信息化基础设施建设为突破口，邀请信息化技术专家，针对中等职业学校的网络使用现状和千兆校园网的建设目标，进行学校校园网的总体规划与设计，加强网络基础设施建设，包括网络主干线路建设、楼宇综合布线、网络接入设备建设、中心网络机房建设、网络安全（运维）建设、无线网络建设等。统筹建设覆盖中职学校的职业教育宽带网络，实现高速、稳定、安全的互联互通，实现宽带网络校校通。另外，要大幅提升中职学校的信息技术装备水平。

第三，加大信息化实训仿真教学环境建设。以中等职业教育资源服务平台建设为依托，以拓展网络资源为建设重点，以数字教学资源共建共享为目标，全面推动优质资源班班通建设；积极推进数字技能教室和虚拟仿真实训室建设，基本形成校企信息互动、理实一体、学做合一、仿真与实操结合的信息化环境，对基础较薄弱的边远地区、农村职教中心，利用信息化手段实现远程技能教室建设。并制定智能信息发布系统、实训综合信息系统，要求学校加大信息化教学环境建设，提升学校信息化水平。

（三）加快中职教育的相关平台建设

1. 加快中职教育公共管理平台建设

中等职业教育公共管理平台包含教育公共管理平台和学校管理系统，这两个系统实现互通共享。学校管理系统是学校内部管理的应用系统，也是中等职业教育公共管理平台的数据来源，这两个系统要遵循统一的标准进行统一开发，实现系统相互兼容、数据共通。

（1）加快开发中等职业学校管理系统。可以由教育相关部门根据各中等职业学校在招生、就业、教务、学务、行政、后勤、薪酬、绩效等方面的使用需求，制定统一的、适用于中等职业学校的管理系统技术标准、规范和要求，学校管理系统应包括综合业务办公系统、学生管理系统、教师管理系统、学校资产及办学条件管理系统、就业与招生系统、人才预测与专业建设系统、职业教育决策系统等，形成比较完善的电子政务体系，全面提高职业教育的管理水平和公共服务能力。

加快开发中等职业学校管理系统，需要依据国家教育信息化管理的相关标准：一是加快职业教育基础数据库建设，重点采集实习实训、校企合作、工学结合、集团办学和学生资助等关键信息，逐步建立人才预测、就业预警和人才培养管理信息系统；二是各地各职业院校加强学校管理系统的建设与应用，做好信息采集、统计工作，做到完整、准确、及时、高效，充分发挥管理系统在日常管理和重点工作推进中的作用，实现学生、教师、经费、基建、装备等信息入库，加强教学质量监控，推动校务公开，优化学校服务与管理流程，提升学校的管理效率与决策水平。

（2）开发中等职业教育公共管理平台。在中等职业学校管理系统的基础上，尽快开发中等职业教育公共管理平台。根据教育部门不同的管理权限和需求，开发适合三级职业教育的公共管理平台，使各级教育部门监测实时数据、发现问题，为领导提供决策依据。同时，以相关质量管理体系为基础，在中等职业教育公共管理平台中配套建设中等职业学校质量管理监控平台，以常态数据为基础，进行多维度、多元化数据分析，实现快速、有效的质量反馈，推动学校整体教育教学管理水平的提升。

2. 加快中职教育教学资源平台建设

（1）制定公共教学资源建设规划。目前中等职业教育的教学资源建设大多由学校进行自主建设，缺乏统筹规划，存在建设成本高、效率低、重复建设等缺陷。因此，需对教学资源建设进行顶层设计，统筹规划，明确建设标准与目标任务。

（2）加快公共教学资源平台建设。目前，教学资源匮乏已经成为制约中等职业教育教学质量提升的主要因素，而且教学资源难以共享共用，利用率比较低，因此，需要尽快开发中等职业教育公共教学资源平台建设，提高教学资源的质量，实现教学资源共享。职业教育资源服务平台需融资源制作平台、资源管理平台、资源利用平台和资源交流平台四大系列为一体，并提供多系统耦合平台，在网络环境中将各个平台结合起来，共享数据，形成一个基于云计算技术标准的数据互通的教育资源库软件环境，该框架需具有共享性、开放性、服务性和流程化的特色，用以实现资源共享服务、知识积累服务、学习模式服务、数据管理服务等。

（3）建设专业课数字化教学资源库。基于不同地区教育云计算标准，从职业教育的发展需求出发，需建设职业教育信息资源库，主要包括以下内容：

第一，整合已有职业教育的优质数字资源。

第二，依托国家职业教育改革发展示范学校已建成的多个数字资源开发基地，成立重点专业建设协作组和特色项目建设协作组，组织建设对接主导产业和支柱产业，满足基础知识、基本技能、基本素养教学的需求，覆盖面大、覆盖能力强、应用比较广泛、操作相对简单，制作工具常见、安装调整容易，适宜网络运行，以助教为主体，完整、相对独立的基础性资源库。

第三，建立资源认证体系，根据资源建设标准，与企业合作，初步建成满足中职教育基本需求的互动教学软件、仿真实训教学软件、智能型软件制作模板、典型教学软件（由先进软件工具制作）等，建设对接职业（岗位）活动，突出专业技能、核心岗位能力，制作工具相对先进，具有引导性、示范性，可以同时满足助教、助学功能，交互性高，相对独立、完整的引导性数字资源库。

第四，立足人才培养的需要，加快校级教学资源建设，大力推进各职业学校自主开发虚拟仿真实训平台、网络课程、工作过程模拟软件、通用主题素材库、名师视频公开课、资源共享课、微课程等多种形式的数字化资源，并择优遴选和汇集各校资源到职业教育信息资源库。制定职业教育数字资源建设规划，建设优质职业教育数字资源开发基地，建立"企业竞争提供、学校自主选择"的资源建设机制，建立以政府相关部门购买公益性服务为主导、市场提供个性化服务为补充的服务模式，形成免费使用和有偿使用相结合的资源共享机制。

（4）加强教学资源的应用推广。以提升中等职业学校的教师职业实践能力和学生的专业技能为目标，以对接企业、岗位的新技术、新规范、新标准、新设备、新工艺以及专业核心技能为重点，按照"教师率先使用、国家改革发展示范学校率先示范"的原则，依托中等职业教育教学资源平台，拓展建设网络学习空间服务平台，建设可供学习、交流、上传、下载、交互、跟踪、评价、统计，方便、友好、多通道的教师和学生学习空间，全面实现中等职业学校网络学习空间人人通。通过网络学习空间，加强教师、学生、家庭之间的沟通和互动，在职业学校教师之间开展网络学习、网络教研、网络观摩活动。

（四）完善中职的信息化建设保障机制

1. 加强组织领导

（1）加强教育信息化工作的组织领导。推动相关教育部门设置教育信息化管理职能机构，需要统筹规划、组织协调和宏观指导职业教育信息化建设工作，对职业教育信息化建设的目标和内容进行整体规划，制定职业教育信息化建设标准和管理规范，通过加大投入和购买公共服务的方式，组织实施职业教育信息化共建项目；指导各中等职业学校制定职业教育信息化优先发展的配套政策和措施，协调制定职业学校网络接入等方面的资费优惠政策，指导、检查地方和学校职业教育信息化规划的实施。

（2）明确推进教育信息化工作的责任。通过构建学校和区域两个层面的组织体系，实现教育信息化建设的决策、管理、执行和操作。在学校层面成立由校长任组长、部门领导为成员的信息化建设领导小组，负责学校信息化建设工作的战略决策，加强信息化建设工作的领导。校长要有较强的信息化领导力，部门领导要具备一定的信息化基础理论和应用能力。成立信息化建设专职管理机构信息中心，全面负责学校信息化建设决策规划的实施，为决策层提供支持。信息中心负责人要有良好的组织管理和统筹协调能力、基本的教育信息化科研能力、较强的信息技术应用能力。组建一支专业能力强、有奉献精神的信息化建设专业队伍，负责学校网络中心、数据中心、多媒体中心、计算机实训室的具体工作。

2. 完善制度规范

（1）建立科学的标准规范。依据国家行业标准规范，借鉴国内外先进成果，结合实际，合理构建中职学校信息化建设标准规范。通过标准规范的制定和应用，规范学校信息化建设、运行和管理工作。标准规范应当结构清晰、层次分明，准确把握现状及发展趋势，简洁、适用，并能满足各区域中职学校信息化建设的需要，要不定期地更新、完善标准规范，使其应用于信息化建设。

（2）制定系列管理运行制度。中职学校要依据教育信息化建设战略规划，制定学校中长期战略规划和详细的建设方案，要建立健全科学规范的软硬件资源管理制度、岗位责任制度、人员培训制度、使用安全制度等。在管理过程中要保证规划和制度的执行力度，通过常态化督察强化落实制度，通过责任追究杜绝推诿，管理要坚持以人为本，如制定课余、节假日向社区和学生开放的运行制度，充分发挥功能场室、设备的效益，提高利用率和共享范围。

（3）构建有效的评价激励机制。建立详细的考核指标和方案对学校各部门和全校教职工的信息化建设工作进行考评。要将信息技术的应用情况及能力提升作为教师考核、评优、晋升、职称评定的依据。

3. 做好技术服务

（1）加强中等职业教育信息化标准规范的制定和应用推广。制定中等职业教育信息化建设督导评估方案，建立科学的中等职业教育信息化建设评价体系。科学有效的评估体系，要有科学的评估指标、合理的评估组织和有效的评估策略。把中等职业教育信息化建设和应用作为衡量中等职业教育创新发展水平的重要内容，作为体现学校办学水平和办学质量的重要标志。加强对中等职业学校数字化校园和教学信息化建设的考核评估，并作为学校建设项目立项、经费拨款、评先评优的重要依据，把中等职业教育信息化建设工作作为各级教育行政部门和学校领导年度考核的重要指标之一。

（2）建立和完善中等职业教育信息化创新支撑体系。整合设立教育信息化研究基地，以多种方式设立教育信息化技术与装备研发、推广项目，建立和完善适应教育信息化技术自主创新、经济可行的特色装备、研发支撑体系。

（3）完善中等职业教育信息安全保障。加强教育行业的网络安全建设，提升安全防护能力。严格执行《中华人民共和国网络安全法》等相关的法律、法规，加强网络安全教育和宣传，提升安全意识。按照分级管理、分级负责的原则，建立健全网络安全领导责任制，落实网络与信息安全的经费投入，明确网络安全责任部门和人员的职责，建立健全网络安全管理规章制度、应急预案、重大网络安全事件处置和报告制度，形成相对完善的网络安全管理制度体系。配齐、用好网络安全设施、设备和软件，加强网络安全技术防范措施，开展漏洞检查和风险评估，提高发现风险隐患、监测预警和处置突发事件的能力，形成多层次的网络安全技术防护体系。

（4）完善中等职业教育信息化运行维护与技术支持服务体系。推进各级教育机构的信息化运行维护和技术服务机构建设，建立各级教育行政部门和各级各类学校的信息技术专业服务队伍。

4. 加强信息化运维体系

加强信息化运维体系，提高信息化运营水平。中等职业教育信息化建设运维管理体系的建设目标是建立运维管理的组织机构，制定科学有序的规章制度和管理流程，实施统一的运行维护规范，应用运维管理工具搭建运维管理平台，保障教育信息化建设的稳定运转。运维管理的对象主要是基础设施和应用支撑环境，包括链路管理、机房及配线间管理、网络管理、服务器管理、应用系统软件运行环境管理、多媒体教室管理、多功能会议室管理、安全监控管理、数字广播管理、数字电视台管理等。通过科学合理地开展运维管理服务，保证数字校园真正为人所用，真正使人智慧化。

（五）增加中职教育大数据的开发与应用

第一，加快中职教育大数据基础设施建设。为适应大数据时代的需求，实现绿色环保、高效率、低成本的数据智能处理，应从数字通信、数据存储、安全性三个方面着手，采购各种基础设备，如刀片式服务器、云存储设备，加快大数据基础设施建设。

第二，建设大数据统计分析中心。为了更好地实现中等职业教育与社会教育的密切契合，需对中等职业教育大数据进行汇集整合和关联分析。通过引进研发，建设基于云计算的省（直辖市、自治区）、市、县、校四级大数据统计分析系统，实现各级职业教育大数据整合与分析，为教育管理者及学校领导的决策提供依据，也为企业等用人单位提供科学合理、较为精准的数据分析。

第三，加强中等职业教育大数据的应用开发。通过对中等职业学校专业设置、行业企业人才需求的预测预警、毕业生就业水平和质量等方面大数据的高效采集、有效整合、深化应用，提高职业教育服务经济社会发展的精准性和有效性。

第四，组建中等职业教育大数据科技人才梯队。通过引进社会各方技术人才、内聘精英、外聘专家及国内外培训等方式，组建大数据中心管理梯队及大数据统计分析精英梯队，为中等职业教育大数据中心建设提供人才保障。

（六）提升中职教育管理者与师生的信息化能力

第一，开展教育行政部门人员的培训。就目前的情况而言，加快中等职业学校的信息化建设，需要教育行政部门积极推动。这就需要对教育行政部门的相关人员进行培训，建设专业化的技术支撑队伍，重视信息化专门人才的引进和培养，建立和完善信息化人才考评和激励机制，持续开展教育信息化专业人员能力培训，培养一批具有较强能力的信息化人才，形成结构合理的专业队伍。

第二，开展教育管理者的培训，提升教育信息化领导力。要加强培训，更新观念，开展管理人员教育技术能力培训和教育信息化领导力培训，增强各级专业机构和职业学校管理者的信息化意识，提升其对信息化的规划能力、管理能力和执行能力。建立健全信息化管理工作的业务规范和考评机制，将职业教育管理部门的管理绩效和学校的信息化建设效果、信息化发展水平作为评估管理者信息化领导力的重要依据，将信息化领导力列入所有教育管理者的考核内容。

第三，开展中等职业学校教师的培训，提高教师应用信息技术的水平。可以建立职业学校三级教师应用信息技术能力提升培训体系，广泛开展职业学校教师职前、职中相衔接的应用信息技术能力培训，采取多种方法和多种手段，帮助教师有效利用信息技术、更新教学观念、改进教学方法、提高教学质量。

第四，开展中等职业学校学生的信息化学习能力培养。中等职业学校的学生对于信息化教学的接受意愿较高，除了学习形式新颖的因素外，更重要的是信息化教学比较适合中等职业学校学生的特点，能够较好地调动学生学习的积极性、主动性，但学生普遍存在寻找、获取和筛选信息能力等方面的不足，而在中等职业学校开设的信息课程中，较多讲授计算机基础及常用办公软件的应用，其他方面涉及较少，影响学生在信息化社会中多渠道获取知识、技能的能力，从学生将来职业发展的需要而言，需要加强中等职业学校学生的信息化学习能力，创新信息化环境下职业学校的德育工作模式。

中职学校要充分运用信息技术手段，丰富德育内容、创新德育方法、拓宽德育途径。融合网络、电话、无线通信于一体，加强家校互动、师生互动，建立学校、家庭、社区全时空的网络育人环境。重视对学生应用网络资源的引导，大力开展网络道德教育、网络法制教育与网络安全教育，增强学生对网络不良信息的辨别能力和抵制能力，打造有职业教育特色的绿色、文明、和谐的校园网络文化。

第三节 "互联网+"背景下中职学生的有效管理

截至 2022 年 1 月，全球互联网用户数量达到 49.5 亿，同比增长 4%，互联网用户占总人口的 62.5%，每个互联网用户平均每天使用互联网的时间是 6 小时 58 分钟，其中通过手机访问互联网的用户占了 92.1%。可见，在"互联网+"背景下进行中职学生的有效管理是非常有必要的，也是符合当前互联网教育发展趋势的。

一、把握中职学生"互联网+"的管理优势

"互联网+"下的学生信息管理模式，要在传统的管理基础上利用互联网的数据挖掘技术进行进一步分析，用更加综合的形式来研究学生最近的学习状况和生活状况。教师可以通过对学生近一段时间的数据和平时的表现进行打分，并且在这一基础上进行数据的分析，制定一种更加科学合理的评优评先以及评奖学金的方式和计算方法，根据平台自动生成的结果进行评选。

例如，可以收集学生的消费系数，判断他们的消费能力，采取聚类分析算法，计算出每一位学生的金额系数、贫困系数，这样就能够得到更加高效、方便的贫困生评价体系。还可以根据学生每一节课的出勤记录、实验室和机房的出入记录、宿舍的出入记录等，建立学生日常行为表现的统计报表和预警系统，一旦到达了预警值之后，系统就会自动进行报警，管理教师和辅导员可以根据这一预警情况作出判断，与学生进行深入的谈话和指引。

当然，"互联网+"的管理模式也会给学生的心理健康的发展带来一定的影响。心理健康是当前阶段的教学主要内容，需要从教师、家长两个层面进行协调和配合，随着网络的不断发展和普及，这些正处于好奇心旺盛期的学生很容易受到网络的影响，尤其是一些消极的影响，如果中职教师不能在这一方面进行有效的教育和管理，学生就很容易出现心理方面的问题。

除了心理方面之外，学生的行为方式也会受到一定的影响。在"互联网+"的时代下，学生获取信息的渠道变得非常广泛，这也说明了学生很有可能受到虚拟世界的影响，其中的一些不良画面，很容易给学生造成消极的影响。因此，教师必须在这方面进行严格的把控和管理。

二、实施中职学生"互联网+"的管理策略

（一）利用交互体系拓展学生的管理渠道

在"互联网+"的时代中，中职学校的教师可以为学生创造一个更加宽广的管理空间和管理环境，并且未来这种时代背景还会持续不断地影响中职学校的管理工作。但是，与传统的学生管理工作相比，这种"互联网+"的教学方式使得师生之间的距离更加亲近了，弱化了传统课堂的师生之间的等级和差距，这使得教师不能再按照传统的教学理念进行班级管理工作，而是要根据"互联网+"的时代背景进行一定的创新和改进，这也是中职学校教师需要面临的一个挑战。当然，"互联网+"的背景也为教师的管理开拓了新途径，使得这种管理模式不再受限于时间和空间，能够更加快捷、真实、全面地进行学生的管理工作，传递更丰富的信息。教师也可以利用这种"互联网+"的手段，将日常的知识宣传教育、生活方面的管理、德育方面的管理和社会教育等有机地结合在一起，并且起到更加综合的作用，进行全方位的综合性管理，从而提高中职学校学生的综合能力。

"互联网+"的技术也可以提高教师在教学的管理工作方面、学生的情况分析方面的洞察能力，为中职学校的学生提供更加即时性的指导渠道和窗口，更深入地针对学生的思想困惑进行分析和解读，对其中的重点、难点进行学生个人的针对性讨论，必要的时候也可以采取研讨会的形式，或是其他类型的讨论方式，能够做到全面地引导学生的思想和行为，从而帮助中职学校的学生在掌握了一定的实践技能的同时形成正确的人生观、价值观。

（二）利用交互体系拓展学生的管理方式

互联网技术能够非常有效地拓展中职学校教师在学生管理方面的方式、渠道，这样的管理工作更具有针对性，也更有效，帮助学生营造出一个轻松、愉悦的学习和生活环境，也使得教师的管理工作变得更加有的放矢。教师可以结合一些多媒体设备，如幻灯片、音响等，将多种表现形式有机地综合在一起，从而采取多角度、多形式的方法展现给中职学生，让他们能够从不同的角度、不同的方式获取各类信息，从而带动他们从不同的角度审视自己，利用综合化、信息化的经验和成果，构建起师生之间有效沟通的信息桥梁。

互联网技术也能够为中职学校的教师开拓更多的交流渠道和沟通方式，如除了传统的面对面沟通交流之外，也可以采取微信、QQ等在线交流的形式。在面对面交流时，学生很容易被困于师生间交流的拘谨，因此非常紧张，没有办法将自己的真实想法传递出来。

如果是在线交流，则能够非常巧妙地拉近师生之间的距离，让学生变得更容易袒露自己的心声，从而便于教师的管理，也使得管理的过程更加科学、合理，从而增强学生的心理耐受能力，让教师和学生都能够享受到这一交流的过程，也能够相应地提高师生之间的交流质量，使得这种交流变得更加自然、和谐，真正地融入学生的日常生活中，让学生感觉到教师是一个知心朋友的角色，能够消除彼此之间的心理距离和障碍。

另外，教师可以有意识地提供一些服务管理类的文章，让学生了解到自己在管理过程中扮演的角色，明确如何配合教师开展更加有效的工作，在了解这些的基础上，及时给教师提供信息和数据，使得整个管理过程变得张弛有度，教师的管理工作也变得更加有效、更加合理、更有秩序。

（三）利用交互体系提高学生的管理效率

互联网技术本身就有着快捷、方便、精确的特点，使得中职学校的管理者利用互联网的技术可以更加及时、全面、高效地进行学生管理工作。除了上文提到的利用微信、QQ等社交手段进行沟通交流之外，教师还可以采取群发邮件、微信公众号发布、利用班群告示栏编辑通知班级事务等方式，有效地缩短师生之间交流沟通的时间间隔，迅速、及时地在这些班级平台内上传、共享一些学习文档。

如果学生有哪些生活方面的困难和需求，也可以利用这一平台与教师进行交流和沟通，这能够提高中职学校教师的管理效率。随着互联网的发展，教师可以建立一个学生管理信息系统，将学生在中职学校学习中的每一个方面的发展记录在系统中，使其逐渐变得完善，教师可以从学生的学习状况、思想状况和生活状况等方面进行记录，将学生日常的管理工作、信息统计工作与平台交互工作综合在一起，使协调一体化的管理手段变为可能，摒弃传统的手工统计模式，为后续的管理工作进行针对学生个人的管理工作和指导工作，显著地提高教师的管理效率，同时也能够节约人力、物力和材料等资源成本。

同时，这样的工作方式也能够将教师从琐碎的数据采集、繁琐的数据统计和分析中解放出来，将有限的工作精力和时间集中于解决学生的实际问题的工作中，帮助中职学校的教师教学工作得以更加全面、快速发展。

总而言之，在中职学校的学生管理过程中，教师要顺应"互联网+"的时代发展，应用一些新型的互联网技术，紧跟时代的步伐，不断地将新的策略和方式应用于学生的管理中来，从而有效地、有针对性地进行学生的日常管理，为高效地解决出现的问题提供相应的对策。

第二章 "互联网+"背景下中职教育教学新理念

第一节 "以人为本"的中职教育新理念

"以人为本"教育理念旨在"对人性的唤醒和尊重，对人的潜能与智慧的挖掘，对人的自由和民主精神的培养，即以人作为教育教学的出发点，顺应人的天赋，提升人的潜能，最广泛地调动人的积极因素，最充分地激发人的创造活力，最大限度地发挥人的主观能动性，从而完整而全面地促进人的发展。"[①] "以人为本"中职教育新理念中的"人"是指中职学生和中职教职员工，"本"是指目的、目标。"以人为本"中职教育新理念，是以中职学生的全面发展及综合素质的提高为教育的根本目的，兼顾教职工的专业发展与人格提升，它不仅注重中职学生职业技能的培养，满足学生就业和升学的实际需求，而且要求教师和学生管理工作者转变教育思想、教育观念，增强管理服务意识，做好软硬件教育设施的配套工作，从广大中职学生的最根本利益出发，不断满足学生在生活、学习、终身发展等方面的需求。

"以人为本"中职教育新理念，倡导中职学校教育"以教师为中心"的教师管理、"以学生为中心"的教学管理与"以学生为中心"的学生管理，突出新理念下中职教育的新形象。

---

① 刘合群，陆灼华. 以人为本中职教育新理念[M]. 广州：暨南大学出版社，2008：17.

一、"以人为本"中职教育新理念的特征与内容

(一)"以人为本"中职教育新理念的特征

1. 教育观念人本化特征

"以人为本"中职教育新理念强调把学生看作目的而非手段,认为学生是教育的中心,也是教育的目的;学生是教育的出发点,也是教育的归宿;学生是教育的基础,也是教育的根本。"以人为本"的中职教育应高度重视学生的健康和全面发展,把学生看作所有工作的出发点和归宿,重视学生的意见和要求,改变单向灌输和高标准要求学生的思维习惯,对教育内容进行有效选择,对方法和措施进行及时调整,力争做到使学校各项教育活动生动活泼。

2. 教育教学个性化特征

"以人为本"中职教育新理念要求教师要把学生看作具体的人而非抽象的人,看成有潜力的成长中的人,而不是一个分数或一次行为的表现。在近年的中职教育改革中,广大中职教育工作者开始关注学生的终身发展,这是一个好现象,但同时也出现一个误区:即把学生看作抽象的人、机械的人,这是违背"以人为本"中职教育新理念的。实施"以人为本"中职教育新理念,不仅要把学生看作受教育的对象,而且要把学生看作具体的人,做到具体问题具体分析,具体的人具体分析,不要把学生统一看待。把人看作抽象的人还是具体的人是传统中职教育与现代中职教育的分水岭。

坚持"以人为本"中职教育新理念就要求改变这种思维,把每一个学生看作独一无二的世界,看作有独特个性的对象,在实际教育工作中体现一定的层次性,执行标准有一定的弹性,对学生的个性发展作区别对待,在尊重学生个性发展的基础上,做到因材施教,增强学生发展的可接受性,做到长期目标与短期目标、社会发展要求与学生个体实际的有机结合。

3. 教育过程主体化特征

"以人为本"中职教育新理念凸显了学生是教育主体的地位,把学生看作能动的人而非被动的人。促成人的自我实现是"以人为本"中职教育新理念的根本目的,而发挥人的积极性和能动性是自我实现的重要条件。因此,"以人为本"中职教育新理念必须把人看成能动的人而不是抽象的人。在现代中职教育改革过程中,越来越多的人赞同这样的观点,即在教育中,教育者与受教育者的主客体关系是相对存在的。

一方面，教育者对受教育者实施教育，教育者是主体，受教育者是客体；另一方面，受教育者接受教育的状况和受教育者自身的素质以及能力水平也会影响教育者，从这个意义上而言，受教育者又成了教育者。教育的这种双向互动关系要求把学生当作能动的人而不是被动的人，这也是"以人为本"中职教育新理念的根本要求。就中职教育工作而言，这就要求我们要认识到每一个学生都有自己的意识和思想，都具有主观能动性，都有自己独特的接受和反映方式，从而可以充分调动学生的积极性和参与性，发挥他们的潜力。

任何有效的教育都是通过学生自己的学习和接受来实现的，而不是通过教师的单纯灌输所能奏效的，中职教育也不例外。没有学生的主观能动性的发挥，就不可能有真正的理解和接受，就不可能有知识和技能上的实践，这样的中职教育是无效的。因此，"以人为本"的中职教育的任务既要向学生讲解知识，又要启发和调动学生的积极性和参与性，发挥他们的能动性，引导学生正确认识自我，正确进行自我评价、自我管理和自我教育，引导他们在理解的基础之上进行自我知识和技能上的实践。

4. 教育管理人性化特征

"以人为本"要求提倡人性化管理。学校凭借权威来管理学生破坏了学生深挚的感情和真诚、自信，使学生养成驯服的性格。

（1）管理的目的不是惩治，而是服务于育人理念和成才目的。要倡导管理过程中教育在先和管理与教育并重，反对没有教育的管理和教育不到位的管理。要通过先于管理、同步于管理的教育，对学生进行全面发展的引导，帮助学生树立长远发展观念，防止学生的短期行为与片面发展，从而达到更好的管理效果。

（2）"以人为本"的人性化管理，要求尊重学生的主体地位，提倡平等讨论，允许不同意见的交流。提倡在管理中刚性与弹性相结合，克服管理中的冷漠与机械，应将现有的"约束制度"甚至"强制制度"软化，尽可能考虑到学生的人性化需求，让学生切实感觉到有"人情味"，以情感人，把无情的规章制度管理与有情的人性化管理很好地结合起来，体现对学生的尊重、理解、关怀与信任，培养学生的自尊、自信与自爱。

（3）"以人为本"的人性化管理绝不是不要法治，相反更需要法治的保障。一方面，明确学生在学校里享有的权利以及在充分享有权利的同时应该履行的义务；另一方面，对学生的合法权益要予以维护，如针对学生的决定，除了要做到程序正当、定性准确、处分恰当外，还要有明确的程序和渠道，保障学生对学校的处理享有陈述、申辩和申诉的合法权利。

（4）"以人为本"的管理工作，在方法上应该重视培养和习得，以受教育者的行为养成为中心，求得过程和效果的统一。管理工作要有利于规范学生之间、学生与社会之间的各种行为，通过制度化、规范化的管理，提供文明修养、激励机制以及价值信念等整套体系，为学生长远发展提供有效指导，使学生在规范的指导和制约下理性选择自己的行为，并意识到自己选择的科学性、主动性和合理性，愿意为之负责。在此基础上，要提高学生对规范和纪律的持续学习和适应能力，培养学生学习规则、适应管理的再生产能力，以适应将来不同条件、不同职业领域和不同规范的要求，使他们不仅达到对既定标准、规范和纪律的实践和遵守，而且具备自身的调试能力和适应新规范、新制度的能力。

（二）"以人为本"中职教育新理念的内容

1. 新理念下的"以教师为中心"

"以教师为中心"的教师管理主要有三层含义：一是确立教师在学校管理中的主导地位，把教师作为学校管理的主体；二是明确教师作为能发挥积极能动性的，有思想、创造力的管理客体地位；三是注重教师发展的管理，在本质上以促进教师自由、全面发展为根本目的。

"以教师为中心"要求以尊重教师、关心教师和信任教师作为学校教师管理工作的出发点，以造就教师、成全教师和发展教师作为学校教师管理工作的落脚点，使学校成为教师全面发展的场所。例如，部分中职学校在"以教师为中心"的教师管理上，主要体现在教师上班时间安排的人性化。教师作为多种角色的集合体，他们不仅是学生的老师，而且也是儿女和父母。为了预留更多的时间给家庭，部分学校实行上午首节没课的教师可以8点半到校，下午首节没课的可在3点到校的规定。人性化的工作时间安排，有效地调动教职工的积极性，达到工作与家庭生活两不误的完美结合。

坚持"以教师为中心"，具体体现在以促进专业化发展为导向，以提高学校青年教师教育教学水平为轴心，以构建终身学习体系为重点，以校本研修为基础，以新课改培训为切入点，以校园网络为手段，以青年教师读书会为媒介构建青年教师自育网络和交流活动平台。为此，必须充分运用各种宣传媒体，在舆论上为教师营造良好的学习氛围；组织教师参加多层次、多形式的学习活动，使青年教师进一步明确学习是每一个教育工作者的使命，从而树立起终身学习的思想。

引导广大青年教师理论联系实际，学以致用，努力提高自己的工作水平和创新能力，需要注意：①注重青年教师发展规划，在此基础上要求每位青年教师完善自我教育方案，结合各自的专业水平和教学能力，完善个人专业发展三年规划（即自育方案）；②给每位教师建立学习档案，使每位教师自我施压、自我完善、自觉进取，尽快实现个人专业成熟；③组织举办青年教师专业技能竞赛，使竞赛与教学教研活动相结合；④开展论文交流评比、课题研究活动，引领青年教师走专业化发展道路；⑤假期安排相关教师到企业顶岗学习，理论联系实际，同时了解前沿科学技术、工艺流程、高效管理，促进教师的自身发展，服务课堂教学。

2. 新理念下的"以学生为中心"

我国现行的职业教育体系包括全日制课堂教学和在职人员培训，其教学目的大多是一样的，即教会学生一种或多种谋生的手段和方法。其教学模式应注重学生的实际需求，培养学生的自主学习和自立能力，从而使学生成为高素质的新时代劳动者。其中，教学设计和考核体系是教学管理的关键。

以学习者为中心的教学设计应该强调学生的需求与学习目的，从学生的实际需要出发，根据学生的"最近发展区"进行设计。自主学习是终身化的学习方式，因为所有的学习最终都是依靠学习者自己的努力完成的，因而如何培养学生的自主学习意识是当前教学工作者普遍关注的一个问题。与传统教学相比，在自主学习中，学习的责任从教师转移到学生身上，学生对自己的学习负责，使整个教学的设计发生变化。

（1）在学习环境的设计中，提倡合作学习。合作学习在英文里为 Cooperative Learning，还有一种翻译为 Collaborative Learning，前者指同学间相互合作、相互交流信息，学习者对自己学习负责，并帮助其他同学学习；后者指的是一种再同化的过程，即帮助学生成为社团中的一员，这个社团的特性不同于学生已经参与的社团的特性。学生可以参加教学活动的设计过程，包括教学活动的内容、方式等。学生介入整个活动可以提高学生的学习动机，这种介入可以让学生感受到教师并不是只把他们当作知识的接受者，更多的是把他们当作真正的独立个体。

（2）在学习材料的设计中，更多的是学生在教师的帮助下，寻找属于自己范围或主题的信息资源，根据学生自身的实际情况合理利用资源，以达到建构知识的目的，学生已不再是被动的知识接受者，而是主动的知识建构者。由于职业教育的特殊性，学习材料的设计应更强调教材的实用性和时代性，因而，在课程设计的各个过程中，材料的使用也是师生之间协商的关键内容，所采用的材料既要符合学生的"最近发展区"，又要符合学生的实际需要。

二、"以人为本"中职教育新理念的学校管理

(一)"以人为本"中职教育新理念的行政管理

"以人为本"是指经营者或管理者的一种领导方式或理念,它的直接解释是以人为"根本"。"以人为本"的管理,是指在管理过程中以人为中心、以人为出发点,围绕着激发和调动人的主动性、积极性、创造性而展开的,以实现人与企业共同发展为目的的一系列管理活动。

教育行政管理活动是国家意志和教育管理客观规律的体现。"以人为本"的教育管理理念是教育行政管理所应遵循的行政管理原则。"以人为本"的教育行政管理有两层含义:一是以"人"为中心的教育行政管理。确立人在教育行政管理中的主导地位,以人作为管理主体,即管理的根本任务在于调动人的主动性、积极性、创造性,最大限度地挖掘人的潜能;二是以谋求人的自由与全面发展为终极目的,努力为满足人的自我实现需要,创造各种条件和机会。

"以人为本"的教育行政管理的现代意义有两方面:一方面体现在以人为中心的教育行政管理使工作更生动、更富有人情味和更有效率;另一方面则表现在能够扬人所长。由此可知,要实现"以人为本"的行政管理,在管理设计上需要规范化、科学化、人性化。

1."以人为本"的规范化管理

规范化管理源于企业管理,是与泰罗的科学管理相对立的,强调的是在管理的过程中,要充分体现人的价值,是在对人的本质特性准确把握的基础上,通过确立一套价值观念体系来引导下属员工的意志行为与选择。

"以人为本"职教理念是以人为中心的理念,通过规范化的管理,能保证学校各项规章制度始终围绕着人的全面发展与价值实现展开,通过人的发展进而带动学校的发展。由于在规范化管理形成的制度或标准来源于科学的人性基础之上,它不是某个人或某个集团突然意识的产物,因而具有科学性与相对稳定性,通过规范化管理对这些制度或标准进行制定与实施,才能真正做到"以人为本"。

将规范化管理运用于学校管理之中,就是要在"以人为本"价值观念体系下,建立一整套包括教学、科研、后勤的管理制度,构建一系列学校中长期发展规划,通过这些制度与规划,使所制定的目标和行为标准不再是孤立的单一规范。

2."以人为本"的科学化管理

科学化管理是指管理活动必须按照客观规律办事，注意采取新的管理理论和管理方法，使管理活动建立在科学的基础之上。教育行政管理活动既受教育规律的制约，同时也受管理规律的制约，是一项科学性很强的管理活动。

"以人为本"来源于现代管理科学的基本理论——"人本原理"。作为管理学四大基本理论之一，"人本原理"要求人们在管理活动中坚持一切以人为核心，以人的权利为根本，强调人的主观能动性，力求实现人的全面、自由发展。其实质就是充分肯定人在管理活动中的主体地位和作用。"以人为本"理念来源于现代管理科学，也必然要求其在实施过程中运用科学化的管理方式加以保障。

3."以人为本"的人性化管理

管理的真谛在于最终发挥人的价值、人的才能、人的个性。如何坚持师生在学校的核心地位，这就需要人性化管理。具体而言，所谓人性化管理，就是一种在整个管理过程中充分关注人性要素，以充分挖掘人的潜能为己任的管理模式。至于其具体内容，可以包含很多要素，如对人的尊重、充分的物质激励和精神激励、给人提供各种成长与发展机会、注重企业（学校）与个人的双赢战略、制定员工的生涯规划等。

人性化管理扬弃了传统的"以人为手段"的管理理念，是面对"完整"的人，而不仅仅是他们的技术和能力。这一点与"以人为本"理念中的以人为根本是不谋而合的，因此，要推行"以人为本"理念，必须实施人性化管理。职业学校"以人为本"理念下的人性化管理有其全新的内容，它包括以下方面：

（1）人性化管理目标是刚柔并济、高效和谐，实质是对人的尊重和理解。构建和谐校园是当前我国学校管理的首要任务之一，也是和谐社会在学校环境中的具体表现。人性化管理在以人为根本的前提下，调节人与人之间的关系，采用刚柔并济的两种管理方式，实现学校高效运转与和谐氛围之目标。

人性化管理的实质是在管理中"以人为本"，尊重人、理解人。这种"人和"局面的形成和管理者的领导能力，即用人的能力，是分不开的。知人善任是对管理者的最高评价，知人善任的前提，用现代话语而言就是对人的尊重和理解。用好人才的前提是尊重人，要尊重人的劳动、尊重人的创造、尊重人的合法权益。尊重人的前提是理解人，要理解人的基本需要以及人在基本需要支配下在各种情景中的行为动机、个性表现，即理解人性——人的自然属性和社会属性，理解人的个性——人的先天禀赋和后天教育所形成的个人特质。只有对人和人性有了深刻、综合、历史、本质的理解，才能做到尊重人，才能做到知人善任。

学校管理的重点是对知识分子队伍的管理。学校知识分子学历层次高，具有较深厚的专业知识和良好的文化素养，心理方面的高层次需求强烈，特别重视理解和尊重需要的满足，并且对待事物有比较客观科学的态度，崇尚科学。因此，对学校知识分子的管理，应强化人性化管理理念，重视柔性管理，在尊重和理解的基础上，内在重于外在，肯定重于否定。

（2）人性化管理的基调是教师与学生的充分发展。追求发展是人生的一种动力，也是人的一种高层次的心理需求。人的发展包括很多方面，对教师和学生而言，主要是思想道德的发展、知识技能的发展和个人成就的发展。学校的管理者在进行管理设计的时候，必须把师生的发展需求作为出发点，将学校的发展放到师生全面发展的基础之上，不但要考虑师生现在的工作、学习和生活，还要考虑他们的将来，引导他们进行生涯设计和生涯管理。要尽可能地创造条件，最大限度地满足师生自身发展的要求。学校的管理目标、管理措施要根据学校现有的条件，尽可能地符合师生的发展需求，这样的管理设计才能吸引教师和学生，学校才有凝聚力，学校的发展才有动力、有后劲，学校才可能实现可持续发展。

（3）人性化管理的特色是个性化管理。刚性管理的着眼点是群体的人，柔性管理的着眼点则是个体的人。柔性管理关注的是人的个性。在管理过程中，人性化管理理念更主要地表现在柔性管理方面。由于个人所处的社会环境和受教育状况的不同，其个性也表现得丰富多彩。要取得最佳的管理效果，就需要管理过程中依据不同对象的个性差异，采用不同的方式，实行个性化管理。采用柔性的管理方式，调节刚性管理和个性差异之间的矛盾，正是人性化管理的特色和魅力所在，而重视个性管理正是人性化管理不同于其他管理之处。

（二）"以人为本"中职教育新理念的德育管理

中等职业学校德育是对学生进行思想、道德、法律和心理健康等的教育，它是中等职业学校教育工作的重要组成部分，与智育、体育、美育等相互联系，彼此渗透，密切协调，对学生健康成长成才和学校工作具有重要的导向、动力和保证作用。因此，中职学校必须把德育工作摆在素质教育的首要位置。

中等职业学校实行校长负责的德育工作管理体制，由相关组织发挥德育的监督保证作用，全体教职工都要做学生的德育工作。在德育管理中，学校要建立贯彻实施教育大纲的岗位责任制及考核、奖励办法，明确各部门的育人责任，并落实到工作的各个环节中，形成教书育人、管理育人、服务育人的全面、全程、全员育人的良好局面。"以人为本"的德育管理主要体现在"爱心为首、德育为先"的管理理念上，落实到"外树形象、内强素质"的管理要求中。

1. 爱心为首的德育核心管理理念

爱心为首是学校遵循教育本质、实现育人目标的管理策略，这里的爱心指的是学校德育工作者在教育学生中要有五"心"——爱心、耐心、慧心、信心和欢心，只有具备这五"心"，教师的德育工作才有基础，教师才会从心底热爱德育工作。要把学生当成自己的孩子，这样才能理解父母的宽容和希望，才容易和家长沟通，容易获得学生的信任，就不会放弃学生，这就是爱心；相信孩子的成长过程是吸取教训的过程，对孩子犯的错误能够宽容，就会具有耐心；相信自己在提高，相信自己的能力，相信事情的多面性和可解决性，相信制度的必要及惩戒的必要，就会有所释然，就会充满慧心；相信学生是逐步成长的，教师就会看到希望，就会充满信心；相信大部分的学生对社会有用，教师就会充满欢心。

2. 外树形象、内强素质的德育管理要求

德育管理方式多样，包括德育课教学、实训、实习与社会实践活动、班主任工作及校园文化建设等。归根结底，这些德育管理方式的目的与要求是：外树形象，内强素质。

（1）外树形象。外树形象，就是要向社会展示学校德育工作的成果，并以社会为德育工作平台，扩展学校德育工作空间，推动德育工作不断向前发展。例如，部分学校以志愿服务活动为依托，通过社会服务，不断提升学校团委组织形象，树立中职学子形象。

（2）内强素质。在学校德育管理中，外树形象是关键，内强素质则是基础。在"以人为本"理念指导下，中职学校可以采取多种手段，不断强化学生的道德水平与素质，具体如下：

第一，从团员思想入手进行德育教育。校团委是学校学生德育工作的先锋，要做好学生德育工作，就要抓好团委各支部的团队建设。例如，中职学校校团委可以利用每年的重大历史节日，组织各学生支部开展特色主题教育活动，如3月的志愿服务活动、4月的缅怀革命先烈扫墓活动、5月的青年节活动、9月的尊师重教活动、10月的庆国庆征文朗诵比赛活动、11月的法制教育活动等。此外，还可组织开展大型活动，这些活动以学生喜闻乐见的方式潜移默化地提升学生团员的思想水平，有利于强化学生的内在思想素质。

第二，班主任队伍培训。班主任的思想修养、道德水准、生活作风、言行方式以及责任心等都对学生起着直接的示范作用，对学生的健康心理和健康人格的形成极为重要，为

此，中职班主任要不断提升师德修养，掌握班级管理和与学生沟通的技巧，成为学校德育管理中最可依赖的群体。

①定期召开班主任工作会议，拟每个月班主任学习培训一次，不断总结、交流经验，汇报情况，落实任务，统一认识、统一行动，创新工作。加强班主任之间的沟通和联系，加强班级之间的合作与互动。

②继续做好"传帮带"的工作，各教研组组长及同科组的老班主任负责对新班主任进行业务指导。

③进一步落实班主任岗位责任制，继续实施"班级管理量化考评方案"和"班主任工作量化考评方案"，实行制度化管理。

三、"以人为本"中职教育新理念的教学体系

（一）"以人为本"中职教育新理念的教学原则

教学原则是对教学经验的总结，是用来指导教师教学工作的基本要求，它对教学的指导作用在于能提高教学效率，促进学生的发展。因此，教学原则的制定必须做到"以人为本"。教学原则是根据一定的教育目的和教学活动的客观规律提出来的，是反映教学过程规律而制定的、指导教学工作的基本准则和要求，它是对教学实践经验的总结和理论探讨的概括，这种总结和概括是基于"以人为本"理念的升华。

教学原则反映了一定的教学目标对教学工作的基本要求，它对教学中的各项活动起着指导和制约的作用，它与教学规律、教学原理有一定的联系，但并不等同。教学规律是贯穿于教学活动中的、客观存在的、必然的、稳定的联系；教学原理是对教学规律的说明或阐述；教学原则是人们从教学客观规律的认识或原理中提出的对教学活动实施的行动性要求。人们可以从相同的教学规律中因理解的角度不同而提出不同的教学原则。教学原则具有以下作用：

第一，教学原则对教学活动的指导性和调节性。教学原则是根据教学目的而制定的对教学的基本要求，它反映着教学规律并最终指导教学实践。从这一基本点出发，正确认识和把握教学原则，并在教学中自觉加以应用，将会对教学工作起到良好的推动作用。

第二，教学原则对教学内容、教学方法与手段、教学组织形式的选择性。教学原则明确后，它对教学活动的内容有重要的影响，教学内容、教学方法与手段、教学组织形式的选择都会随着教学原则的改变而发生相应的变化。

第三，教学原则对提高教学效率的有效性。教学原则来自实践，是对教学实践的反思，教学实践一旦上升到教学原则的高度，将会对教学活动的有效开展、对教学效率的提高都有促进作用。

1. 职业教育教学的原则

职业教育教学原则是根据职业教育的教学目的，遵循职业教学规律而制定的指导教学工作的基本要求。职业教育培养的是实用型人才，教学原则应体现"以人为本"，从学生的兴趣和个性出发。职业教育教学原则主要以下方面：

（1）做学用合一的教学原则。职业教育的本义在于发展人的能力，并提出了手脑并用、做学合一、理论与实际并行、知识与技能并重等职业教育最基本的教学原则，并通过各种措施保证这些原则落到实处，其核心就是学用结合、做学用合一。做学用合一的教学原则充分体现了职业教育的特殊规律，符合关于人的全面发展的学说，特别注重了学生个性的发展，实现了教育目的观上的个人本位论与社会本位论的有机统一，体现了尊重人的个性、发展人的个性的崇高境界，体现了一般的教育理论和实践价值，实现了"谋生"与"乐业"的完美统一。

做学用合一是职业教育教学的最根本性原则，职业教育的目的乃在养成实际、有效的生产能力，欲达此目的，需手脑并用，"一面做，一面学，从做中学"。职业教育就是要让学生学会一技之长，能解决工作中的实际问题。为此，在教学中要坚持理论与实际相结合，教学内容与生产的现状、实际需要密切结合，学了就能用，用了就生效，学用结合，立竿见影，从而激发学生学习的积极性。

（2）直观易懂原则。直观就是在教学中为学生提供较多的感性知识，把要传授的科学知识与现实生产中的具体事例实际相结合，以事实形象为基础，由浅入深，逐步讲清科学原理和技术规范。在具体教学中要重视运用直观的教学方法，如观察实物或标本、实际操作、现场参观或者使用图片图表、模型、幻灯片、电视机、录像展示等，教学语言力求通俗易懂，把繁杂的问题分解简化，把枯燥的理论问题阐述得生动易懂；尽量用学生习惯的语言让学生听懂并产生兴趣，从而吸收新的知识。另外，学生是缺乏实践经验的人，在教学中应把看、听、做结合起来，使学生看得着、听得懂、学得会，以实现获得良好的教学效果。

（3）启发诱导参与原则。在教学中，要充分调动学生的积极性，启发诱导学生的参与意识，让学生有机会参加讨论、进行对话、交流意见、提出自己的看法、发表自己的见解，让学生参与教学，使学生与教师之间有很好的沟通，实现教学相长，互相促进，创造一个平等融洽的氛围，促进教学水平的提高，帮助和教育学生把一些感性知识逐步上升到理论高度来认识。只有认识提高了，学生才能够主动地学习科学技术，把学到的知识运用到具体的实践中去。

(4) 因人施教原则。因人施教，就是根据学生的知识水平、个性差异的不同，有的放矢地进行教育，贯彻因人施教原则。首先要做好调查研究，掌握学生的学习要求、文化基础、学习态度、兴趣爱好、学习时间安排等；其次根据上述情况仔细分析研究并制订教学计划，最后是按照计划实施教学。一般而言，对那些学习热情不高、知识水平较差的学生，不能要求过高，操之过急，否则将会欲速则不达；对那些学习困难多、接受能力较差的学生，要注重坚定他们的学习信心，并给予个别的帮助与辅导；对于有一定的实践经验、文化知识掌握较好、接受能力较强的学生，可以加强引导，增加他们的理论水平，加快他们的学习进度，使他们的理论水平和学习效率有较大的提高。

(5) 实用性原则。职业教育所教授的课程都应围绕实用性的原则开展，实用性原则应贯穿于实践活动及教学过程中的方方面面：教材的选取和教学内容的组织要围绕实用性原则开展，教学内容应着眼于实用；教学方法和教学手段的改革要围绕实用性教学原则开展，教学方法和教学手段的使用要服务于实用；要增加课程的实践环节，着重培养学生的动手能力、解决实际问题的能力和将理论知识应用于实际的能力；在考核环节中，重视学生使用知识的灵活程度，为学生将来的就业打下良好的基础。

2. "以人为本"的教学原则

(1) "以人为本"的教学原则的依据。教学的关键在于"以人为本"，教师应把课堂作为体现生命价值的舞台，"以人为本"在教学中体现在以下三个方面：

第一，尊重学生的个性发展。人各有长，各有禀性天赋，各有不同的兴趣爱好，现代教育应正视学生的个性，"相信每一个""尊重每一个""研究每一个""发展每一个"。教育活动中应注重因势利导、因材施教，使学生的禀性天赋得到充分的张扬，使其兴趣爱好能得到个性化发展。教育应随其天性、张扬个性。

第二，追求教学的人本价值。"以人为本"的教学要追求人本价值的实现，关注学生的学习过程，包括学生学习中的情感、态度等，教师不仅要与学生沟通，与其形成情感和思想上的共鸣，还应通过一定渠道，把自己的感情转移到学生身上，让学生在满足个人兴趣的过程中自由选择、接受挑战，自发地参与到学习中来。

第三，实现教师的人本意识。教师是学生学习的促进者，促进学生学习的关键不在于教师的教学技巧、专业知识、课程计划、辅导材料、演示和讲解等，而在于教师的人本意识，教师应通过满足学生的各种要求来促进学生个性的充分发展和潜能的实现。有"以人为本"教学理念的教师，能实现从"以本为本"到"以人为本"、从"授人以知"到"授人以能"的转变，实施"以学生活动为主体，以发展能力为重点"的课内、课外贯通的立体式实践模式，建立全方位考查、重在能力测试的考试制度，全面提高学生的人文素养和岗位职业能力。

第四，中职教育主要是培养技能型、应用型人才，强调学生职业素质的培养和职业能力的发展，要求学生能够胜任岗位的职业要求，因为知识在不断更新，在短短的数年时间里，中职学生所学的知识是有限的，所以关键是要培养学生学会独立获得知识、掌握技能、解决问题的能力。因此，在教学中体现"以人为本"的理念就显得尤其重要。

（2）"以人为本"的教学原则的内容。

1）藏息相辅的教学原则。《学记》中的藏息相辅，就是认为课内学习和课外练习必须相互兼顾、相互补充、相互促进。藏息相辅即安排好正业与居学的活动，"时教必有正业，退息必有居学"。时教就是在校的学习时间，正业指所学的课业；退息就是在家的休息时间，居学指课外练习和游艺活动。居学不仅可以辅助正业，而且可以培养对正业的兴趣。处理好正业与居学的关系，能保证教学任务的完成，使学生做到学习的时候努力进修，休息的时候尽兴娱乐。

藏息相辅是一条非常重要的教学原则，学生缺少创造力与花在游艺一类活动上的时间较少有一定关系，这就要求学生要学会正确处理课内学习和课外练习的关系。课外练习（含各项课外活动和课外作业）是课内学习的继续和补充，可以深化课内学习的内容和提高课内学习的兴趣。但是课外练习应当适量，并与课内学习有机配合，使学习与休息兼顾，使学生乐学而亲师。

2）关注学生发展的教学原则。

第一，关注每一位学生。每一位学生都是一个生动活泼的人、发展的人、有尊严的人，在课堂教学理念中，班上所有的学生都是教师应该关注的对象，关注的实质是尊重、牵挂，关注本身就是最好的教育。

第二，关注学生的情绪生活和情感体验。教学过程应该成为学生一种愉悦的情绪生活和积极的情感体验，教师在关注学生的情感时要用"心"施教，它体现着教师对本职的热爱、对学生的关怀，体现着教师热切的情感。

第三，关注学生的道德生活和人格养成。课堂不仅仅能够传播学科知识，更能养育人性，课堂教学潜藏着丰富的道德因素，教师不仅要充分挖掘和展示教学的各种道德因素，还要积极关注和引导学生在教学活动中的各种道德表现和道德发展,从而使教学过程成为一种高尚的道德生活和丰富的人性体验,这样,学科知识增长的过程同时也就成为人格健全与发展的过程。

3）发展学生个性的原则。个性是指一个人在其生活实践中经常表现出来的带有一定倾向的、本质的、稳定的个性心理特征。学生与学生之间在稳定的特征上存在个性的差异。教学要取得较好的效果,就必须针对学生的差异采取相应的措施,发展其个性。

第一,营造有利于学生个性发展的良好氛围。创设良好的教学环境,激发学生的学习动机,为学生的学习服务,为学生提供各种便利。学习是一个交流与合作的互动过程,学生在教师的组织和引导下,如采用合作探究学习的方式,双方进行讨论和交流,共同完成教学知识的建构,这种方式提供给学生个性发展的机会,让每个学生都能尽情展示自己的聪明才智,在合作探究中进行创造知识的学习。

第二,尊重学生的不同个性。要识别并承认每个学生的个性,对学生的发展不强求统一,对个性特征鲜明的学生允许他们保留那些显得不合群、不合拍、不合时宜的特点。教学中应尊重每一个学生的个性特征,允许不同的学生从不同的角度认识问题,采用不同的方式表达自己的想法,用不同的方法解决同一问题,让中职学生经历解决问题时的探索过程,给学生提供张扬个性、发展个性的空间和时间,让他们淋漓尽致地展示自主探究新知的创新意识和个性思维。

第三,运用多种教学方法引导和发展学生的兴趣。对不同个性的学生要采用适宜的方式去引导和培养,要改革教学方法,采用点拨法、讨论法、自学辅导法、讲练结合法等教法,善于运用多种现代化教学手段优化课堂教学,针对学生的个性因材施教,选择不同的教学内容、教学方法和教学手段,引导学生自主探究,培养学生可贵的质疑探索精神。通过培养学生的学习兴趣,在教学中注重发展学生个性,为学生的思维能力、创造力、想象力等个性品质的发展创造有利条件,使学生的个性向更加成熟、完整的方向发展。

（二）"以人为本"中职教育新理念的教学模式

教学模式一旦形成很容易形成定式,任何教学模式如果不能做到"以人为本",再好的教学模式也将失去它的活力。教学模式是指在一定的教学理念指导下,围绕某一教学主题,形成相对稳定的、系统化和理论化的教学范型和活动程序,它具有完整性、操作性、稳定性、灵活性的特点。

许慎在《说文解字》中解释:"教,上所施,下所效也。""教"体现出来的是"下"

（学生）对"上"（教师）"施"的模仿，是"施"与"效"的关系，"施"主要指的就是教的内容；"学"在不同的字典、词典中指的都是学习。《辞海》对教学的定义是"教师传授和学生学习的共同活动"。从字面上而言，教学包括"教"和"学"两个方面，是"教"与"学"相互进行的"施"与"效"的交往、学习活动。"教"离不开"学"，"学"是在"教"的指导下的"学"（但"学"可以离开"教"）。此处所讲的教学一般指学校教学，也就是有"教"的"学"，它是一种有目的、有计划的学习。教学就是师生的双边交往活动。狭义的学校教学就是师生之间根据一定的教学内容进行的双边交往活动，这就是教学的原意。

要理解教学，就应该把师生的交往活动作为原点来理解。实际上，教学的效果如何并不是教学的原意，它只是对教学过程的评价（如成功或失败的教学、好或不好的教学等）。在整个教学活动中，学生是否掌握一定的知识和技能，同时身心是否获得一定的发展，是否形成一定的思想品德是对教学的效果而言的，而不是对"什么是教学"的解释，是教学的必然结果。因为效果很差的教学依然还是教学。通过教学，学生掌握了一定的知识和技能，形成了一定的思想品德，这是进行长期教学的结果，是教学的目的所在。把教学目的当成教学的原意，导致的结果是只注重教学的效果，而忽视教学过程，忽视师生之间的交往，忽视教学中人与人之间的相互影响，这在素质教育和应试教育之间的争论上也有所反映。

教师的"教"和学生的"学"存在一定的关联，"学"是"教"的原点，也是"教"的终点，"教"的目的是"学"，"学"是学生对教师"教"的反思，是学生"知其然"和"知其所以然"的过程，也是学生自主意识、自我意识不断增长的过程。"教"与"学"之间是相互关联、相互联系的整体，是师生相互交往所进行的活动，"教"与"学"在教学活动中交织在一起。

1. 对话教学模式

（1）对话是师生之间交往的开始。教学离不开语言，教学上的交往先是语言上的交往。教师用日常语言去阐述知识的时候，其实就是在表达某种思维的过程（或者说思想）。学生通过教师的日常生活语言来理解自己不明白、不清楚的内容。问题在于，教师用语言表达的东西是否就是学生头脑中所理解的内容，如果学生没有理解教师所讲解的内容，那么教学交往就很难进行，教学就会成为"注入式""灌输式"的独白，这种单向式教学由于缺少学生的参与，教师在教学过程中很难引起学生的学习兴趣。可见，教学就是要使教学交往不断进行下去的学问，在交往中不断给学生问题，并使学生不断追问问题，不断产生新问题的过程。换言之，教学的全部意义就存在于师生之间的不断追问和求索的交往之中，对话就是师生之间、学生之间不断进行交往的桥梁。

在教学过程中，教师常常把学生看成是一个集合的概念，看不到一个个生动活泼的个体，学生在教师眼里成了抽象的概念。教师在"教"的过程中，看重的是学生有没有把知识掌握，有没有把教材弄懂，这样，教师和学生的关系就成了学生与知识（课本）之间的关系，教师只是成为学生与知识之间的媒介。教师把学生对知识的掌握看成是教学的目的，在这种情况下，教师和学生之间就缺乏交流、对话，学生往往把教师的"教"仅仅看成是对知识的解读，学生缺乏对知识的建构，教师和学生之间缺少对知识的共同增长，这与教学的本质规律是相违背的。

知识都具有历史性和现实性，教学过程就是把知识的历史性和现实性有机地结合和统一起来，统一于师生的对话之中。如果教学是从问题开始的，那么教学就是师生围绕着问题而展开的思想"对话"的过程。教学过程就是从对话交往开始的，在某种意义上而言，对话是教学内容（课程、文本）在师生之间不断被阐释、理解，不断激发学生的灵感，形成一定的思维品质的最重要手段，这也是对话的基本功能，有对话才能形成师生之间的交往，对话体现了教学的本质，其原因在于以下方面：

第一，教学的历史是人与人（师生）之间进行思想"对话"的历史。教学伴随人类的出现就开始了，从原始社会的长辈教晚辈，到后来的师傅带徒弟、先生教弟子、书院讲学，一直到现在的班级授课、个别教学等，都是人与人之间对话的历史。教学体现了人类试图超越自身生命的有限性和未完成性而追求无限的、自由的思想境界，知识（课程、文本）既是人与人之间思想"对话"的主题，也是人与人对话的结晶，这种对话是人类自己精神上的反思，是人类对过去思想进行的总结，体现了人类的某种理想和精神，很难想象没有对话的教学将会是什么样的教学。

第二，教学过程是师生之间、学生之间进行思想"对话"的过程。知识（课程、文本）是前人思考、总结出来的，教学正是在此基础上进行的思想"对话"，从知识的角度讲是继承和发展的过程，只有思考清楚前人总结出来的东西，才能有所创新、有所发展，才能形成新的知识。因而，师生之间、学生之间不仅是在解读知识，更重要的是丰富、发展了知识，从而发展了自身。

第三，教学过程是师生与前人、课程进行思想"对话"的过程。教学过程是师生根据教学内容（课程）进行对话的过程，课程反映的是人类精神的文本，它表达的是课程的编制者的思想，是人类在某一方面发展的过程。当师生去思考的时候，也就是重新经历一次作者的思想历程，它表现为不是全盘接受，而是不断思考、筛选、比较、改造的过程。当师生针对课程进行对话时，有可能"复活"了课程内容所表达的思想，也有可能"改变"了课程表达的"原意"。

由此可见，前人的思想已经成为学生学习的组成部分，它启迪着学生不断地思考，引起学生思想不断地跳跃，它不是单向性的，而是师生之间双向性的互动活动，也就是"视界交融"的对话过程。

传统教学追求的是知识的客观性，仅仅是对课程原意的"再现"，师生与课程文本处于不同的历史、文化、社会、个人环境之中，是不可能完全将课程文本"再现"的。从这个意义上而言，正是不同视界之间的碰撞与交融、对话与交往，知识才得到传授，文化才得以发展。

总而言之，教学的生命力就表现在思想的延续与发展之间的张力上，教师、学生、课程三者之间的关系其实就是精神上人类自己与自己之间的关系，是思想之间的"对话"，教学的活力就存在于思想交流、实际操作间的对话之中。过去的每一种思想、每一个结论（知识、文本）对师生而言仍然有超越时空的意义，过去的知识构成了教学存在的一部分，离开了过去的知识，教学便成为无源之水，因而历史性就表现为现实性。因此，教学的过程并不是被动接受知识的过程，而是有个人丰富创造性的"视界融合"的过程，是思想之间的"对话"过程。

（2）对话的特点。成功的教学是一种对话，这种对话有其自身的特点，具体如下：

第一，对话的双方以课程内容（文本知识）为中介而作为共同的"话题"。没有一定的目的和内容，教学就成为随意的聊天或漫谈。在教学中，师生都不是自言自语地"独白"，而是相互倾听与交谈、理解与交流，对话使解释成为一个问答的过程。通过课程，教师和学生之间产生联结，课程内容中所表达的对生活的思考和体验得到传承，知识得到延续。

第二，对话是在平等基础上相互之间的交流，亦即"视界融合"。对话的双方是平等的，不是一方向另一方请教，或一方告诉另一方一些结论；学生不但要了解教学中说了哪些内容，还要知道为何这样说，只有双方都有发言权而不是一方完全"倾听"，教学的真谛才会体现出来。如果对话中有一方存在着任何形式的不平等，交流便受到阻碍，被动一方的内心世界就会关闭。只有外在形式的对话，教育便会失去了它的意义，学生学到的也只是知识而已。平等是对话的双方彼此确立的一种"我—你"而不是"我—他"的关系，是人格地位的平等，也是思想上的平等和真理面前的平等；它是师生双方精神的敞开和彼此的接纳，是在相互接受与倾吐的过程中实现的精神相遇。师生在平等交流的对话中，彼此都会增加新的理解，不断实现个人的自我发展和生命的提升，扩大个人的精神世界，体验到人格的尊严，获得人生的意义，享受到交往的乐趣，感悟人性的美好，增长个人的生活经验，实现对世界的认识和改造，从而彰显自己的主体意识。"我—你"对话关系是师生之间的民主、平等、尊重、信任、宽容和爱。每一个人都可以有自己的观点，每一个人都可以作出自己的评价。在愉快的对话中，师生都会得到满足，都能够获得自己需要的"营养"。

第三，对话需要相互之间的理解。如果教师的话语远离学生的实际经验和理解的实际水平，学生就不能听懂教师的讲解，这样的教学是不成功的。教师只有在学生现有水平的基础上展开，让学生理解，学生才能深入到教学内容中去，才能有资格与教师对话。因此，教学要得以进行，重要的是如何把面对的问题转化至学生能理解的程度，教学中要引起学生思考，思考是针对问题提出来的，是由问题引发的，而这个问题必须是学生能够理解并在教师的指导下能够解决的。教学把学生带入追求智慧的过程之中，当这种过程成为人的快乐时，人的快乐就不只在于得到智慧，更在于进入永恒的探索和追求的过程之中。

（3）教学对话交往的意义。从本质上而言，千差万别、多种多样的自然事物都是变化的，只有其中普遍性的东西是永恒不变的，也正是这些普遍性的东西才构成了事物的本质，并且是其存在的根据。教师在教学中教给学生的往往是普遍性的知识，教师经常强调知识与个人意见、个人观点之间的区别，知识是确定的、普遍的，意见是不确定的、相对的和个别的。在教学中，教师一般会让学生从具体的事物中发现其所包含的一般特性，这种一般特性就是教师要传授的知识，教师很少去关注学生本身对事物的认识。当教师只注重知识的普遍本质而忽视学生的个人意见、观点的时候，教学之间的对话交往就可能中断。

教学通过交往传授学生知识，传授前人的知识其实是在与人类文明进行交流、进行对话。在学习知识、重复前人活动的同时，对于学生自身而言，这些活动又是非重复性的。学生在重复性的活动中掌握了相对于学生而言是先进的知识和活动方式，因而在重复性的活动中得到了非重复性的结果。通过传授知识，学生在教学中掌握获取知识的方法，获得科学认识事物的能力，即对事物获得一定的普遍性认识，这是教学的工具性价值；同时在获取知识的过程中获得智慧，在追求智慧的过程中形成人文关怀，这正是教学的终极目的和价值。

从理论上而言，教学所探讨的知识来自人们的经验，其中绝大部分来自人们的间接经验，教学的基本任务就是教学生如何发现事物的规律，形成认识事物本质的能力，引导学生追求智慧，获得进一步发展。学生只有获得了这种能力后才能依靠自己获得更多的知识，才会有创新。因此，通过教学对话交往，在师生之间、学生之间的对话中，引导学生去追求智慧，在追求万古长青的智慧中不断地完善自己、实现自己、塑造自己，教学的价值和意义就体现在引导学生不断探索，在探索中，师生都不断成就自己。无论怎样的教学交往，教学所获得的效果可能已经超越了它本身的过程，得到了它应有的东西，而这种东西是在教学中是难以快速达到的，是在教学交往中不断地完成而实现的，教学因而不断地超越自身、不断地通向智慧的自由之门。教学就在学生的现在和未来之间架起了一座桥梁，把现实与理想、暂时与永恒、有限与无限、此岸与彼岸连接起来，把人的过去、现在和未来连接起来，教学的本质就是如此。

2."以岗定教"教学模式

"以岗定教"教学模式是指创建以岗位能力需求为导向，涵盖实践教学、项目驱动教学、理论教学、案例教学、效果测评于一体的教学模式。"以岗定教"要求教学者通过大量的市场调研，在充分了解企业需求的基础上，总结得出各专业岗位的工作流程，通过分解岗位工作流程进而导出相关岗位工作应知和应会点，科学提出实训项目作为教学目标。教学过程通过实践教学、项目驱动教学、理论教学、案例教学、效果测评等形式构成一个立体化的教学系统，对学生的理论分析能力、动手能力以及解决实际问题的能力进行全方位的训练，从而增强学生的学习主动性和教学互动性，真正使学生对所学知识和技能融会贯通，学以致用。

因此，"以岗定教"教学模式要求学校坚持"面对市场，按需办学"的方针，实行"因材施教，因教施管，一专多能，综合培养"的理念，坚持"就业从入学开始"，适应市场需求，与企业紧密结合，同市场保持零距离。学校根据不同专业，积极开展相应的职业技能培训，实行双证和多证培训，全方位增强毕业生就业的能力和竞争力。与单位合作，建立多个实践技能培训基地，为在校学生提供良好的实习培训条件。

"以岗定教"教学模式关键是要在大量的市场调研基础上，以企业人力资源配置和岗位描述为起点，定出岗位要求；根据岗位要求分解岗位工作流程进而导出相关岗位工作应知和应会点，这是制定中职教学目标的依据；传授给学生的基础理论知识应是该岗位的最新要求，同时要吸收国内外的先进理念；结合理论知识的学习在学校相关实习基地进行顶岗实习，让中职学生真正熟悉并掌握岗位运行流程、运作规范及技巧；通过完整的案例讨论及模拟处理的情境教学丰富理论教学内容，让学生接触到企业经营的现实，而不仅仅是学习已经形成的观点、经验和教训；学习结束后，通过学生自评、书面考试、实习鉴定、实战业绩等多方面对学生进行综合评价。

（1）"以岗定教"教学模式的注意事项。

第一，以学生的内在需求为指引，灵活使用多种教学方法。课程教学过程以学生的内在需求为指引，立足于专业培养目标，从岗位的特点出发，使用仿真模拟式、情景体验式、案例分析、课堂讨论、多媒体与现场化教学等方法，注重学生的参与和操作。教师只是教学的引导者，学生才是教学的主体。教师以学生的内在需求为指引，激发学生的学习兴趣，使学生从被动转变成主动，从听者变成参与者。在充分调动学生学习的主动性、积极性和创造性的基础上，打破传统教育空洞说教的弊端，注重启发学生思维、强调课堂互动、突出实践教学。课堂教学突出职业教育特色，在教学中围绕适应社会需要和职业岗位群的要求，注重在教学过程中培养学生的操作能力和职业素质，使用多种教学方法，强化理论与实践的结合、学习知识与动手操作的结合，培养学生的应用能力、实践能力和创新能力。

第二，加强与企业的密切联系，注重教师的"双师"建设。中职学校的专业教师应具备一般教师的职业精神，还应具有把握该专业领域内技术和与时俱进的专业技能，能够有效传授给学生专业知识和技能，成为名副其实的产学结合的"双师型"教师，这种教师具有较强的实践能力，能定期脱产到企业挂职，根据实际需要参加企业生产、服务、管理各项工作。学校也可从企业聘请兼职教师，聘请能工巧匠或企业的高级技术人员、高级管理人员，独立承担某些课程的教学任务（包括理论与实践），或以讲座形式讲授相关内容，以促进教学改革和教学质量的提高。因此，要求教师必须熟悉岗位的要求、运行流程、操作技能和管理方法，要求教师必须走出课堂，到企业调研、参与企业的管理等，教师了解了企业才能走向社会，才能真正做到理论联系实际，也才能灵活运用多种教学方法。

第三，建立以突出实践教学为重点的教学体系。建立适应产学结合的教学体系，突出实践教学，以实践教学为重点，使学生具有一定的理论知识和较强的实践能力。人才培养目标、基本规格以及培养过程和方式的总体设计，是学校保证教学质量的基本教学条件。学校各专业在编制教学计划时，应以市场需求为导向，到企业进行充分的岗位和市场调研，按市场要求来调整专业结构，改进教学内容和方法，结合上岗及岗位相应技术要求，确定以能力教育为中心，以提高学生的职业能力为导向，建立明确的专业培养目标及专业人才规格和人才知识、能力、素质结构，学校为学生安排生产单位以及学生与生产单位进行双向选择，使毕业生能掌握生产岗位所需的基本理论知识和基本技能。学生的职业道德、职业意识、职业行为、职业技能等素质，只有在生产实践中，在真实的、复杂的现场环境中，在与企业职工结合过程中才能形成，换言之，只有在产学结合的培养模式和教育环境下才能培养出企业和社会所需要的人才。为此，中职学校可鼓励学生参加多种职业资格培训和考证，形成职业教育的"多证制"教育模式，实现从知识传授为主向企业岗位工作能力培养为主的转轨，提高学生的综合素质能力。

（2）"以岗定教"教学模式改革实训。

第一，分小班进行实习。进行模拟实习时将一个教学班一分为二，各配备一名老师及一名实验员指导学生进行实习。

第二，与用友公司合作，引入企业经营模拟沙盘实验室。中职学生通过手工沙盘，模拟企业经营运行情况，从制定企业战略开始，在产品研发、市场营销、设备投资改造、生产能力规划、物料采购、资金筹集、财务结算等一列活动中体会企业营运的全过程，让学生在游戏般的比赛中感悟正确的经营思路和管理理念，为进一步学习专业知识奠定坚实的基础。

第三，加强实验实训室的建设。①为加强手工实验室的仿真性，可以将银行、税务部门搬进实验室，在实验室中设置财务部门、销售部门、采购部门、仓管部门等模拟岗位，使学生通过实验室布局从感性上认识到财务部门与企业内、外部门的联系；②条件允许的情况下可以新建高配置的会计电算化实验室。

第四，改革实训形式。以财会为例，根据实际需要增加各专项实训形式：技能训练，重点是珠算、计算器、点钞等技能的训练；核算程序实训，主要是要求学生掌握两种基本核算程序；分岗位轮岗实训，由学生各自组成不同的企业，根据企业的需要设置多个工作岗位，每个学生扮演不同的角色，不同的角色负责不同的工作。通过实训，使学生了解了会计凭证的传递过程，领悟财会人员与企业内部（各部门）、外部（与其他企业、银行、税务部门等）的联系，财务岗位间相互联系又相互独立、相互牵制的关系，增加《Excel在会计实务中的应用》的实训，增加《税法实务》的实训（网上申报税务实训）与综合实训等。财务会计实训与会计电算化实训，主要是加强学生对各项业务的会计核算方法，并通过会计电算化进行验证。

通过一系列有针对性的训练，可以加强学生对企业的认识，提高中职学生理论学习的水平，增强中职学生实际动手能力，使学生能实现"零距离"就业。

（三）"以人为本"中职教育新理念的教学方法

教学方法要适应学生实际，这就要求教师从学生的角度去探求和运用教学方法，做到

"以人为本"。教法的本质是学法，其核心是强调学习主体是一个主动的、积极的知识构造者，以学生教学为活动中心。教学方法一旦触及学生的情绪和意志领域，触及精神需要，这种教学方法就能发挥高度有效的作用。可见，教学方法适应学生实际就能触及学生学习的每一个领域，学生就能从中产生发现的惊奇，一种自豪、满足的心理油然而生，学生有了这种求知欲的愉快和创造的欢乐情感的体验，就会带着高涨的、激动的情绪进行学习和思考，教学就成为一个充满活力和激情的活动，这就决定教学方法不能单一，教学形式不能单调，教师角色不能只是教书匠，而应是学生知识的启发者、学习习惯的督促者、学习方法的指导者、学习动机的启迪者、学习动力的开发者、学习兴趣的培养者和学习水平的诊断者。"以人为本"中职教育新理念的教学方法具体如下：

1. 问题教学方法

"问题是教学的心脏"，学生提出问题和解决问题是教学活动的核心。唤醒学生"问"的意识，使学生产生想问的冲动，让学生尝到问的好处，在教学中显得非常重要。

（1）教师提问的技巧和要求。提问常被认为是启发教学的一种重要形式，也是教师必备的一项技能，但滥用提问或提问不当并不能起到启发学生的作用。提问要体现提问的价值，而不能流于形式。提问要符合以下要求：

第一，提问要以引起学生思考为基点。如果教师的问题平铺直叙，一眼就能从书中找出答案来，学生就不会自己去思考问题，或者教师问的问题过于简单，只要用"对"或"错"、"是"或"不是"来回答就行，这都是没有引起"共鸣"的表现。问题没有一定的深度，则无法引起学生的思考，这类问题常使学生失去学习的积极性，学生在思考问题时容易形成一种惰性。而一旦问题脱离课本，学生就无法给予回答，这在无形中会限制学生的思维空间。

第二，提问要以学生的"最近发展区"为难度。问题要局限于学生的"最近发展区"，在教师的帮助下学生通过自己思考，能够自己得出结论。教师提的问题太难，超出学生的理解能力，就达不到教学的目的。问题不能停留在课本知识上，要鼓励学生大胆思考，不盲从，激励学生善于质疑。此外，问题的答案有开放性，不把学生的思维局限在书本上，不以教师为权威，要在求同存异的基础上去创新。

第三，提问要以学生达到"愤悱"阶段的状态。"不愤不启，不悱不发。举一隅不以三隅反，则不复也。"（《论语·述而》）所谓"愤悱"阶段，就是学生经过思考后，仍然没有达到认清事物本质的状态，处于心求通而未得、口欲言而未能之时，似乎隔着一层薄雾，时隐时现。这时，教师的启发、开导往往能使学生"云开雾散"，达到一语惊醒梦中人的效果。

第四，提问要以触动学生的自我反思为目标。提问不能以寻求"正确"的答案为目的，也不是检查学生对过去知识的记忆，应能触动学生的思考，触动学生的自我反思，注重学生的思考过程，重视学生回答的理由，使学习得以深化、发展。反思是自觉地对教学认知活动进行考察、分析、总结、评价、调节的过程，是学生调控学习的基础，可以提高学生学习活动的自主性，使学生的问题意识获得充分的发挥和张扬，促进学生在反思中学习，从而进一步提高学习效果。

（2）学生的问题意识和问题能力的培养。培养学生的问题能力是教学的关键之一，为此，教师应做到以下方面：

第一，创设良好的环境氛围。学生好奇心强，教师在学生原有的认知基础上，以旧引新，通过实践操作，创设新奇的悬念式情境，巧设课堂"空白"，适时把新问题呈现在学生面前，打破学生暂时的认知平衡，激活学生思维兴趣，引发学生的认知冲突，使学生进入"愤悱"的求知状态，产生强烈的问题意识。有经验的教师都很注意通过用激情法、启趣法、演示法、故错法等创设问题情境，根据不同阶段的教学要求，巧妙设置"空白"，激起学生思维兴趣，引发学生积极思考，在"新奇""愤悱"和"动手"中"问"，让中职学生在这些问题面前自求自得、探索思悟。教师要允许学生问各种问题，尊重学生的好奇心，不管学生问题的深浅，也不管学生回答的对错，要认为学生的提问都是对的。

第二，激发学生提出问题。问题是教学中师生联系的桥梁。在教学过程中，要正确对待学生的好问、多问、深问、怪问、错问，从而增强学生自信心，树立其质疑精神。问题促使师生之间的对话与交流，使师生关系在探讨问题中融洽起来，改变以往学生总是围着教师、教材转的现象，以及安于现状的学习态度和习惯，学生提出问题使课堂由"静"变为"动"，学生由被动变为主动，内容由死记变成理解，教师由"独白"转为对话。

第三，多元评价学生的问题能力。教师应以问题来评价教学效果，多元评价学生，让学生知道评价标准，学生提出问题没有对与错之分，而是看学生能不能提出问题，提出哪些问题，能不能回答问题，回答了哪些问题。特别是学生提出了怎样的问题，要倾听学生不同的见解，了解学生对问题理解的深度和广度，要让问题成为学生打开知识宝库的金钥匙，鼓励学生问倒教师。多数问题是学生从现实生活中直接观察受到启发后提出来的，学生通过提出问题、解决问题，达到对知识的积累，这也是学生能力的表现。

第四，学生是问题的提出者和解决者。要由教师提出问题转化为学生自己去发现问题，把学生作为问题的提出者和解决者。教师提问，仍然是学生围绕着教师转、以教师为中心，所以应把提问的权利交给学生，使学生养成多思、善疑的习惯。学生提出的问题该由谁来回答，要由教师解决问题转变为教师引导学生、由学生自己解决问题，学生既是提问的主体，也是解决问题的主体。学生的回答是学生自己在原有经验上的理解，教师不能包办学生对问题的探索，包办对问题的思考，不能用教师的思维代替学生的思维，师生之间更应重视学习的合作和分享解决问题后的快乐。

第五，提问要形成一个"问题圈"。教师提问时应做到四点：①引疑。教师提出的问题要能给学生思考的空间，激起学生想探究的心理状态，引起学生的求知欲、好奇心，但又不会太难。②质疑。引起疑问只是第一步，让学生对问题进一步去思考、去领悟，这才是问题的关键。只有对问题不停地追问、质问，才会逐渐发现事物的本质。教师在提出问题后，要给学生一定的思考时间。当学生提出较高质量的问题时，教师要引导学生说出自己的思维过程，帮助学生把问题深入，引导学生积极思考。教师要不断地引导学生走向问题的核心，不断鼓励学生的发散性思维。③思疑。思疑是对问题通过不停地追问以后再引起的思考。质疑是思考的过程，思疑是对问题的总结过程。在思疑的过程中，学生要不停地总结、归纳，把对问题的思考深入，从而培养思维的深刻性、批判性和独创性。思疑以一定的抽象思维为基础，反映了学生一定的逻辑推理能力。④释疑。通过师生之间的共同探讨，学生对提出的问题有了一定的认识后，形成了自己的理解，是对问题的理解达到某一阶段后的结束，但不是终结，是在新的基础上引起新的疑问的过程。从引疑到释疑是一个不断反复、循环、螺旋发展的过程，是学生不断变得"聪明"起来的过程。

总而言之，教师在课堂上要启发学生，但启发学生不是引导学生朝着教师期待的答案走。教师启发学生时，不要急于得到答案，而要激起学生的问题意识，要不停地引起学生的思考，学生才能不断地提出问题，只有这样，学生的回答才可能会丰富多彩。学生只有带着问题走进教室，才能带着更多的新问题走出教室，学生的大脑才能始终保持在一种思考状态，他们才会对知识进行更深刻的学习。课堂不是教师自我表演的场所，不是让教师去代替的角色，而是学生主动探索的乐园。只有这样的教师，才能培养出有问题意识的学生，才能培养出有创新意识和创新能力的人。

2. 任务驱动教学方法

（1）任务驱动教学方法的认知。

任务驱动教学方法是指学生在学习的过程中，在密切联系学习、生活和社会实际的有意义的"任务"情境中，在教师的帮助下，学生紧紧围绕一个共同的任务活动中心，在强烈的动机驱动下，通过对学习的积极主动，进行自主探索和互动协作的学习。在完成既定教学任务的同时，引导学生进行一种学习实践活动，通过完成任务来学习知识、获得技能、形成能力、养成品德。任务驱动教学方法要求具有"任务"的目标性和教学情境的创建性，使学生带着真实的任务在探索中学习。在这个过程中，学生会不断地获得成就感，可以更大地激发他们的求知欲望，逐步形成一个良性循环，从而培养出独立探索、勇于开拓进取的自学能力。

任务驱动教学方法是一种建立在建构主义教学基础上的一种探究式教学方法，是将所要学习的新知识隐含在一个或多个"任务"当中，学生对"任务"进行分析、理解后，找出"任务"中的旧知识和新知识，并在教师的指导帮助下找到解决问题的方法，通过对"任务"的完成，从而最终实现对所学知识的意义建构。

任务驱动教学方法适用于培养学生的创新能力和独立思考问题、解决问题的能力，便于学生循序渐进地学习知识和技能，让学生在一个个典型"任务"的驱动下展开学习活动，引导学生由简到繁、由易到难，循序渐进地完成一系列"任务"，在完成"任务"的过程中，培养分析问题、解决问题以及处理信息的能力。

（2）任务驱动教学方法的设计要求。

第一，根据学生的实际情况进行设计。以学生为主导，扮演好教师的角色。教师在教学中起组织、引导、促进、控制、咨询的作用，而学习中起主导作用的是学生，通过充分发挥学生在学习过程中的主动性、积极性和创造性，不断地提高和激励学生前进。

在设计"任务"时，教师必须考虑到学生现有的知识结构和能力水平。要从学生实际出发，充分考虑学生现有的文化知识、认知能力、年龄、兴趣等特点，遵循由浅入深、由表及里、循序渐进等原则。教师应调动学生智力来建构新的知识体系，使学生对已经学习过的知识及操作方法、技能用自己的语言或动作进行表述、判断和直接运用，在此情况下引导学生去解决新情况下的新问题。

第二，在创设的情境中提出"任务"。在教学过程中，创设与学习主题相关的、仿真的学习情景，引导学生带着真实的"任务"进入学习情境，把所要学习的内容巧妙地隐含在一个个"任务"主题中，唤起学生原有认知结构中有关的知识、经验及表象，使学生在这种情境中探索实践，通过完成"任务"达到掌握所学知识的目的，从而加深对问题的理解。

第三，"任务"设计要有明确的总目标和小目标。教师要在学习总体目标的框架上，把总目标细分成一个个的小目标，并把每一个学习模块的内容细化为一个个容易掌握的"任务"，提出的"任务"有学过的，有没有学过的，没有学过的是隐含在任务中的新知识点，从而通过这些小的"任务"来实现总的学习目标。

第四，"任务"评价科学合理。评价以激励为主，注重过程评价和自我评价。强调评价的激励性，鼓励学生发挥自己的个性特长、施展才能、激励广大学生积极进取、勇于创新。注重过程评价和自我评价，使评价活动成为学生学会实践和反思、发现自我、欣赏别人的过程。评价者可以是教师、学生或学生小组等，要善于结合不同的学习内容，区别不同的学生个性，而采用多角度、多层次评价方法。评价实施不仅要及时，还要持续贯穿学习的全过程。评价的目的是激励学生进步发展，鼓励学生发挥自己的个性特长、施展才能、积极进取、勇于创新。

第五，封闭型"任务"和开放型"任务"相结合。封闭型任务是每个学生都应该自主完成的"任务"，它主要包含一些学生没有学过的知识，促进学生掌握关键性的知识，并且要求每个学生都掌握，这类"任务"规定了一个较明确的学习目标、"任务"主题、"任务"要求和相关资源，多采用个体学习的组织形式。学生角色多为"观众+演员"，教师角色多为"演员+导演"。

开放型"任务"一般需要每个小组学生共同探讨完成，"任务"完成的结果通常涉及的主要是已经学习过的知识，允许学生在一个较大的框架范围内自主选择"任务"类型和设计"任务"主题，主要培养学生的综合素养。此类"任务"的困难相对较大，需要学生间的合作，学生角色多为"导演+演员"，教师角色多为"导演+顾问"。

3. 目标教学方法

（1）目标教学方法的认知。目标教学方法是以教学目标为导向的一种带有调控作用的教学模式，它以美国教育学家布鲁姆的目标分类理论和掌握学习理论为基础，把教学目标作用于"教"与"学"的全过程。目标教学方法强调目标对教学的导向作用，注重教学评价和反馈矫正，强调师生双方密切合作，优化教师主导作用，强化练习的教学功能，从而建立科学合理的讲练常规，提高教学的针对性和实效性。

（2）目标教学方法模式。

1）自主学习法。自主学习法是教师给学生提供自学提纲、一定的阅读材料和思考问题的思路，学生在教师的指导下进行自学，并在这个过程中进行知识探索、研究，发展能力（特别是自学能力）的一种教学模式，这种教学法的教学步骤如下：

第一，出示提纲，引导自学。教师导入新课，出示自学提纲，引导学生自学课本，让学生讨论，解决疑难问题，寻找答案。教师巡回指导，因材施教。

第二，指导点拨，开启智慧。在教学过程中，教师要起到点拨、指导的作用，对关键内容、重点知识要点的点拨要能开启学生的思路，让学生在自学过程中能通过努力不断解决问题。点拨要做到有的放矢，引导得法。

第三，变式训练，掌握技巧。恰当地变更问题情境或改变思维角度，引导学生从不同途径寻求解决问题的方法，主要训练学生一题多解、一问多答、一意多义的能力，通过多角度问、多方向思、多方法用、多途径办等手段激发学生思维的积极性和独创性，也可以通过习题改装、材料变换、自主编题等多种方式进行训练，在训练中让学生理解知识的真正内涵，培养学生的思维发散能力、应变能力，改变学生简单的模仿、操作训练，把目标教学、思维训练和能力培养有机地结合起来。

第四，循序渐进，反馈提高。要确保知识结构的系统性和逻辑性，在教学中必须做到循序渐进，引导学生明白每堂课所学的基本内容，在归纳所学知识的基础上及时总结。能从问题、思路、技能中形成能力，获得应用知识的技巧。自主学习法着重培养学生的自学能力，同时，学生通过自主学习获得探求问题的能力、不同情景的应变能力、解决问题的创新能力，得以全面发展。

2) 分层目标教学法。分层目标教学法就是教师根据学生的知识基础、学习成绩、个性发展等差异，对不同层次的学生提出不同的教学目标和教学要求，采用不同的教学内容，实施不同的教学方法，调动每个学生的学习积极性，促进学生的更大发展。分层目标教学法的教学步骤如下：

第一，了解学生，制定不同层次的目标。教师应了解学生，对学生的真实情况应比较熟悉。学生的不同情况应由教师自己掌握，不应在课堂上公开。在把握住学生不同层次的情况下，把教学目标分成不同的层次，对基础水平高、学习态度积极的学生要注重培养其综合拓展能力，强化其对知识的理解、掌握和灵活运用；对中等学生要注重培养其学习兴趣，加强其对知识的理解、应用能力；对基础水平还有欠缺、学习积极性不高的学生应注重培养其基础知识和基本能力，树立学习的信心，从而做到人人达标。

第二，难点分解，分层启发。把教学内容分成不同的部分，使难点分散，并根据不同层次学生的情况，逐层组织教学内容，运用不同的教学方法，深入浅出地讲解，目的在于激发所有学生的兴趣，培养学生分析问题的能力。

第三，集中与分组，因材施教。统一集体授课与分组学习相结合，教师先进行集体授课，为学生提供思路，如讲解一些例题，之后对学生进行分组，教师进行同步指导，要引导学生自主思考问题，掌握必要的知识和技能。教师指导完后要进行总结和评价，帮学生明确思路，重点阐述教学的重点和难点。

第四，分层训练，分层巩固。设计不同层次的例题、练习和实验，让不同层次学生都能在新情境中应用并巩固其学到的知识。

4. 合作教学方法

（1）提供学习提纲。学生根据提纲分小组讨论，大家各抒己见，在讲授新知识前教师先请学生动手去做所获新知的实验（实例），待学生从实验（实例）的实感中产生理性上的理解后，师生再合作下定义，最后每个小组都会有自己的答案。通过讨论，学生从知识的"零存"转换为内联的"整存"，把零碎的知识构成有机的认知"板块"，这里要强调的是，小组合作教学方法，不是把学习任务分工，而是要体现合作、民主、关爱、互助的思想和意识，体现的是"以人为本"的出发点。

（2）分组完成学习任务。根据分组的情况设计任务，在规定时间内，每个小组完成本组选择的任务，小组成员之间可充分讨论。组内每个成员都有明确的分工，小组成员互相依赖、互相帮助，努力完成共同的目标。一旦目标实现，全组成员可一起体会成功的喜悦。

（3）让学生自己给自己布置任务。教师给每个小组指定了任务的类型，在规定时间内若完成了本组的任务，可选做其他小组的任务，这给每个小组和成员提供了一次施展自己才华的机会，有助于培养学生的合作意识和创新能力，而且可以达到事半功倍的效果。

（4）检验知识，达标测评。给学生布置相同的任务，看谁做得最好；给每组学生布置不同的任务，看哪一组做得又快又好，目的都在于检验学生对知识的掌握程度，及时反馈教学效果，增添课堂和谐气氛，让教学活动始终处于思维活跃、积极兴奋的状态。

第二节　中职服务育人教育新理念的解读

一、中职服务育人教育新理念的体系

中职服务育人教育新理念，其实质上反映出职业教育的宗旨是服务，即为区域经济发展服务，为学生成长、为培养现代化技能型人才服务。明晰服务对象，是为了解决服务的内容问题，要为育人服务、科技服务、文化服务相统一提供职教观念的指导，进而提出怎样创新校企合作、工学结合等方法和途径，实现职教的育人目标。

（一）中职服务育人理念的内涵

1. 中职服务育人理念的界定

"服务育人是指职业学校在以人为本的基础上，以学生为服务主体，为了实现人的现代化，将教学育人、管理育人、生活育人有机地结合起来，借助校企创新合作的方式，培养区域经济发展所需要的高素质技能人才的一种职教理念。"[1] 中职服务育人理念主要含有以下四层含义：

（1）在"以人为本"的科学发展观指导下，强调以学生为主体。只有深刻理解"以人为本"，才能全面把握科学发展观的精神实质和科学内涵，切实做到以科学发展观统领经济社会发展全局，把科学发展观落到实处。"以人为本"，就是要把人民的利益作为一切工作的出发点和落脚点，不断地满足人们多方面的需求和促进人的全面发展。而紧密联系当前学校的改革发展实际，深刻理解"以人为本"，牢固树立和落实科学发展观，不仅是一个实践的问题，同时也是一个能不能坚持理论联系实际这个党的优良作风的一个大问题，更是与学生全面发展分不开的问题。

（2）为了实现人的现代化，职业教育要为个人得到职业满足和获得成就提供现代化支持，并为之创造现代化条件。人的现代化是职业教育现代化的归宿。社会的现代化，主要是人的现代化。人是现代化进程中最基本的因素。只有国民在心理、思想、态度和行为上都经历了一场向现代性的转变，形成了现代化人格，这样的社会才能称作是真正的现代社会。职业教育对加速人的现代化的作用主要在于为个人得到职业满足和获得成就创造条件。职业教育的健康发展，能有效地提高人的职业能力，使其能更好地胜任所从事的职业；能提高人的应变能力，使其能适应现代职业的变化；能提高人的社会化程度，使其与现代社会所认同的价值观相协调。职业教育现代化的目标是提高劳动者的素质。职业教育正是培养和提高千百万劳动技术人员现代化素养的基本途径，其现代化程度直接影响着产品的质量和经济效益的提高，制约着国家现代化的进程。

（3）育人的有机整合，即育人的内容。教书育人、管理育人、服务育人是一个有机的整体。教师重在教书育人，同时也担负着结合教学和课外活动进行管理育人、服务育人的责任。各类管理人员、后勤人员要在管理中服务，在服务中管理，把促进学生全面发展作为自己的职责。总而言之，教书育人、管理育人和服务育人是中职教职工的共同职责和应

---

[1] 颜辉盛. 中职服务育人教育新理念 [M]. 武汉：中国地质大学出版社，2014：17.

尽义务。"三育人"工作的宗旨是：把德育贯穿于教学、管理和后勤服务等学校工作的各个方面、各个环节之中，形成全员化育人队伍，充分调动广大教职工自觉育人的积极性和创造性，创建一个良好的育人环境，建设一支高素质的教职工队伍，不断提高教学水平和管理服务水平，全面地履行育人职责，高质量地完成"三育人"工作的根本任务。

（4）校企创新合作育人的方法和途径。校企合作是职业教育人才培养模式改革的突破口，是培养良好职业素养的高技能人才的教育教学方式，是学校提高人才培养质量和综合办学实力的重要途径，也是以就业为导向的职业教育的必然选择。为企业服务应作为校企合作的指导思想，是校企合作的基础，决定着校企合作的深度和广度。学校应深入企业进行调研，了解企业对人才的知识要求、技术要求，以企业需求作为办学的出发点，实现生产、教学、科研的有机结合。校企合作是适应现代职业教育的客观需要、培养应用型高技能人才的重要途径，应该围绕加强和提高学生的技术技能素养，建立有利于校企合作共育人才的工作机制。

2. 中职服务育人理念的特点

（1）学生主体特点。服务育人的宗旨是为学生服务，学生是服务主体，把学生培养成德才兼备的高素质、高技能的工作者，实现其自身的发展，实现自己的人生理想。而服务育人还有一个深层的目的就是借助主体的成才，间接地为家庭的幸福生活、企业的稳健盈利和社会的稳步发展服务。

（2）合力育人特点。服务育人依靠单方面力量是难以实现的，要使得服务育人更科学、高效地发挥其作用，必须全面地将职业学校的管理、教学、德育、后勤、企业实训、课外活动等整合服务，形成合力，育人成才。

（3）产学协同特点。科技的不断进步使技术革新速度惊人，培育的人才要跟得上技术的进步才是有针对性的、高效的育人，这就体现出了校企创新合作的重要性，要求职业学校必须结合现代服务业发展，创新育人。

3. 中职服务育人理念的功能

中职服务育人理念的功能，具体而言，是指中等职业学校在教学、图书、实验工作，以及教务、学生管理、后勤等各项管理工作中以真诚的工作作风、和蔼的工作态度、完善的服务措施，为学生提供优质的服务。通过优质的服务，可以帮助学生解决思想、学习和生活中遇到的各种问题，引导学生树立正确的世界观、人生观和价值观，从而促进学生良好的道德品质和行为习惯的形成。

（1）服务育人促进中职教育体制改革发展。由于学生基础和素质参差不齐，教师的教学、管理和服务难度加大；后勤社会化使原有的生活环境发生了变化；传统教育体制下把学生作为教育对象，忽视学生的权益，忽视学生个性和潜能的发挥，忽视人本价值挖掘的观念和做法，这已经不合时宜。因此，要求中职教职工顺应时代发展的趋势，在工作过程中，切实考虑学生的需求，制定科学完善的管理制度和服务措施，以真诚的工作作风、和蔼的工作态度为学生提供优质的服务。

（2）服务育人促进中等职业学校校风、学风的形成。校风即学校的风气。它体现在学校各类人员的精神风貌上，体现在学生的学风、教师的教风、学校领导干部的作风、各班级的班风上，还存在于学校的各种事物和环境之中。良好的校风具有强大的约束力和凝聚力，对师生员工具有潜移默化的影响。学风是校风的重要内容之一，是校风的集中体现。良好的学风是一种强大的精神力量，能促进人才培养质量的显著提高。中等职业学校通过完善服务育人体系建设，创新服务育人机制，使每一位教职工严格要求自己，以真诚的工作作风、完善的服务措施，为每一个学生提供服务，使每一个学生在服务的过程中受到潜移默化的影响，能够促进优良校风、学风的形成。

（3）服务育人促进教育教学质量和人才培养质量的提高。中职教育体制改革不仅使学生面临着经济压力、就业压力、学业压力和心理压力，同时，学生对学校的选择也提出了更高的要求，这使中等职业学校也面临着强大的竞争压力。中等职业学校要在激烈的竞争中生存发展，就必须主动适应学生的需求和市场发展的需要，深化教育教学改革，改善育人条件，完善服务机制，提高每一位教职工的服务意识，提高教育教学的质量和人才培养质量。所以，服务育人能够促进教育教学质量和人才培养质量的提高。

（二）中职服务育人教育新理念的理论基础

当前，中等职业教育要全面贯彻相关教育政策，转变教育思想，树立以全面素质为基础、以能力为本位的新观念，培养与社会主义现代化建设要求相适应，德智体美等全面发展，具有综合职业能力，在生产、服务、技术和管理第一线工作的高素质劳动者和中初级专门人才，这些人才应当具有科学的世界观、人生观和爱国主义、集体主义以及良好的职业道德和行为规范；具有基本的科学文化素养，掌握必需的文化基础知识、专业知识和比较熟练的职业技能；具有继续学习的能力和适应职业变化的能力；具有创新精神和实践能力、立业创业能力；具有健康的身体和心理；具有基本的欣赏美和创造美的能力。因此，中职服务育人教育新理念的理论基础可以从哲学、社会学和心理学三方面去探讨。

1. 哲学理论——"以人为本"

无论任何专业化的教育，都不能忽视对人的全面素质的培养，加强学习普通文化课，为提高学生自身素质、职业教育终身化打好坚实的基础，职业教育在培养学生职业能力的同时，应把人的能力的培养作为重要任务。职业教育的服务育人教育理念最关键的是培养人，培养学生个性的发展。在教育过程中注重学生的主动性和创造性，经过学习，使其身心得到自由的发展，培养学生具有良好的职业道德、热爱劳动的审美情操和专注工作的创新能力，培养良好的团队合作精神和良好的社会交流能力，能在与人和谐相处的工作中最大限度地实现自我价值和社会价值。

相对于普通院校的学生，中等职业学校的学生更需要人文关怀，很多学生学习基础较薄弱，学习上困难较多，学校应当提供相应的补习和辅导服务，教师对他们应当更有耐心、更有责任心和奉献精神。有的学生个性发展不健全，学校要营造一种充满亲情和关爱的教育环境，感化他们的心灵，升华他们的情感，激活他们的良知。对于家庭经济困难的学生，学校应当帮助他们渡过难关，完成学业，成为合格的社会公民。

2. 社会学理论——和谐沟通的群体意识

所谓群体意识是指参加群体的成员所共有的意识。群体意识是在群体信息传播和互动过程中形成的。群体意识是群体实践活动的产物。所谓"和谐"，是指师生之间融洽相处、互相尊重、互相理解、互相支持，最终达到一种师生关系的最佳状态。在和谐的师生关系中，师生双方既有创造，更有交往，两者相互促进，实现各自的人生目标。失去了沟通的教学是不可想象的，教学活动中的"教"与"学"形成了教师与学生之间的一对一的关系，师生关系是在师生的教学活动中产生的，围绕认识活动而展开的一种关系。通过创造，产生互动、合作、创新等能力；通过交往，重建人道、和谐、平等的师生关系，这种和谐的师生关系，使学生能体会到平等、自由、民主，得到指导和建议，形成积极的、丰富的人生态度并得到情感体验。

3. 心理学理论——相融相通、公平平等

学生时期正是人生观、世界观、价值观形成和基本定型的时期。这期间，尤其是中职学校的学生，他们所接受的教育至关重要，因为他们会把在学校所接受的思想带入社会，从而影响社会。如果学生接受的是公平教育、平等教育、合作教育、良性竞争的教育，他们步入社会后，也会把这种思想推之社会，由己推人，整个社会的文明程度就会提高，这对建设和谐社会也是大有裨益的。

就教育实践主体而言，教育公平可分为学生公平与教师公平。学生公平是指对待和评价学生公平与否的问题，而教师公平则是指对待和评价教师公平与否的问题。就教育活动过程而言，可分为教育起点公平、过程公平和结果公平。起点公平是指每个人不受性别、经济地位、居住环境等条件的影响，均有开始其学习生涯的机会；过程公平是指教育在主观、客观两个方面以平等为基础的方式对待每一个人；结果公平即教育质量平等。

（三）中职服务育人教育新理念的要素

中等职业学校的服务育人是连接社会育人和学校育人的桥梁和纽带，对提高学生的综合素质和促进其道德情感的升华具有重要作用。为做好中等职业学校的服务育人工作，应从先进理念的树立、全员思想道德的建设、服务体系与制度的建立、优雅校园大环境的构建、人性化服务的开展等方面入手，形成立体的、全方位的大服务体系，为学生的衣食冷暖直至成功成才提供完善、完备的服务，达到育人的最佳效果。

1. 树立先进的服务理念

树立先进的服务理念是做好服务育人的基本前提。服务育人理念的构建主要基于以下方面：

（1）服务理念构建基于经济社会对中等职业教育的要求。现代中等职业教育培养的人才应该是具备较强专业能力，并能够运用所学知识服务于社会和他人的高素质人才，强调学生的"服务"能力和本领，因而中等职业学校的人才培养必须重视服务理念的导向作用。

（2）服务育人理念的构建基于学生主体意识的提高。随着经济社会发展和教育体制的转变，学生的维权意识和市场意识进一步增强，学生正逐渐把自己看作中等职业教育的消费者，对学校提供的软硬件服务提出了更高的要求。学校作为服务者必须满足学生的合理需求。

（3）服务育人理念的构建基于中等职业学校服务水平的弱化。由于大规模扩招等原因，中等职业学校出现了服务能力和服务水平的下降，尤其是一线后勤服务队伍整体素质参差不齐，具体工作中责任意识淡化，服务意识薄弱，互相推卸责任，这些因素决定了不断强化中等职业学校服务人员的服务意识、更新服务理念、提高服务质量是迫切而紧要的。在服务理念的更新中，要坚持急学生所急、想学生所想，不仅要做到"为了学生、尊重学生、理解学生"，还要做到"依靠学生、满足学生、发展学生"。要深入学生当中，建立沟通交流渠道，营造民主氛围，倾听意见诉求，唤起学生的责任感与主人翁意识；要鼓励学生参与制度设计，探索学生喜闻乐见的管理方法，争取学生对学校各项工作的理解和支持；要诚心诚意地为学生排忧解难，为学生的衣食冷暖服务，为学生成功成才搭台，增强学校的亲和力与归宿感，激发学生奋发有为、积极上进的动力，在意识深处唤起他们对新的生活方式和更高的精神世界的渴求,从而达到促进学生的全面发展和学校培养目标的实现。

2. 加强全员思想道德的建设

加强全员思想道德建设是做好服务育人的必要基础。中等职业学校要充分认识和肯定服务在育人工作中的地位和作用,教育广大教职工正确认识自身价值,增强服务育人的自豪感和责任感,充分发挥应有的作用。从服务和育人这两者的逻辑关系而言,服务是育人的过程和前提,育人寄寓在服务的过程中,只有通过良好的服务,才能发挥育人的作用,达到育人的目的。由此可见,服务是中等职业学校立足生存之根源和基石,是中等职业学校全部工作的内核和载体;对广大教职工而言,服务是基本工作内容,是显示身手、奉献才智的一个基本平台和着力点。中等职业学校全体教职工从学生入学到就业、吃饭到住宿、课堂到实习、日常教学到课外活动,随时都会接触到学生,一言一行都会对学生认知的升华和道德的修炼产生潜移默化的作用。

总而言之,中等职业学校,首先要在全体教职工中进行广泛的宣传,进一步深化认识,提高服务的意识,牢记为学校教学、科研、学生提供优质服务是自己的天职,真诚、真心、自愿、诚恳地做好服务工作;其次,中等职业学校要重视全体教职工的思想道德建设,坚持开展爱校、爱岗、爱生教育,全员牢固树立服务育人的思想,同时加强职业道德建设,提升中等职业学校教师的责任感、使命感和服务意识,身体力行地开展优质服务;最后,要强化服务育人意识,以正确的思想引导人,以高尚的精神鼓舞人,注重抓职工队伍的建设和服务意识、服务能力的塑造和培训,努力培养政治强、业务精、素质高的服务团队。

3. 完善中职学校制度的建设

完善制度建设是做好服务育人的基本保障。制度是育人的保障,也是管理的标尺。中等职业学校要建立健全规范科学合理的制度,为开展服务育人奠定保障机制和工作依据。

(1) 建立质量标准体系,推行规范服务。中等职业学校的服务育人工作首先要做到规范服务。规范服务重在建立切合实际的质量标准体系,尽可能地使所有工作岗位都按照社会同行业(企业)的标准来实施。实行分级量化考核,出台教学督导、后勤服务、学生管理、教师培训等日常管理考核指标体系,促进日常服务工作规范化、标准化、科学化,使管理有章可循、有据可依,同时定期对工作进行总结分析,查找管理漏洞,适时完善相应的标准。

(2) 加强民主管理制度建设,建立多渠道信息沟通机制。构建中等职业学校服务育人的管理新体系,在学校层面成立服务育人工作领导小组和服务工作评价考评办公室,强化对工作情况的检查、评估、监督和管理,实施科学管理,建立多渠道、全天候的信息传递与沟通机制。

第一,建立意见反馈制度,通过定期召开学生座谈会、实施"校长接待日"活动、开放校长信箱、建立政务微博等方式,及时听取学生的意见和建议,并对学生所提的意见和建议及时回复落实。

第二,建立投诉信箱,设立服务热线,推行服务承诺制和服务首问负责制,主动接受广大师生员工的监督,让师生投诉有门,论理有道。

第三,建立服务质量监督制度,充分发挥学生的主体作用,组建以学生为主的服务质量监督员队伍,随时监督,并定期进行服务满意率问卷调查,同时发挥中等职业学校学生自我管理、自我教育的优势,鼓励学生参与学校管理,发挥学生的主体作用,不断提高服务质量。

(3) 加强教职工培训制度建设,提高服务育人的能力。只有不断提高综合素质,掌握服务技能,才能提升服务育人的能力和水平。因此,中等职业学校要重视教职工培训制度建设:一要完善教师培养培训体系,做好培养培训规划,优化队伍结构,分层次、分类别、分批次地对全体教师进行系统的集中轮训,使培训工作长期化、制度化、规范化,提高教师的专业水平和教学能力。二要创新培训形式,通过组织职工开展爱岗敬业、岗位练兵和技术比武等多种活动,形成比学习、比技能、比贡献的良好风尚。通过教学观摩,教学竞赛、优质课、精品课评选等形式,提高教师教学水平。三要提升培训积极性,教育引导处于教学一线的教师树立"师为先、生为本、课为媒"的教育教学理念,积极参与各类素质增强与能力提升的培训,自觉提升服务水平。

4. 构建优雅的校园环境

构建优雅的校园环境是做好服务育人的有效途径。中等职业学校是社会主义精神文明建设的重要阵地。构建优雅的校园环境不仅是校园文明建设的需要,而且是中等职业学校做好服务育人工作的有效途径。此处将校园环境定义为自然环境和人文环境的综合。从服务育人的角度而言,自然的物质环境与人文的社会环境的作用密不可分。优美的自然环境和浓郁的人文环境,能够使学生自然地受到熏陶、暗示和感染,在他们的内心深处增强对学校的认同感,并产生对更高精神世界的持久追求。构建优雅的校园环境,一方面要建设优美的校园景观环境,愉悦学生的心情,陶冶学生的情操,塑造学生美的心灵;另一方面努力构建文明和谐的校园人文环境,以此来影响人、熏陶人、教育人。

(1) 建设雅致校园。校园建筑布局按人性化的要求进行功能分区，力求融校园、家园、花园、乐园为一园，集社会美、艺术美、自然美、科学美于一身，努力营造充满艺术氛围和人文精神的校园环境。

(2) 发掘学校的历史积淀。每所中等职业学校都有自己特有的历史传统和文化积淀，蕴藏着丰富的精神内涵，是一本鲜活的育人教科书。通过不断完善开放的校史室，充分利用校徽、校训、教风、学风的宣传作用，设立杰出校友展览墙等方式，彰显学校的优秀传统和文化内涵，增强全体师生的自豪感和归属感，凝聚共识，共谋发展。

(3) 营造浓厚的校园文化氛围。校园文化是中等职业学校人文环境的重要内涵，对学生的教育最直接、最有效。中等职业学校要充分利用宣传橱窗和阅报栏、校报、校刊、广播站、校园电视台等宣传工具，营造人文气息；用文体活动等载体丰富校园人文内涵；在实验室、教室、学生宿舍文化建设和绿化、雕塑、路名、楼名、文化设施、常用文具设计方面匠心独运，让校园的每个地方都彰显人文理念。

5. 倾注必要的人文关怀

倾注必要的人文关怀是做好服务育人的关键。在构建和谐人文环境的基础上，中等职业学校的服务育人工作要着眼于人性化的具体服务，把人文关怀贯穿在服务的全过程。

(1) 用心服务。用心服务就是要求学校的全体教职工心里要有学生，提供的工作服务、学习服务、生活服务和就业服务都要用心谋划、别具匠心。既要提供大众服务，又要考虑个性服务；既要满足普通学生的服务要求，又要特别关注贫困生等特殊群体的需求。用心服务体现出来的是以心换心、换位思考的真诚。

(2) 真情服务。每位教师的温情鼓励都会使学生信心倍增，每位教职工的善意和微笑都会使学生倍感温馨，宿舍楼的小贴士可使学生感受到家的温暖，医护人员的关心呵护会使病中同学感到人间的真情。诸如此类带着感情的服务，最能体现人文关怀，也最能打动人心。只有为学生提供真情服务，才能得到他们的理解与配合，服务的价值才能更好地得以实现。

(3) 主动服务。主动服务就是要求想在前、做在前，未雨绸缪，提前服务。例如，学校后勤部门平时多增加巡视检查，在学生报修以前展开维修，在冬季来临之前巡查并修补破损漏风门窗玻璃，既避免了不必要的浪费，也让学生倍感温馨舒适，学生的主人翁意识和集体主义观念也得以同化增强。

(4) 创新服务。与我国不断发展的中等职业教育形势相适应，中等职业学校服务必须本着"与时俱进、不断创新"的原则，持续更新服务理念，创新服务能力。毕业生就业工作是中等职业学校服务育人中的重要一环，当前毕业生就业工作应"确立三个理念，创新四个服务，打造三个平台，建立六项机制"。"确立三个理念"即以就业为导向的办学理念、毕业生终身服务的理念、全员参与毕业生就业工作理念。"创新四个服务"即为专业优化调整提供前瞻性服务、为用人企业提供咨询服务、为行业人力资源开发提供超前服务、为学生提供务实就业心理预期服务。"打造三个平台"即毕业生就业网络咨询服务平台、毕业生就业宣传教育平台、就业指导管理工作平台。"建立六项机制"，即就业形势分析交流机制、就业指导考核奖惩机制、毕业生动态管理机制、毕业生就业反馈机制、毕业生就业管理工作机制、顶岗实习管理机制。

学校服务的真谛是育人，是潜移默化的无声教育，是着眼于学生未来、培养高素质人才的教育。为做好服务育人工作，中等职业学校要建立"大服务"的格局和体制，用先进的服务理念指导工作，以完善的制度和良好的师德教风为服务育人提供有效的保障，以优雅的校园为服务育人提供和谐环境，在物质环境和人文环境构建的基础上，倾注人文关怀，为具体的服务工作注入感情，用有形的、无形的、立体的、全方位的服务开展育人工作，才能达到预期效果。

二、中职服务育人教育新理念下的学校管理

学校管理是学校活动的一个重要领域，它承担着把统一的办学理念渗透到学校每个成员的头脑之中，并有效地整合、落实到具体行为中的重要责任。中职服务育人教育新理念下的学校管理，秉承"以人为本"的宗旨，遵循教育管理的规律，强调人才培养的质量，体现管理的持续性、全面性、人本性、和谐性，以保证人才培养质量的不断提高。

（一）中职服务育人教育新理念下的行政管理

服务育人教育新理念打造持续发展的领导队伍。校长是领导者的代表，个人的领导永远是暂时的，而具有先进理念的领导队伍却是持续的。服务育人教育新理念凝聚了服务他人的领导班子，指导了集体领导全校，有利于营造和谐的职业学校氛围，充分展示管理服务育人的魅力。

中等职业学校的行政管理核心是服务，并在此基础上建立服务育人的组织架构。如部分学校实行校长负责制，这一体制具有强调高度自主，要求与市场紧密联系，保证决策科学、民主，能有效地避免办学风险的优点。校长是学校的法人代表，学校的行政决策权在校长，但重大决策必须经过领导组织的民主协商。中等职业学校在行政管理的运转中，依

赖于一个精简、高效的行政管理系统和一个富有活力的运行机制,才能保证服务育人的管理效率,让管理即服务落在实处。

(1)建立扁平化的学校内部行政管理组织,强化与市场接轨的职能处室,精简上下衔接的事务性部门,适度放权给各处室,以便各办公部门主动发挥积极性和创造性。

(2)建立学术交流与评议组织,转变以往以行政管理系统为中心的局面,逐步提高学术在学校专业发展中的地位。

(3)杜绝裙带关系,按照人力资源优化配置的原则,选拔和聘任行政管理人员,逐步推行职员制。

(4)完善管理制度,建立学校服务承诺制和责任人制。

1. 行政管理服务育人的系统分类

管理即服务,决定了中等职业学校行政管理系统的分类设置标准,以有效地保障管理服务育人。如部分学校选拔领导班子成员,按照德才兼备、任人唯贤的原则,公开竞聘。副校长、教务主任、总务处正副主任通过竞聘走上学校管理岗位。中层领导成员均通过考核与评议,由校长聘任,有效保持和促进领导成员和谐发展。领导班子成员到位后,学校行政管理架构的运转,是按行政管理系统来运行的,其系统分类有利于管理服务育人宗旨的实现。

行政管理系统分类主要包括:①行政工作系统,由校长领导的校长办公室完成学校行政事务工作,其主要组成有人事、宣传、文书、档案、接待等。②德育工作系统,由主管副校长领导的学生处负责学生的思想教育和安全保卫工作,其主要组成有年级组(或专业科)、班主任、团委、心理研究室、宿舍管理和安全保卫等。③教学工作系统,由主管副校长领导的教务处负责学校的教学工作,其主要组成有专业科、教研组、科技电教组、备课组、任课教师等。④体育卫生工作系统,由教务处一位副主任领导的体育卫生组完成学校的体育卫生工作,其工作组成有体育教研组、医务室。⑤科技电教工作系统,由实训处主任领导的科技电教组完成学校的科技电教工作,其主要组成有计算机教研室、信息技术科组。⑥后勤工作系统,由主管副校长领导的总务处完成学校后勤工作,其主要组成有校园建设、财务、食堂、后勤事务管理、财产管理等。

2. 行政管理服务育人的内涵发展

服务育人管理理念的践行,彰显着服务他人、服务学校、服务社会的内涵发展轨迹。例如,部分中等职业学校,在新的历史时期及新形势下,如何把握学校生存、规模发展与质量提升,为该地区的发展输送更多的技术型人才,这就是最大的管理服务。这就需要中职学校领导人在推进职业教育又好又快发展方面多做努力，在创新学校办学体制、促进学校科学发展等问题上形成了统一的合力，在学校管理上显示出服务育人的领导实绩。行政管理服务育人的内涵发展主要表现在以下方面：

（1）"育人为本"是职业学校管理的根本任务。育人必须以学生为主体，促进学生的全面发展。坚持一切为了学生、为了一切学生、为了学生的一切，全面实施素质和技能教育，全面提高教育教学质量，把每个学生都培养成适合市场的有用人才。与普通高中教育不同的是，中职学校的学生存在着学习兴趣较低、学习方法不好、学习目的不明等特点，以及心理上、行为上等诸多问题。对这些学生，在教育他们学会做人、学会学习、学会做事方面需要投入更多的时间、精力，教师要热爱学生，因材施教，学校教师、领导要增强为学生服务的意识。学校努力做到"教书育人、服务育人、管理育人、环境育人"，大力提高学生的动手能力和专业技能水平，增强其服务社会的本领和能力。

（2）师资队伍建设是职业学校管理的关键。以科学发展观为指导，努力打造一支思想素质过硬、业务水平精良、具有高度责任感的师资队伍是职业学校服务的关键。另外，大力实施人才强校战略，建设一支高素质"双师型"教师队伍，集聚一批高素质创新型人才，是职业教育的一项根本任务。学校可以按照全国优秀教师座谈会上对教师提出的"爱岗敬业、关爱学生；刻苦钻研、严谨笃学；勇于创新、奋发进取；淡泊名利、志存高远"的四点希望，作为学校教师队伍建设的根本要求，加快建设一支专兼结合、数量适当、素质优良、结构合理、富有活力，能够适应职业教育又好又快发展需要的教师队伍。

（3）坚持质量标准是职业学校管理走内涵式发展的基本途径。质量是职业教育的立校之本、办校之基、强校之源。中职学校的质量要求比其他类型学校复杂，它不仅要求学生具有一定的理论专业知识，还必须具有实践操作能力，并且要求学生能够取得"双证书"。未来学校教育的竞争是办学内涵的竞争，是教育教学质量的竞争。因此，中职学校应坚持以科学发展观为指导，走内涵式发展道路，从立足于学校持续协调发展、长远发展出发，努力提高教育教学质量，提高办学水平，提高学生的实际操作能力和动手水平。

为做好中职学校的教育教学质量工作，需要：①培养"双师型"教师是提高教育质量的关键所在；②科学、规范而严格的管理是提高教育教学质量的前提和保障；③工学结合、半工半读、顶岗实习，增加实践环节教学安排，提高学生实践动手能力，是保证学生提高技能的必要途径。

（4）创新学校办学模式是职业学校管理的追求目标。努力打造一些国家级、省级品牌专业，也是职业学校实现可持续发展的重要举措，它是学校创新办学模式的标志。服务经济社会发展，学校专业要对接行业产业。学校的结构可分为专业结构、课程结构、年龄结构、学制结构等，而最关键、最直接的是专业结构。学校根据各自的特点、优势和办学实力，不断调整专业结构，更好地满足国家经济结构调整和社会需求，为经济社会培养更多、更好的技术型和复合型人才，促进经济社会又好又快地发展。

（5）学校管理要创新办学模式，力争办学效益最大化是一种服务学校的追求。职业教育作为一个教育类型，既要讲求教育的根本属性，"育人为本"，又要追求社会影响，发挥其为当地人民服务的作用，进而达到长久为学校服务的目的。因此，职业学校领导要努力加大职业教育的宣传力度，让职业教育家喻户晓、深入人心，扩大职业教育在社会的影响力，力争办学效益最大化，又能较好地服务当地经济社会的发展。

（6）坚持求真务实是职业学校管理不断迈上新台阶的保障。要切实落实好、贯彻好科学发展观，必须坚持求真务实的精神，把科学发展观贯彻落实到学校发展的各个方面。要坚持从职业学校实际出发，不断创新办学体制，拓宽办学思路，着力构建和完善有利于学校各项事业发展的体制机制，解决学校发展中存在的难题和深层次问题，从而切实解决全体师生最关心、最直接、最现实的利益问题。以提高学校领导干部队伍科学发展的能力入手，统筹抓好领导队伍和行政干部队伍建设，全面提高教师队伍的整体素质；以科学发展观为指导，确定解决问题的近期目标、中期目标和远期目标，努力构建和谐校园，促进学校各项工作和谐有序开展。

3. 行政管理服务育人的领导队伍建设

一个好的领导队伍，对学校的发展至关重要。因此，采取切实可行的措施，加强领导班子自身建设，进一步增强贯彻科学发展观的自觉性和主动性，确保学校各项工作顺利开展，是不容忽视的重要问题。

（1）切实加强领导队伍党性修养。要着力提高领导队伍整体素质，提高认识，增强能力，做到廉洁奉公，努力把领导队伍建设成为善于领导学校科学发展、精诚团结的坚强领导集体。职业学校提倡领导班子成员深入一线了解教育教学实际，发现教师队伍的"闪光点"和优秀典型事迹，找出问题，并提出解决问题的新思路、新方法、新机制，制定促进学校长远发展的目标和措施，充分发挥领导队伍核心和战斗堡垒作用。

（2）建立健全机制，进一步加强领导队伍的思想建设。服务育人教育新理念指导下的职业学校要求每一个领导队伍成员在学习实践科学发展的过程中，深入研究职业学校的发展规律。坚持解放思想、理论联系实际，自觉以先进理论指导实践，增强大局意识、责任意识和创新意识，敢于开展批评与自我批评，切实提高个人的思想素质和理论水平，拓宽视野、更新观念，不断丰富自己的理论系统，更好地指导自己的工作，为学校提供更好的发展理念和思路。

（3）加强制度建设，努力建设一个团结高效的领导队伍。在领导队伍成员内充分发扬民主，不断完善重大事项决策制度。加强领导成员之间的沟通和交流，坚持民主集中制，自觉维护领导班子在学校工作的权威，确保在学校工作形成合力，取长补短，进一步增强领导队伍的凝聚力和战斗力。

（4）坚持把提高领导队伍成员的能力放在首位，要进一步提高领导队伍成员的政策水平，提高领导队伍成员对复杂局势的驾驭能力和控制能力。因此，领导队伍成员要自觉加强对重要文献、篇目的研究和领会，切实把握精神实质，加强前瞻性研究，做到理论推陈出新、业务能力强，自觉增强学校各项政策和措施的执行力。

（5）理论联系实际，深入企业开展调查，不断丰富个人的实践经验。当前，各职业学校正处于深度发展的时期。学校要求领导队伍成员从自身做起，坚持把科学发展的理论联系到工作、生活实际中，深入企业、社会开展调查研究，一方面，了解经济社会发展对职业学校培养学生模式的要求，掌握毕业生就业情况，了解行业发展情况，对学校实行开门办学，紧跟时代发展提供对策和思路；另一方面，不断丰富个人的实践经验，弥补专业不足，密切注意社会发展动态，把握机遇，抢抓机遇，推动职业教育不断向新的台阶迈进。总而言之，中等职业学校领导队伍建设是一个重要问题，需要给予高度重视，特别是要放在地域全局的背景下来进行。

（二）中职服务育人教育新理念指导下的教学管理

职业学校的教学管理是育人的行政保障，如何做到服务学生、服务教师，以保证教学质量，需要在人才培养目标、教学任务安排、教学模式创新上实现教学管理服务他人的基本宗旨。

1. 教学管理之人才培养目标

人才培养目标是教学顺利进行的依据，所以先要明确人才培养目标，有利于教学任务描述和教学内容的确定。中职服务育人教育新理念下的人才培养目标，表述为着重培养学生的社会生存能力和发展能力，使学生学会生存、学会学习。

在我国深化改革、加快实施创新驱动战略、调整经济结构、切实转变经济发展方式的关键时期，在我国经济结构调整和产业升级过程中，中等职业学校承担着培养具有熟练操作技能、可持续职业发展能力、良好职业素质劳动者和技术工人的重任。如何适应国家发展战略的需要，改革创新，改变人才培养模式，提高教育质量，办成让人民满意的教育，提升社会服务能力以及提高学生生存与发展的能力等，这些都对学校的人才培养提出了严峻挑战。

中职学校应坚持联合企业，创新人才培养，深化"双元联动"模式，并积极推动与行业、企业的广度和深度合作，可以通过"企业冠名""企业课堂"和"企业驻校"等多种方式，形成校企"双元联动"的培养模式，人才培养从"企业配合"向"校企共建"转变。为适应社会和企业对人才的需求，学校可进一步深化"双元联动"人才培养模式，让企业作为育人主体，从计划、课程、教学、实训等方面全方位参与学校的育人过程，实现学生课程学习、实训实习就业工作与企业的良好合作。在此基础上，积极探索"多方联盟"办学模式，组建职教集团，成员学校、企业、行业协会共同努力，在学校管理、师资培训、人才培养、教学科研、实习就业等方面共同投入、共同运营、共同发展、共同受益、共担风险，形成具有特色的办学和人才培养模式，为创建国家级示范学校、发挥区域引领作用奠定基础。

2. 教学管理之教学任务

中职学校的教学任务是对培养职业技术人才教学过程的总要求，它必须以职业技术人才的培养目标为首要依据，它是教学工作所应承担的具体责任，是指引教学活动、选择教学内容与教学方法的依据。中等职业学校的基本教学任务可以概括为基础性任务、形成性任务、发展性任务和教育性任务，这四种任务是相互联系、相互影响的。

基础性任务是通过教学，要求学生掌握必要的普通文化与专业基础知识，它包括文化基础教学任务与专业基础教学任务，是形成专业技能、技巧，发展智力、能力的基础；形成性任务是使学生在掌握专业基础知识的基础上，通过实践性教学环节，形成一定的专业技能、技巧的教学任务；发展性任务是通过各种教学环节，发展学生的智力，培养学生的能力，增强学生的体力；而教育性任务是结合文化专业基础、专业理论、操作技能教学，培养学生科学的人生观与世界观，形成高尚的道德品质，树立牢固的专业思想和良好的职业道德。上述四方面的教学任务，就确立了中等职业教育的教学过程是培养学生掌握专业知识、形成专业技能、提高综合素质、发展良好的职业道德，从而使学生成为某专业领域的专业技术人才。

3. 教学管理之教学模式

学校瞄准职业，创新教育内容，构建"素质核心型"教学模式。以课程对接岗位、教材对接技能为切入点，学校应大力推进课程改革，构筑起"基础集群+专业集群+拓展集群"三大课程集群，开发出一批相应的校本教材。以适应职业岗位需求为导向，积极建设并充分利用校内外的专业实训基地，创新教学环境和教学方式，加强实践教学，强化岗位体验。利用仿真或全真的职业环境，以模拟项目或实际任务来驱动，形成多种"素质核心型"教学模式。

中职学习可以与行业、企业、高校共建，按照"岗位技能+职业素养+执业资格"的要求，构建"突出素质、课证融通"的模块化课程体系，建设一批真实反映现代企业实务流程、反映行业最新成果的专业核心课程和教材，完善专业设置和课程调整动态机制，建设精品专业，对于课程开发要做到"使用一批、开发一批、研发一批"，保证专业设置紧密对接相关产业，课程和教材建设紧跟职业岗位标准变化的步伐。还需要不断优化"素质核心型"教学模式，并按"技能实践+职业体验"的要求，新建和改建一批校内专业实训室，条件允许的范围内，可以新增校外实训基地，创新专业实训教学环境，使之与专业教学模式要求相适应。

（三）中职服务育人教育新理念指导下的德育管理

服务育人是一项综合性的育人活动，而管理育人活动的人本性，决定了管理育人活动必须坚持"以人为本"的人本主义思想。在职业学校管理育人活动中，重点是从管理指导思想、管理组织、管理方式和管理手段上，充分体现出"以人为本"、人的因素第一的观点，从而达到强化管理育人的目的。

德育，即道德教育，其内容包括思想教育、道德品质教育等内容。我国的教育方针，对于人才的培养目标有明确规定，就是"社会主义建设人才"。中等职业学校的德育宗旨，是造就乐于奉献、有强烈社会责任感、安于基层岗位、吃苦耐劳，同时又具有创新精神，能够激情创业，能够全心全意为人民服务的高素质技术型人才。随着社会的发展和教育理念的提升，中等职业学校在德育的内容、形式及教育方针上都要有所创新。要加强职业道德教育，也就是要把社会公德融入所从事某种具体的职业中去。这样，除了普遍性的社会公德以外，还要考虑职业自身的特点。职业道德是整个德育体系中的重要组成部分，它在一定程度上集中反映了一定社会和阶级的道德要求和面貌，对于维护社会生产关系的稳定性有着重要作用。

1. 德育管理的主要内容

（1）服务育人的学生评价管理。我们应科学地评价中等职业学校的学生，职教工作者的责任是及时发现并珍惜存在于中职学生身上的个性特长和潜在的学习能力，充分相信这些特长和潜力能够被开发。只有相信人人有才,职教工作者才有可能对全体学生富有爱心和信心,才能真诚地欢迎基础、背景、个性、志趣相异的学生,而不把参差不齐的生源现象看成是短期的权宜的情况。用发展的眼光看待学生,积极关注、及时了解和分析学生发展的态势,认识到学生的发展是一个动态的循序渐进过程。全面地看待学生,多方面地了解学生可能良好发展的多个方面,认识到学生具有多元的、在不同发展领域展现的、区别于其他个体或群体的认知风格和学习策略。

(2) 服务育人的人才管理。要以能力为评价标准,树立凡具有一定知识或技能、能解决复杂问题与生产新产品的人,都是社会所需要的人才的现代人才观念。工作只有分工不同,社会有需求就需要有人能胜任。培养人就要培养升华其所能,避其所不能。人有所长,亦有所短,只要他们通过职业教育能精于某一行,胜任某一项,工作出色效率高,就是人才。职业教育须以相信人人有才和承认个性差异为认识基础,以实施因材施教和引导扬长避短(或补短)为主要方法,以帮助人人成人和人人成才为基本目标。职业教育为不同类型的人群提供相同的学习机会和不同的学习路径,帮助他们实现不同的适性目标。

(3) 服务育人的理念管理。坚持"以人为本",中等职业学校的学生管理工作应把学生放在第一位。学生管理就是一种服务性工作,"为一切学生服务"应成为学生管理工作的新理念。应做到尊重学生,尊重每个学生的个性和独立的人格,在与学生的人际交往活动中,对学生进行思想品德教育和行为准则教育,教会学生如何做人;信任学生,让学生具有被信任的认同感和自豪感,经常与学生接触,了解学生的想法,相信学生的自主性,充分肯定学生成功的地方,也要以宽大的胸怀谅解学生的一些过失,不要对他们求全责备;在学习和生活上指导学生健康成长,关心学生在学习和生活中遇到的困难,及时为学生提供指导与帮助;关心学生的身心健康,经常与学生谈心,解除学生的一些思想负担。

(4) 服务育人的因材管理。因材管理实质是个性化的管理,其根本目的在于充分挖掘、发挥每一个学生的潜能,提高其整体素质,使不同特质的个体都能实现个性的全面和谐发展。充分尊重人的个性,充分认识和重视个体之间的差异,善于认识、尊重、接纳及合理利用个体的独特性。注重管理的特色化(包括有个性特色的管理目标、内容、方法、手段和制度建设等)和个性化(应考虑个体的生理、心理、智能、年龄特点,个体的特长、兴趣、爱好、需要等),引导学生正确地认识自己、相信自己,结合所学专业知识,确定一个最适合自身特点的、最具潜力的发展方向,自觉发展个体的独特性,发展好的个性,改造不良个性,促使个性化与社会化、他人教育与自我教育的统一。

2. 德育管理的基本特性

(1) 具有较强的针对性。职业道德的针对性,是指不同的职业、不同的行业、不同的人群有不同的职业道德要求。职业道德是在一定的社会生产关系条件下，在特定的职业或行业生活中形成的。中等职业学校的学生，不管其在毕业后继续升读高职院校还是直接就业，其选读的专业在今后的职业生涯中均会产生深刻的影响。针对不同的专业，在德育教育方面各有侧重。

（2）具有行业的广泛性。职业道德不只是对某些职业提出的要求，也不只是对职业中的某些人员有约束，而是对所有的行业、所有从事该行业的人员都具有约束力。对领导干部适用，对一般工作人员也适用；对就业者适用，对创业者同样适用。即使是自己创业当了老板，也要遵守行业规则，履行劳动合同，尊重知识产权。因此，无论在社会生活中扮演什么样的职业角色，都应该讲职业道德，这是社会进步和个人职业生涯发展的基本要求。

（3）具有很强的实用性。不同的职业从本行业的要求出发，概括出十分具体明确的道德准则，用"职业规范""工作守则""生活公约""行为须知""文明用语"，甚至"十准十不准""十提倡十反对"等形式公之于众，用以规范和约束本职业的从业人员，同时接受社会监督，这种实用性的特点体现了职业道德要适应职业岗位的具体条件和从业人员的实际接受能力，从而显示其具有很强的实用性。

（4）具有鲜明的时代性。随着社会的发展和分工，一些新的行业不断涌现，从而也产生了一些全新的行业和职业。如物流业、策划师、精算师等。这些新型产业同时催生了相关的行业守则。另外，同一职业在不同的时代也会表现出不同的特点。例如，财会从业人员，随着社会、科技的发展，传统的纸账本、珠算逐渐被计算机取代，只有掌握了电算化这一现代化技术，才能适应现代财会工作的要求，更好地服务本职工作，体现本行业的职业道德。

（四）中职服务育人教育新理念指导下的师资管理

服务育人和谐性的师资管理是学校的管理特色。服务育人的和谐性，体现为师生和谐、生校和谐、师校和谐、校企和谐，归结为人的和谐。

1. 师资管理之内部和谐

（1）校本培训。校本培训是指以学校为单位，面向教师的学习方式，内容以学校的需求和教学方针为中心，目的是提高教师的业务水平和教育教学能力。由于校本课程是一种新的课程领域，基于学生的直接体验，密切联系学生自身生活和社会生活，体验对知识综合运用的课程，其基本学习方式是探究学习。因此，立足于工作岗位是教师校本培训的显著特征，而且校本培训具有较强的针对性，所以校本培训是教师发展与学校发展的统一。

（2）教师监督。具体如下：

第一，完善师德监督机制。中职学校师德建设领导小组，可以每期一次检查考评教职工的师德行为；分管领导、行政组长与班主任每月检查一次师德表现情况；行政值周与值周教师要认真检查本周教师职业道德表现情况，认真填写值日纪要记录；教师之间、师生之间要互相监督师德行为。要坚持师德汇报制，凡发现师德问题，必须及时向师德建设领导小组汇报并予以查处，知情不报者，一经查出，必须追究责任。

第二，建立师德奖惩制度。凡严重违反职业道德的教职工，除认识检讨、批评教育外，按情节轻重惩扣学期奖金和保留津贴，评优、评职、晋级等一票否决，并停职待聘或解聘，或年度职称考核结论定为"不合格"，情节严重者，报相关部门查办。

（3）教师导师制。学校实行的教师导师制度，是为了加快对新教师的培养，使新教师在专业知识、教学技能、师德养成、适应新环境等方面更快地成长，并为新教师配备导师。为新教师配备的导师，首先要热爱教育事业、为人真诚，有较强的责任心；其次熟悉本专业教学工作和学分制的有关规章制度，深入了解本专业课程的教学目标、教学大纲、教学实践以及学科动态，一般有高级专业技术职务。教师的导师要了解所指导的新教师的专业基础、教学技能，分析新教师教学特长与不足，要制订对新教师的指导计划，要与新教师进行相互听课，检查和指导新教师备课，纠正其不规范的教学行为，帮助新教师形成良好师德，发挥个人教学特色。导师的聘任期一般为两年，由教务部提名，校长办公会批准，其工作由分管教学的副校长领导，期末时进行考核，考核合格的导师将给予奖励。

2. 师资管理之外部和谐

（1）加强与企业、行业的合作。在加大力度进行师资培养、组建高素质的师资队伍时，中职学校可以从相关专业中抽调一批专业水平较高、实践经验丰富、教学能力强、有改革创新精神的教学骨干和学科（专业）带头人，经过专门培训，组建担任师资培训工作的骨干教师队伍。为了提高教师自身素质，学校加强对培训者的培训，可以选送多位骨干教师外出培训学习，更新知识、提高素质。此外，还可从高等院校、工厂企业、科研单位中聘请一批专家、教授、高级工程师、专业技术人员、技术管理干部担任师资培训的兼职教师，增加师资培训的教学力量。同时，学校在校企结合中，开展师资培训工作。学校与多个企业紧密联系和合作，除了聘请企业的工程技术人员、技术管理干部进入学校专业咨询委员会或担任兼职教师外，还可以将企业作为师资培训教学的实习基地和教学现场。

（2）确定紧密型的师资培养基地。在充分考虑了教师提高教学水平、拓展教学能力的需要，提高培训工作的针对性和时效性之后，中职学校要确定一些重点院校作为学校师资培养的定向基地，以保证师资培训的连续性和长远性，在这种思路的指引下，中职学校可以决定在原有的基础上围绕职教师资培训的要求和目标，用2~3年的时间联系和确定好一个或几个质量高、特色鲜明，具有一流水平，能起示范和辐射作用的优势专业的院校，注意高起点和针对性，为教师注入不断寻找新方法、新变化的动力，以提高其教学管理能力和实际教学改革的能力。

对于职业学校的教师在教育思想、现代化教学手段等方面的普及与培训，可通过集体的集中培训实现，但更需要的是专业方面的新知识、新技术的培训，这就要求就学方便、时间短、见效快，体现灵活性、针对性、个性化。所以，在选择师资培训基地方面中职学校一定要树立全面提高教师能力的意识，满足各学科、各专业不同教师的多种要求。在时间上脱产、半脱产、业余相结合，做到灵活多样；学习内容与方式要以现场教学为主，把单科培训与模块培训结合起来，突出实践性，自学与面授相结合。选择确定师资培养培训基地要立足本地区，面向全国，既要考虑方便学习，又要考虑学习成本问题，选择的师资培训基地院校首先有一个互相补充的问题，因为基地院校往往是在某一或某几个方面较强，强强组合才能充分利用师资基地综合实力。

另外，要使教师感受到各个学习基地不同的教学风格和管理模式，调动教师终身学习的积极性。职业学校普遍缺乏的是既能讲授理论课程又能指导实践训练的"双师型"教师。如何通过师资培训基地的学习，使中青年教师具备"双师型"教师的教学能力，已成为中职教育学校工作的重中之重。师资培训的学习要实行"在做中学"，从而加强"双师"培训模式的研究和实践。综上所述，服务育人教育新理念是学校领导班子管理的指导思想，它促进了职业学校各项改革的创新发展，为学生成才创造了一个持续发展的人性化管理环境。

第三节 "互联网+"背景下中职混合式教学理念

线上教学是学生获得知识的一种有效途径。线上教学的应用有时不需要教师的直接参与，因此在一定程度上能够起到放松学习环境的作用，从而减轻学习者的焦虑情绪，调整学习心态。以中职机械专业教学为例，在中职机械专业教学中，线上教学的呈现形式、教学重点都是非常符合中职生需求的，因此，随着国内外教育研究的不断发展，线上教学活动已经逐渐成为中职教育中必不可少的一部分。

"混合式教学是在移动中使用的计算机设备、智能手机以及平板电脑。教师依托混合式教学便可以轻易打破机械专业课教学评价的局限性，有效地针对每一位学生展开个性化教学和评价，从而促进机械专业课教学的良性发展。"[①] 在"互联网+"时代，混合式教学是以信息技术为基础，融合了面对面教学、在线教学、微课教学、合作教学等多种教学形式的一种新型教学模式。混合式教学逐渐成为实现教育信息化的重要模式之一。

一、"互联网+"背景下中职混合式教学的意义

在线教学课程除了能够拓展学生学习的时间和空间以外，其内容还能够反复呈现，为学生提供了大量的信息，有助于知识记忆。在传统教学中，中职机械专业教师通常是采用讲述、板书和原文对照等方式来进行教学，学生陷入了"没兴趣—注意力分散—跟不上—更没兴趣"的恶性循环。然而，线上教学在中职机械专业教学中的应用增加了机械专业学习的趣味性和多元化，教师使用多媒体手段引导学生的听觉和视觉加入学习中，并形成"线下教学—线上教学—兴趣保持—思维发散"的良性循环。

二、"互联网+"背景下中职混合式教学的策略

第一，与各科教师合作，设置合理的微课教学目标。微课不同于线下课堂，首先，教师应结合学生的整体情况，设置教学计划和目标，避免因缺乏沟通给学生布置过多或过少的学习任务。以机械专业为例，教师每天要在线检查学生完成的课程作业，并结合学生个人水平来分析其是否完成了个性化目标。其次，教师在设计个性化目标时，要确保目标的可实现性，避免影响到学生学习的自信心。教师要正视且重视学生自信心对学习质量的影响，在设计目标时，要综合考虑学生的现状水平、潜力及自主学习条件等因素。

第二，坚持以学生为本，提高学生学习主动性。在微课教学过程中，机械专业教师可以经常利用各种象征模式（图片、声音、教学工具）来刺激学生学习，引起学生的学习积极性和主观能动性。例如，在微课上进行机械设备原理的教学中，通过介绍每种设备应用后的产物，并将其与生活中的常见物品相联系，有助于学生对"机械设备"产生兴趣，有助于理解知识背后的价值，提高学习积极性。

第三，加强家校合作，建立微课家校督导体系。在微课中，学生的学习辅导和监督工

---

① 房杰. "互联网+"时代混合式教学在中职教学中的应用 [J]. 教育艺术, 2022 (1): 39.

作落在了家长身上，因此机械专业教师必须要和家长保持积极的沟通与合作，有效的在线交流不仅能够将科学的教育理念直观、集中地传达给家长，而且家长和机械专业教师之间可以充分交流学生在家学习的状态，使机械专业教师对学生的情况有更全面的把握。

第四，创新学习评价，采用多元化的评价方式。传统课堂评价往往是以学生成绩来衡量的，是必不可少的量化手段，但却很容易忽略学生的学习态度的改善和细微的学习进步。机械专业教师可以以微课教学作为试点，开发出多元参与的在线学习评价机制，以在线点评的形式展开，教师、学生、家长都拥有评价权限，这样保证评价的客观性和准确性。

"互联网+"时代的到来，为教育的现代化发展提供了技术支持。微课引入中职教学既是时代发展的必然要求，也是现实问题的应急之策。微课的应用有助于提高课堂的趣味性，改善学生的学习态度，优化课外学习效率，促进学生更快、更好、更全面地掌握专业知识，实现中职生成绩、素质和心理能力的全面提高。

第三章 "互联网+"背景下学分制分层选课教学

第一节 中职的学分制、选课制与分层教学

一、中职的学分制教学

"学分制是一种以学分为计量单位衡量学生学业完成状况的教学管理制度。"[1] 推行学分制教学管理制度是改革开放40多年来我国实施教学管理改革的一项重要举措。学分制是一种人本化的教学管理模式，在学生选择不同课程计划的背景下，学分制以学生在每一门课上投入的有效学习时间作为计量单位（即学分）来统一记录和衡量他们的学习历程。学分的计算，一般以每学期每周的授课时数为依据，如一门课每周4课时，修习这门课的学生通过考核后可获4个学分（当然学生的劳动不仅仅是上课，还包括实验、实践和课外指定的自习）。中职学校在设计课程体系的时候，根据课程的不同要求赋予不同的学分，并规定各种门类课程的最低总学分和毕业总学分，学生选课必须达到规定的学分要求才能毕业。所以，学分制管理就是以学分为单位计算学生学习的量和质的一种教学管理制度。

学分制是以选课制为前提的，学校课程必须具有充分的选择性，才能保证学生的主体地位，满足不同学生个性发展的需求。学分制也催生了导师制。由于班级管理弱化甚至消失，教师对学生的管理开始演变为个性化的指导和服务。教师提供咨询，帮助学生制订学习计划，指导学生有效地完成自己的学习任务。学分制有许多优势，它适应学生个别差异，较好地体现出因材施教的原则；它有利于加快校本课程开发，有利于发挥教师潜能；它也有利于培养学生主体精神，有利于学生个性发展，有利于激发学生学习主动性；学校课程丰富，学生知识面广，独立性强，有利于培养学生创新意识。具体而言，学分制有以

---

[1] 谢卫民. 中职学分制分层选课教学的重构 [M]. 杭州：浙江大学出版社，2015：1.

下优点：

第一，对教师而言，可以挂牌上课，增强竞争意识，教学积极性容易被调动起来。学生通过选课，必然对课程和教师教学进行比较和评价，这就促进教师改进教学方法，提高教学效果。

第二，对学生而言，能激发学习积极性、主动性和独立性，有利于因材施教，有效地开发学生的智力。

第三，为发展新兴的学科和边缘学科创造条件，科技和生产中的前沿知识更容易转化为课堂上的教学内容。

二、中职的选课制教学

选课制是与学分制相配套的制度，是选修课制度的简称，又称选科制，一般是指允许学生在一定范围内自主选择专业、课程、教师等，并自主安排学习进程的一种教学制度。选课制的突出特点就是充分尊重学生在志趣、性格、能力方面的个性差异，让学生进行自主选择、自我设计，使学生的学习兴趣、爱好和特长得到更好的发挥。

（一）中职选课制教学的特点

中职的选课制教学具有以下特点：

第一，自主确定学习进程。学生可以根据自己的智力情况、学习精力及身体状况等，自主确定是否超前选课、滞后选课，多选或少选，甚至不选。

第二，自主选择学习课程类别。学生可以跨专业、跨学科、跨系，甚至跨校来选修课程，自由选择教师和上课时间。

第三，自主选择专业方向。学生可以根据自身的特长和兴趣自主选择专业方向，甚至在确定主修专业之后，还可以选择辅修另一个专业，从而自主地构筑自己的知识结构和自身的发展风格。

（二）中职选课制教学的要求

作为学分制的核心和基础，为确保选修课的教学质量，实行选课制对学校提出了更高的要求。

第一，对课程结构、体系而言，要求扩大选课范围和开课规模，增加选修课程的总量和比例；要求增加学生选修课程的自由度，以实现自由选课；要求开设的选修课程结构合理，允许主辅课程兼选，调动学生的学习积极性；对学生选修但未及格的课程要求采用重修制度；选修课的内容，要体现拓宽专业知识面的特点，反映当代社会科学、自然科学和工业技术发展新成果。

第二，对学生而言，要求学生学会自己的事情自己安排，学会根据自己的实际情况编制适合自身特点、满足自我要求的学习方案。

第三，对教师而言，强调教师教学形式的个性化和教材选用的多样化，要求教师探索各种有利于启发和调动学生学习积极性、激发学生创新意识的教学方法，并且强化学生的阅读、实践、实验设计等自主学习环节，鼓励教师采用各种有利于检验学生的基本素质和创新能力的考试和考核方法等，加强理论联系实际，激发学生的创新意识，培养学生的创新精神。

第四，对教学管理而言，一方面要求教学管理人员转变观念，改变原来以教学行政为核心的工作方式，将工作重心转变为以学生与教师为核心的服务型工作方式；另一方面要求管理工作要更加科学、规范，对学生选课的原则、程序、收费等方面作出详细的管理办法，制定选修课评估制度等配套的教学管理制度。

三、中职的分层教学

实施分层教学，开展"扬长"教育，为具有不同发展方向、不同发展层次和不同个性特长的学生，提供不同的发展空间。既着眼于学生现在的发展，又着眼于学生未来的发展。

（一）分层教学的目标

在对待教师差异上，学生要因教而学，要能根据教师之间的差异主动学习。对于处于中等以上发展水平的学生来说，他们是能接受教师的教学要求的；对于处于中下发展水平的学生而言，则可能会跟不上教师的要求。如果中下发展水平的学生被动地跟着教师思路走，以后学习起来就会越来越困难。要改变这种状况，处于中下发展水平的学生必须主动调整自己，使自己的学习方法、步骤与教师的特点、要求相适应。学生是学习的主体，随着年龄的增长，在学习中是完全可以发挥主观能动性的。知识的学习过程是学生通过自身的思考、实践，不断内化的过程。

没有学生自身的建构、内化，知识是很难被接受的。因此，学生如果不主动调整自己，由被动转向主动，由教师强制要求转化为主动配合教师教学，教师的因材施教、因学而教可能就会落空。处于中下发展水平的学生是否都具有这种因教而学、因材而学的能力，关键在于学生是否会主动调整自己。一方面，教师要有意识地培养学生因教而学、因材而学的能力，不但学会，而且会学。学会是前提，会学才是目的，不仅教给学生知识，而且教给学生获得知识的本领。教师在施教的方式、风格、策略等方面存在着差异，因此，教师要培养学生适应教师差异的能力。另一方面，学生要恰当地认识教师之间的差异，如果教师的教学风格、方式方法等与学生的学习风格、方式方法等基本上一致，学生就比较容易适应，反之，学生就要发挥自己的主观能动性，主动调整自己。教师要有意识地培养学生因教而学、因材而学的能力，改变过去传统的学习观念。

另外，教师在课堂中要强化学生的主体意识，改变学生"听"课的思想观念和习惯，帮助学生树立主动学习的观念，积极参与到教学中去，使学生真正成为课堂的主人，而不是观众、接受者，教会学生适应课堂教学的技巧和方法。只有这样，教学效果才会提高。

美国心理学家加德纳在《智力的结构》一书中提出人的智力是由言语/语言智力、逻辑/数理智力、视觉/空间关系智力、音乐/韵律智力、身体/运动智力、人际沟通智力、自我认识智力、自然观察者智力8种智力构成，每个人都同时拥有这8种智力，只是这8种智力在每个人身上以不同的方式、不同的程度组合在一起，即每个学生都是独特的，每一个学生都有自己的长处。一个学生很难做到8种智力都充分发展，每个人可能只能发展其中的若干种，其他的只是处于次要的、从属的地位。

学生通过课程的学习，必须达到学生应该达到的最低要求，如果处于这个要求之下，学生的发展就是不全面的。基础课程和必修课程是学生必须修读的课程，主要包括基本理论、知识和技能类课程，体育、外语类课程等，实践性较强的教学生产实习、实验、社会调查等也应列为必修课，因为它们体现了学生发展的共同的基本要求。课程教学要以学生为中心，因材施教，从学生的需要和兴趣出发，教师在共同要求的基础上发展学生的个性特长，因学而教。学生通过课程的学习，在达到基本水平的基础上扬长避短，因材而学。

发展学生的个性就意味着要尊重每个学生的个性差异，为具有不同的认知特征、不同的兴趣爱好、不同的创造潜能的学生提供丰富多样的教育和发展机会，这样的教育必定是多样化的教育。多样化的教育要求富有特色的学校教育、灵活多样的课程设置和学生依据自身的特点可自由选择的机会。不同的地区和学校可从实际出发设置课程和选择教材，注重学生差异，突出学生个性。学校的课程设计要转变为个性化模式的设计，通过适应每个学生的个性来进行教学，最大限度地发展学生的个性，即开设适应学生兴趣、爱好和就业需要的选修课，发展学生在某一方面的兴趣、专长，在不加重学生负担的前提下因材施教、因学而教。

（二）分层教学的效果

教师的因材施教、因学而教与学生的因教而学、因材而学两者是相互统一的。教师要对学生有信心。教师要把自己对学生的关怀、期盼悄悄地传递给学生，使学生产生积极向上的内驱力，鼓起学生学习的自信和激情。教师对学生的信赖和期待直接影响学生学习该学科的兴趣。教师对学生的情感不同，效果也是不一样的，只有亲其师才会信其道。对调皮的学生，教师要不断发现学生身上的闪光点，激励学生，学生对教师就会产生信任，"学困生"也会变成学优生。

教师在因材施教中包含了对学生的信任和期待，学生在教师的信任和期待中因教而学，"教"与"学"之间的这种良性循环形成"皮格马利翁效应"（皮格马利翁效应指通过教师对学生心理的潜移默化的影响，从而使学生取得教师原来所期望的进步现象）。有的教师尽管因材施教，但是缺乏对学生的信任和期待，使得学生没有因教而学的内驱力，结果"教"与"学"之间就会相互脱节，最终导致依然是教师讲、学生听的现象。教师应多用积极的眼光看学生，多发现学生身上的优点，让每个学生都形成自己的特点，把学生培养成充满生命活力的、具有个性的生命体。教师带给学生的是阳光和鲜花，学生收获的是自信和快乐。

（三）分层教学的注意事项

一切事物都是相互联系又相互区别的。人与人之间也存在着共性和个性，学生之间也不例外。从哲学上而言，个性是指个别东西的属性，其中不仅有它所独具的属性，也有它与同类个体所共同的属性。个性包含了共性，个性离不开共性。同样，共性包含了部分个性，共性离不开个性。从心理学上看，学生之间既存在着共同的心理特点，也存在着相区别的心理特点。学生之间的个别差异既表现在不同的特点上，也表现在水平上。既有气质、性格、能力的差异，也有兴趣、情感、意志等方面的差异，即学生群体之间的差异是客观存在的。学生的个性发展是全面发展的核心，学生的全面发展就是学生的共性和个性的共同发展。在课堂教学中，教师面对发展水平不一、学习特点各异的学生，通常采取面向大多数学生的做法，即保一般、丢个别，使少数学生在教学中处于不利地位。

一方面，教师很难确定大多数学生水平，即使能确定，就好、中、差三类发展水平的学生在量上的分布而言，同样存在着多种可能的分布类型，而且每一种统计分布都会产生不同的集体效应。另一方面，每个学生在每一学科上也并非均衡发展的，每个学生的学习特点、学习风格也很难作出恰当的划分。如何把学生的共性和个性结合起来，使一般和个别都得到发展，我们认为可以从"教"和"学"两个方面同时入手来解决这个问题。

从教师的"教"这方面而言，教师要根据课程内容，把课程内容分成不同的层次，如按教学目标、作业、评价进行分层等，采用差异教学法，让不同的学生都能获得进步，即因材施教。同时，教师也要看到学生之间的差异，教学中要因学而教，要满足学生个别学习的需要，使学生的潜能和优势得到发展，这种发展当然不可能是同步发展，而是学生在原有基础上发生的变化和进步。通过对不同层次的学生提出不同的要求，分层教学使学生达到不同层次的教学目标。从学生的"学"这方面而言，学生要根据教师的不同情况因教而学。教师之间也存在教学方法、教学风格等方面的差异，学生要根据教师之间的差异来调整自己，使自己与教师的教学方法、教学风格等相适应。同时，学生能根据教师传授的课程内容来调整自己的学习，即因材而学。

现在的教学方式是班级授课制，教师在教学的过程中必须面对全体学生，从而指导、帮助所有的学生都能得到发展。由于学生之间的差异是客观存在的，因而每个班的学生水平都不可能是整齐划一的。如果教师的教学方式对每个学生都相同，学生会因自身的接受水平不同而出现差异。

要使教学最优化，教师就必须"分而教之"，即因学而教，就是根据学生的智力发展不同进行分层教学，同时，根据学生的智力发展不同，把课程内容进行分层，即因材施教。班级授课制的局限影响了教师的因材施教，影响了学生个性的培养。教师要根据不同学生的不同能力，打破班级授课统一要求的局限。一方面，面向大多数学生，使大多数学生能掌握最基本的知识；另一方面，对能力较差的学生降低难度，对能力较好的学生则增加一些探索性、思考性的问题，使所有的学生都能感觉到学习上的进步。我们可以根据学生的能力发展水平把一个班的学生大致划分为三种：一是接受能力很强的学生；二是接受能力中等的学生；三是接受能力较差的学生。很明显，接受能力很强和接受能力较差的学生在一个班中所占的比例都不可能很多。教师要因材施教，要做到既完成教学所规定的目标，又能让三种不同发展水平的学生都取得进步，就必须让学生分层、分批过关。

教师要做到因材施教和因学而教，必须兼顾学生的不同需要，从学生的需要出发，使学生在其"最近发展区"内得到发展，这就需要教师根据学生的不同情况，有针对性地对课堂教学进行合理组织、调整。为此，教师至少应考虑以下方面：

第一，选择、调整教学内容。不能因为学生的情况不同而降低课程目标中所规定的要求，调整教学内容是在达到课程设置目标的基础上去选择教学内容。教师通过对教学内容进行精心选择，体现课程设置目标的统一要求和学生的个性差异。对接受能力很强的学生，给他们补充一些探索性、思考性强的内容；对接受能力较差的学生，删去难度过大的一些内容，保留教材中有实用价值的知识，补充与生活相接近、学生感兴趣的内容，目的是让学生掌握最基本的知识。教师根据知识的逻辑结构和学生的心理特点决定教学内容的顺序和进度，教学进度可以参照学生以前的学习成绩，让学生之间互相帮助，学习基础好的帮助学习基础差的，教师根据学生的不同情况制定出弹性化的教学方案，从而在课堂中满足不同学生的要求。

第二，灵活、恰当地选择教学方法。任何一种教学方法的选择都是为了完成一定的教学任务，开启学生的智慧，使学生积极主动地探求、获取知识。恰当的教学方法能激发学生的学习兴趣，最大限度地利用所需要的信息，使学生扬长避短。教师在每节课中必须留出一些时间让学生自学，在这段时间里，教师可以根据学生的差异分别进行辅导，解答学生的疑问，培养学生的自学能力，更多地发展他们的个性。

第三，个别教学与学生之间的合作学习相结合。个别教学能根据学生的实际情况，按学生实际掌握知识的程度来控制教学进度，使之更具针对性。但个别教学涉及的教学工作量很大，教师只能在有限的时间和领域内对有限的问题进行有限的指导和帮助。尽管教师也可采取其他方式，如个人自学、跟踪辅导等，但仅靠教师去照顾学生的差异，不但精力不允许，即使精力允许，也很难满足学生的学习需要。因此，教师要培养学生之间的合作互助能力，同桌之间、小组之间要有互动，但不能让任何学生产生自己是"差生"的想法，更不应把任何学生排除在互动之外。学生之间的合作学习有利于对学生的个性化教学，其实质就是把教师的一部分功能交由学生去承担。

教师因材施教要根据不同学生的情况分别对待，不是要学生去适应教学，而是教学要适应学生，要扬其长、避其短。每个人都有自己的优点，换言之，教师要根据不同的学生所面临的学习任务、目标和不同的发展需要，在不同的学习阶段，按照学生不同的认知特点和学习规律，提供不同的教学服务。

第二节 中职教育学分制分层教学思考

为了促进我国中等职业教育的进一步发展，提高中等职业教育教学质量和办学效益，加快技能型人才的培养，全面提高劳动者素质，教育部印发的《关于全面推进素质教育、深化中等职业教育教学改革的意见》中指出中等职业学校要开展学分制的试验，改革教学组织和管理制度，使学生能够根据社会需要和个人兴趣、条件选择课程和学习时间。此后，中等职业学校相继展开了对于学分制的探索和研究。中等职业学校实行学分制分层教学，更新了学校的管理观念，增强了学校办学的灵活性，满足了不同学制、不同学校和不同专业学生发展的需要，提高了学校教育资源的利用率，优化了学校管理，使中等职业学校的发展呈现出勃勃生机。

在《教育部关于进一步深化中等职业教育教学改革的若干意见》中对职业教育提出了新的更高要求：积极推行弹性学习制度，继续推动以学分制为核心的教学制度改革，建立"学分银行"，建立更加灵活的学籍管理和教学管理制度。

下面以学分制下中职数学的分层教学为例进行分析。新课标指出"数学要面向全体学生，实现人人学有价值的数学，人人都能获得必要的数学，不同的人在数学上得到不同的发展，"分层教学是一种符合因材施教原则的教学方法，注重个性差异，根据学生的知识水平和接受能力，调整课堂教学内容，改进教学方法，为学生的全面发展创造条件。

一、中职教育学分制分层教学的内容

第一，教材分层。根据不同的专业，使用不同的数学教材，为学生的进一步深造打下基础。

第二，学生分层。分层教学应以人的实际水平和所学专业而异。在教学中可以根据学生的智力水平与学习态度的差异把学生分成A、B两个层次或A、B、C三个层次。对学生分层是实施分层教学的一个出发点。分层前，要对影响学生的相关因素，智力与非智力因素、内部与外部因素进行分析。例如，对学生的学习态度、学习目的、学习兴趣、学习成绩、个性特点、知识水平等作综合分析与评估，然后以年级为单位进行合理分层。层次的划分并不是一成不变的，它始终处于一种动态的、迁移的状态中，对学生的学习起到了良好的推动作用。

第三，目标分层。教学目标是教学中师生通过教学活动预期达到的学习结果和标准。有效的教学始于知道希望达到的目标是怎样的，这就要求教师在深入了解学生实际情况的基础上，根据不同层次学生的学习水平制定相应的分层教学目标和相应的教学内容。同时，目标的制定不能过高也不能过低，这样可以使各层次的学生学习目标明确，通过努力可以取得一些成绩。

二、中职教育学分制分层教学的实施

学分制分层教学是一种适应学生个体差异的教学管理制度，强调教学要鼓励和促进学生个性的发展，它允许学生根据自己的实际情况自行选择学习内容、学习进度、学习难度，甚至是教师等。可见，学分制分层教学将学习的决定权和评价权交给学生，有利于调动学生学习的主动性和积极性。

第一，开设中职数学必修课和选修课。将教学内容在两类型课程中合理安排，必修课的学习内容应根据各个专业制定出最低要求，教师要根据学生的实际情况进行成功教学。帮助学生树立学习数学的信心，选修课则在完成必修课的学习后开设，学生根据自己的兴趣、学习能力和需求自行选修。

第二，改革数学课的考核方法。现行评价与考试制度注重学习成绩，评价方法单一，不利于学生的综合发展。学分制的实行，要注意做好平时对学生课堂参与、单元测验、作业成绩的记录，对学生的表现给予恰如其分的评价。评价时应多用鼓励性的语言描述学生的进步、潜能及不足，帮助学生认识自我，树立信心。

学分制的实行要求教师在进行考试时，应做到多元化。例如，采取开卷或者闭卷考试；对于不同学习程度的学生可以让其选择适合自己水平的试题；平时的作业或者课前预习情况在考试分数中占一定的比例以此鼓励学生在平时加强对数学课的学习；对考试成绩感到不满意的学生可以给他们更多的机会，利用其他时间重考等。

第三，学分制下教师队伍的建设。学分制改革的成败取决于教师这个关键因素。与传统的教学模式相比，中职学校数学课程的改革使数学教师感受到前所未有的挑战。学分制分层的实行，要求数学教师改变传统的教育观念，调整原有的知识结构，提高教育教学质量，加强科研能力，提高自身的素养，确保数学学分制改革的顺利实施。

总而言之，在中职学校实施学分制，是职业教育发展的历史必然。而学分制下的分层教学符合因材施教原则，保证了面向全体学生，并且注重对后进生的教学培养，使不同层次的学生都得到发展。

第三节 中职学分制选修教学质量

一、中职学分制选修教学的思考

第一，课程体系构建的转变。优化教学内容与课程结构体系是完全学分制改革的前提，这就需要构建结构合理、内容优化、适应学分制和多层次人才培养需要的特色课程体系，处理好通识教育与专业教育、理论教学与实践教学的关系。需要减少必修课比例，增加选修课比例，丰富选修课内容，培养学生的自主学习能力。通过开设大量选修课，学生可以根据个人兴趣、个人发展需要和社会需求选课，实现文理渗透，理、工、管、艺相结合，构建自己的知识体系，组成最优化的知识结构。

　　第二，课程管理方式的转变。学分制教学改革打破传统上每学期为学生置课的课程管理方式，学生修读的课程要由学生自己选，为给学生提供充足而丰富的选课空间，需要为学生开设大量的选修课，特别是通识教育选修课。在实践中，中职学校开设的选修课数量往往过多，甚至达到学生实际需求的两倍。因此在正式选课前，为避免教学资源的浪费，需要安排课程的预选，排除一些学生不感兴趣、不想选的课程。经过预选阶段，方可进入排课流程，排课结束后再组织正式选课。从上面的分析可见，完全学分制在正式选课前，要先排好课，而且一旦正式选课开始，课程上课时间、地点就不能再调整。

　　第三，专业课程间相互关系的影响。为保证学生选课的质量，将课程分为四种修读类型，即先修后续关系、同修关系、排斥关系和独立关系。先修后续关系是指两门课程中必须先学习其中的一门才能学习另一门。同修关系是指两门课程必须同时修读的情形。排斥关系是指两门课程的内容极相似的情形，如果同时学习的话，则造成时间的浪费，如果不施加限制，就会导致学生"混学分"现象的发生。由于学分制允许学生跨年级、跨专业选课，存在排斥关系的现象必然会出现。独立关系是指两门课程间保持独立的关系，互不影响。在课程设计中应尽量减少课程之间出现先修后续关系、同修关系、排斥关系，尽量使得课程之间保持独立关系，使学分制的运作更容易和简单。

　　第四，学生选课自主性与积极性带来的挑战。学生选课打破了专业和年级的限制，给予学生一定的学习灵活性和自由度，但同时对学生的独立性和自觉性是一项考验。从小就在应试教育环境下成长起来的学生，自我设计、自我规划的能力不足，当这些学生遇到选课的时候，由于自主能力不足，缺乏独立思考和判断，不知道如何选、选哪些课程、选哪个老师、修多少学分，容易出现选课时随大流，与自身的需求脱节，没有长远的职业规划的问题。有些学生在选课时会选择相对简单学分好拿的课程"混学分"，导致知识结构不合理。有些学生对预选选课不积极，甚至一门都不选，导致预选阶段失去意义，一些本可以不开设的选修课排进课表，浪费教学资源，而另一些需要多开教学班的课程选课容量不足。

　　第五，选课信息系统迎来的挑战。选课制的实施效果，往往取决于教务管理的信息化水平。为了满足完全学分制学生选课的需求，对选课信息系统提出更高的要求。如选课系统在选课程序界面设计上应该尽量简洁，一目了然；对不同专业培养方案所规定的课程设置、选课学分数量进行控制；满足学生跨年级、跨专业选课的需要；满足不同相互关系的课程选课，上课时间、地点冲突判断等。

二、中职学分制选修教学质量的提升

（一）专业间共同课程、相似课程的处理

由于一些专业属于同一学科门类，在专业培养方案中会存在个别共同课程或相似课程，在同一专业的培养方案中会出现这种情况，因此在选课前应对这些课程统一设置选课参数。一种情况是课程代码、名称完全相同的课程，可以放开多个专业间学生互选，学生可选择教师及上课时间；另一种情况是课程名称相同或相似但课程代码不同，就需要设置好课程的选课限制对象，对于不同专业或培养层次的学生来说，只能选本专业的课程，避免出现错选情况。

（二）课程面向选课学生对象的设置

为了保证学生所获知识结构的合理性，实现文理渗透，理、工、管、艺相结合，构建学生自己的知识体系，组成最优的知识结构。中职学校可以将通识教育选修课分为七类课程归属类别：经济管理类、文学艺术类、人文社科类、工程技术类、生命科学类、信息技术类和体育类；专业选修课分为两类课程归属类别：专业拓展类和升学就业类。各专业可根据自身特点制定本专业在这些课程归属类别中的选课学分要求。选课前需要对这些课程进行面向选课学生对象的设置，如管理类专业学生限制选修经济管理类的选修课。

（三）课程选课容量的设置

设置课程选课容量是正式选课前一项重要的准备工作。课程容量设置一方面取决于教室、机房、实验室等教学场地的限制；另一方面会影响到课程教学班能否正常开设和学生能否选上课。在同一门课程有多个教学班的情况下，如果每个教学班的容量设置得过多，选课时就会导致个别教学班选课人数过少开不出班的情况；如果每个教学班的容量仅设置为应修学生数，没有余量，那么重修学生、跨年级、跨专业选课学生就无法选课。在实际中，课程选课容量通常设置成在不超过教学场地限制人数下，比应修学生数多3~8人，对于选修课的课程容量，通常设置为教学场地的最大容量即可。

（四）选课信息系统的定制开发

开发适合完全学分制下选课管理的信息系统是满足学生选课的需求、保证选课工作顺

利实施的关键。首先要进行充分的系统需求调研和系统功能分析，并对现有系统功能进行对比分析，在此基础上提出新系统的定制功能需求；其次在系统定制功能开发结束后，要进行详细的系统测试工作，检测各项功能能否满足完全学分制选课管理的各项需求，确保选课实施各阶段顺利进行。

第四节 "互联网+"背景下中职学分制信息化平台

"学分制的基本思想是承认个体差异，注重学生个性发展，因材施教。中职学校实施学分制是培养符合社会需要技能人才的一项重要改革，也是教学改革的突破口。"[①] 随着信息技术的快速发展，传统的技能人才培养模式已不能满足经济社会发展的需要。传统的中等职业教育模式以学校为主体，以专业为载体，以教师为中心，这种单纯的学校课堂教学难以培养出当前社会、企业急需的技能型人才。根据中职教育的特点，中职学生的发展动力有两大要素：一是社会需要；二是学生自身发展的需要。社会需要为外因，学生自身发展的需要为内因，内因起决定作用。因此，中职学校高技能创新人才的培养，需要社会环境、学校和学生个人多方共同努力，尤其是学生个人起主导作用。基于上述思想，需要构建"互联网+"中职教育学分制技能人才培养多元评价信息服务平台，基本思想是：利用"互联网+"技术，对传统教育资源和新兴网络教育资源进行系统整合与优化，构建中职教育云服务平台，形成新一代的"互联网+"职业教育智慧校园，实现教育资源重构，聚合更大范围的教育资源，建立可移动、可获取、可应用的大规模非结构化教育数据，形成职业教育大数据，以支持现有职业教育教学的智能决策、教学管理、教学实施、企业实训等全程督导和评价体系。

一、"互联网+"背景下中职学分制信息化平台主要特征

第一，新兴产业对技能人才培养方式提出了新要求。随着"互联网+"技术的快速发展，现代经济社会对技能人才的需求发生了变化，即由过去传统行业纯技能人才向网络型人才转变，由过去单一技能人才向网络复合型技能人才转变，由过去的粗放型人才向网络精细型人才转化，由过去的以专业为目标人才向网络多元综合技能型人才方向转化。所有

[①] 张东林，郑亚楠. 浅谈中职学分制信息化服务平台的构建 [J]. 河南教育（职成教版），2015（10）：8.

这些新需求促使传统的以专业课程为主线的人才培养方式向以""互联网+"交叉学科"为方向的人才培养方式发展，这就要求必须逐步打破传统的以专业划分技能为培养标准的教学手段，使职业教育手段从单一型、平面型转变为复合型、立体型，使学生由传统被动型学习转变为自主型和多元互动式学习，使教育管理方式更加扁平化、透明化，为每个参与职业教育活动的个体提供个性化的学习空间。

第二，"互联网+"对传统以教师为中心的教学模式产生了影响。职业教育面向快速发展的社会，为现代企业培养创新型技能人才，其主要特点是专业多、变化快、课程内容多样，对教师的知识更新能力要求高。在职业教育云时代，"互联网+"突破了校园围墙，教学资源不再孤立，所有的教师、学生都能随时随地共享优质教育资源，随时随地了解企业需求，享受各种网络课堂。由于云端课堂内容以前所未有的速度更新，因此，在这个环境下，学生的个性化需求得到最大限度的满足，教师教学由过去的单向传输，转变为双向探讨式教学，学生和教师的角色不再固定，谁主动学习新知识，谁就可能成为"教师"。这对传统的按照既定教学大纲完成教学任务的中职学校教学模式产生了很大的影响。

第三，大数据为学分制信息化服务平台的扩展提供了技术支撑。大数据是继云计算、物联网之后互联网技术（IT）产业又一次颠覆性的技术变革。大数据时代的到来，带来的不仅是巨大的商业和社会价值，同时对传统的职业教育人才培养体系也产生了较大影响。例如，当前部分中等职业学校进行了学分制改革试验，试验工作对职业教育从教学管理、办学体制、课程建设、学生管理、校企合作和学业测评等方面起到了积极的推动作用。但专业技能教师的匮乏、教学资源的分散、选修课程单一和学生评价体系不完善等因素，在一定程度上仍然制约着学分制的深入推进。随着大数据技术的快速发展，要应用新思维、新技术，重组传统的教育信息系统，通过职业教育网络资源平台的多方互动和数据获取及分析，推动职业教育信息资源的汇聚、存储与处理，建构基于大数据的职业教育信息化服务平台，实现职业教育全过程、多方位的多元化、个性化职业教育服务。

二、"互联网+"背景下中职学分制信息化平台实现方案

（一）搭建多元互动中职教育云服务平台

依托"互联网+"搭建多元互动中职教育云服务平台。以云计算为核心的互联网技术带来了一场职业教育的空间革命，它冲破了传统校园围墙，整合了各种资源，实现了教学无界、资源无界、时空无界、师生无界、沟通无界的开放的中职教育大平台。长期以来，我

国坚持专业+学历的教育制度，每一个学历层次都代表着一个人的受教育程度，每一种学历都经历了专业、课程、企业实训和学校管理等环节的训练，这些环节都可以用统一的学分转换标准来量化学生接受教育的程度。中职学校信息化建设旨在通过互联网把各种信息资源进行整合，构建学校、师生、社会、企业和政府互联互通的统一平台。通过该平台，中职学校可以对学生、教师的作业情况进行学分制考量，企业可以全程参与检测中职学校的教学实习实训，并对学生的实习情况进行学分评价。

（二）建立一体化中职教育人才培养模式大数据

最终衡量职业教育成败的标准是培养的人才是否经得起社会的检验，这是一个复杂的评判体系，这个体系的构建，涉及中职学校、家庭、社会和企业以及各个层次的教育机构，每个因素对人才的培养都产生一定的影响。针对中职教育阶段学生正处于树立正确职业观的关键时期这一特征，在这一阶段应依托中职教育云服务信息管理服务平台，把学校的管理、教师的教学、学生的学习以及多样化的课程和企业的实习实训等环节用学分量化，实现中职教育阶段学分管理，建立中职学生职业教育培养大数据档案和人才培养模式样本，为未来的就业和教学模式提供评价依据。

（三）建立学分制优质教育资源云选课服务

目前，很多中职学校均是从基础教育学校演变而来，教风、学风也沿用了基础教育的理念。因此受传统思想的束缚，这些中职学校的管理、教学和实训模式均与中职教育人才的培养目标有一定差距。而借助云服务资源，建立学分制优质教育资源云超市服务平台，企业在平台上可随时发布企业的人才需求信息和岗位要求，第三方技术服务机构可以把企业的需求变为实训方案。借助平台，中职学校的教师、学生可随时了解企业需求，及时有效调整自己的学习内容，教师、学生可以根据各自实际情况选择参加网上课堂和业务训练。

（四）建立中职学分制人才评价信息服务体系

职业教育是一个系统工程，目前在国家层面还没有建立统一的评价体系。但是根据建立现代职业教育体系的基本要求，职业教育应是面向就业、面向人人的教育，即中职教育是为社会、企业培养高素质劳动者和技术技能人才的教育，其人才评价主要在于人才对社会和企业的贡献。因此，评价一个学生是否合格的主体应该是社会和企业，而且应该是以学生高薪就业为标准，这就需要建立由社会、企业和学校多元参与的职业教育学分制人才评价信息服务体系。通过该系统，学校可以根据企业评价意见，及时修正培养方向，政府相关部门可以根据企业和学校评价意见，适时调控职业教育发展方向。

第四章 "互联网+"背景下中职核心课程教育教学

第一节 "互联网+"背景下中职语文的教育教学

随着当前互联网技术的快速发展,我们已经进入信息化的时代。互联网在社会的各个方面都发挥着极大的作用,已经成为人们日常生活中不可缺少的一项重要工具。在这样的背景下,如何利用互联网技术渗透互联网思维,改革中职教学模式是各中职教师的重点课题。"互联网+"信息时代对中职语文传统教学模式改革提出了一个新的时代要求和创新挑战,需要广大中职语文体育教师深入而人性地探究新信息时代背景下中职语文教学模式如何创新,将互联网在语文教学中不断显示的独特的新魅力和蓬勃生机的活力,带到中职语文教学中,提高语文教学质量,促进中职学生语文信息综合应用能力不断提升。

一、"互联网+"背景下中职语文的教育教学的意义

在"互联网+"信息时代,教师不仅可以通过充分利用先进的现代信息科学诸如信息网络技术、高科技电子信息以及媒介传播技术等,来促进我国中职学校语文课堂课程教学逐步向专业现代化健康有序地发展,还可以充分融入中国人对于现代课堂教学创新科技以及技术元素,更方便地组织设计和创设中职学校语文课堂的学习环境,贴近广大中职学生实际学习生活,从而不断提高广大中职学生对中职学校语文课堂学习的兴趣。

二、"互联网+"背景下中职语文的教育教学的措施

(一)师生适应角色转变的多样性

在"互联网+"中职语文教学模式中,很多学生都在适应着自身角色的转变,都在为构

建高效课堂贡献自己的一份力量。在这个过程中，要求教师发挥自身的主导力量，明确相关的教学目标，科学配置各项学习任务，并运用多种方式鼓励学生自主完成各项任务，提升学生自主学习的能力。在语文教学活动中，教师要遵循因材施教的原则，正确运用线上线下的方式发挥出自身的作用，利用信息网络来进行辅助引导学生积极开展各项互动活动。除此之外，在此背景之下还要求教师接收学生的反馈，针对学生学习过程中出现的问题及时进行反思。

（二）搭建互动式教学研究平台

搭建互动式教学研究平台，转变学生被动式的学习生活状态。在"互联网+"的大背景下，创新中职学校语文专业教学模式，首先就要加快转变传统语文教学模式的理念和授课方法，渗透互联网教学思维，积极探索利用现代互联网信息技术，努力搭建互动式语文教学服务平台，为广大中职学生教师提供丰富的语文专业学习信息资料，激发广大中职学生积极学习语文课的兴趣，引导学生积极主动利用互联网技术学习语文。

此外，教师应积极辅助学生，积极探索利用网络互联网资源学习语文，利用网络上的语文学习资源给予学生丰富多样的感官性和综合性的刺激，从而充分调动学生积极学习语文的积极性。

（三）创新语文教学课件与教学方式

互联网技术为中职学校语文课堂教学人员提供了大量的信息资源，在丰富语文教学内容的同时，也给语文教师在教学内容和方式方面带来了新的挑战。在语文教学中，教师可以充分利用背景视频、动画、图像等多种元素来进行辅助设计情境化的教学模式，利用网络技术激发学生学习兴趣。另外，教师还需要利用网络软件建立一个班级语文学习信息平台，在移动互联网上实时进行语文课堂教学、小组讨论、作业批改、考试检测等多种教学活动，能有效地控制学生语文学习活动的进度。

另外，教师还需要通过充分利用互联网技术创新多种教学方式，例如，通过互联网进行视频点播的教学方式，营造逼真的语文学习交流活动场景；通过语文论坛，为学生搭建一个语文学习交流平台等，实现互联网信息媒介、网络软件以及传统中职学校语文课堂的有机结合，引导学生自主探索创造出更丰富多样的语文学习模式，提升广大中职学生语文教育学习上的兴趣。

(四) 有效利用课堂数据分析处理功能

利用课堂数据分析处理功能进行评估课堂教学效果。教学效果评价数据是课堂教学的重要组成内容，在中职学校语文课堂教学中，教师应充分利用大量互联网教学数据进行分析处理，更客观、全面、准确地评估当前整体课堂教学效果，从而更及时、准确地制定和调整课堂教学实施方案，提高课堂教学的有效性、针对性。另外，教师可以广泛利用数据分析处理功能对当前学生平时学习测验、期末考试测验、各学科模块学习进展情况等内容进行海量数据统计分析，清楚当前学生学习薄弱环节，针对性地调整教学内容。教师利用大量互联网教学数据进行分析处理可以辅助教师评价教学效果，能有效地提高教师教学评价的准确性和教学质量。

综上所述，"互联网+"的大背景下，中职语文课堂教学模式需要不断地进行结构改变和改革创新，教师应充分利用移动互联网等新科技，丰富语文课堂教学内容，增强语文教学模式的多元化，调动学生的学习主动性。通过探索搭建教育互动式语文教学服务平台、创新应用语文课堂教学课件和语文教学方式、利用大数据分析教学功能进行语文教学效果评估等方式，推动中职学校语文课堂教学模式改革创新，全面提高中职语文教学质量。

第二节 "互联网+"背景下中职数学的教育教学

"互联网+"技术的应用实践，给传统中职数学教育教学带来了较大的影响，也为中职数学教育教学改革提供了良好的机遇。在中职数学教育教学中适当融入"互联网+"技术，不仅可以有效提升中职数学教育教学质量，而且可以通过引人入胜的数学情景营造，激活中职学生理性思维、创新创造思维。因此，对"互联网+"背景下中职数学教育教学对策进行适当分析非常必要。

一、构建"互联网+"背景下情境-问题教学体系

基于"互联网+"技术的情境-问题教学体系的营造，可以依托现有课程内容及硬件资源环境，将教师与学生有效结合。从情境激趣引入、问题探究学习、展示解决疑惑、知识应用巩固、总结评价提升、课外拓展学习等方面，结合教师适时组织辅导及疑难解决，将学生全部注意力引入数学教育教学中，为中职教育教学效率提升提供依据。

例如，在《正弦函数的图像和性质》教学过程中，单一利用教师讲述的形式，并不能促使学生了解正弦函数平面图像性质，这种情况下，教师就可以利用动画，将单位圆划分为 12 个相等的部分，分别作出各角的正弦线，并平移。随后利用平滑曲线，将各点有效连接后向左、右分别平移，可以获得实数范围内正弦函数图像。

在情境激趣引入后，教师可以提出一个可以激发学生认知冲突的问题，通过问题解析，可以激发学生探究兴趣，并培养其类比、观察等数学思维。考虑到中职数学教育较为注重实践，教师可以有意识地引导学生亲自动手演练，并与专业内容对接，达到培养学生创新思维的目的。如对于数控专业学生，教师可以以"三角函数在加工零件时控制尺寸上的应用"为主题，引导学生自发提问并协作解决，以实现中职数学与专业教学有效对接。

二、细分"互联网+"背景下中职数学教育教学体系

教师可以利用"互联网+"背景下微课教育方式，将中职数学教育教学体系进行细化分配。依据内容把控精确、时间控制适中、语言讲解规范、便于学生自学的原则。在分析学生学习接受能力、现有知识能力及教材整体知识结构的基础上，根据前期确定的教学目标，将前后向关联知识点有机整合，形成一个完整的知识框架。促使学生对典型题目更加熟悉，增加学生对各知识点实际运用情况的认识。同时教师可以根据数学学科特征，将 PPT 演示文稿、录屏软件、几何画板演示文稿有机整合，制造与学生审美层次、思维习惯相符的微课程，促进学生自主思考。

例如，在《均值定理》教学过程中，由于该部分内容为补充内容，多数学生不理解相关知识。因此，教师可以针对相关知识进行"定理推导过程与记忆方法""均值定理在求最值方面的应用"两个部分微课的设置。前者主要围绕学生知识基础，重新展示均值定理推导过程及几何直观内容，强化学生对均值定理公式认知；后者则是通过例题详细分析的方式，为学生详细讲解"和定积最大""积定和最小"题型。通过在课前要求学生观看微课预习，可以降低后续教学难度。在微课预习的基础上，教师也可以根据学生在课堂中的表现，将学生易陷入混淆的知识点或者与学生专业知识具有一定联系的知识点，以微课小动画的形式，详细诠释，以进一步强化中职数学教学效果，促使学生可以在闲暇时间继续学习课堂中没有消化的知识点。

三、完善"互联网+"背景下中职数学翻转课堂教学策略

在"互联网+"背景下为进一步完善翻转课堂策略，教师可以利用从特殊情况中总结规

律并推广到一般情况的策略，引导学生反思初中知识，并借助"互联网+"技术，促使相关问题得到顺利、高效解决。例如，在《直线与圆的位置关系》教学过程中，教师首先可以要求学生事先进行"海上日出"图片的搜集。在学生完成任务后，教师可以要求学生在多媒体设备上展示图片，并反思初中几何知识体系中涉及的直线与圆的位置关系、直线与圆的位置关系判定方法。在学生回顾完毕后，教师可以进一步拓宽反思视野，要求学生利用初中所学知识进行具体问题的解决。在问题解决之后，教师可以鼓励学生在课堂中讲解，或者分享到班级群中，真正将学生作为数学教育教学的主体。而通过在中职数学教育教学中动态课件的演示，结合教师的恰当引导，也可以促使学生逐步将注意力投入到新课程学习过程中，并积极参与新课程学习，为中职数学教育教学效率提升提供依据。

综上所述，"互联网+"技术的高速发展，驱动着基于网络平台的开放数学教育资源步入中职教育者视野，"互联网+"背景下中职数学教育也呈现了简短、多样、立体、灵活的特点，因此，为增强学生数学学习效果，教师应深入挖掘"互联网+"技术优势。结合学生实际情况，在"互联网+"中职数学教育背景下探索构建一种基于中职数学的教学框架，实现传统数学教育教学的个性化变革，为"互联网+"背景下中职数学教育教学质量有效提升提供依据。

第三节 "互联网+"背景下中职英语的教育教学

一、多媒体模式下的中职英语教育教学

传统的英语教学中，学生在学习过程中仅仅是单纯、被动地接受和学习，缺少双向的沟通，很难激发学生的兴趣，难以发挥其主观能动性，限制了学生的个性。多媒体技术使学习环境有效模拟现实，给英语教学提供了更加广阔的延伸空间，实现师生双向交互和学习者协作学习，最大限度地实现了因人施教、因材施教的教学理念。信息技术与英语课程有机整合，使教学在网络的媒介下，学生的创造性和个性得以完善发展，对提高学生的英语素质有着深远的意义。

多媒体英语教学是当今中国教学发展的大趋势，是实现英语教育现代化的重要保证。但是，由于多方面的原因，中等职业学校英语多媒体教学资源的开发和利用率较低，资源浪费现象严重，多媒体教学资源在英语教学中的应用研究相对薄弱，多媒体教学环境下的

课堂教学改革尚未取得实质性进展。

"多媒体教学是指在教学过程中，根据教学目标和教学对象的特点，通过教学设计，合理选择和运用现代教学媒体，并与传统教学手段有机组合，共同参与教学全过程，以多种媒体信息作用于学生，形成合理的教学过程结构，达到最优化的教学效果。"① 多媒体教学是计算机多媒体技术应用于教育教学过程中产生的一种现代化教学模式，也是教育教学中恰当使用现代化教学媒体的一种教学手段，充分利用计算机的交互性、界面友好性及反馈及时性，并在教学过程中集声音、图像、视频和文字等媒体于一体，将教学过程转变为具有智能化的双向教学过程。

运用多媒体教学模式可以弥补教学方式在直观感、整体感和动态感等方面的不足，达到传统教学无法取得的教学效果，这种教学模式兼顾传统教学的优点，加强了师生的双向交流，充分发挥了学生的主体作用，有利于理论教学与实践教学的相互结合，更好地体现了因材施教的原则。

多媒体教学资源是现代教学资源最重要的部分，广义的多媒体教学资源被定义为以计算机技术为主导，涵盖多种媒体的教学方式：一方面，教学主体借助多媒体光盘和网络教学资源获得学习内容；另一方面，教学活动中也会吸取并发挥包括幻灯片、电子白板等在内的多种媒体的特点和优势，合理构建出真正意义上的立体化外语教学体系。

多媒体教学资源是应用现代教育技术在教育教学上作为一种先进的教学手段的资源库，以全新的面貌进入英语课堂，集声音、图像、视频和文字等媒体为一体，能产生生动活泼的效果。依据形象性、多样性、新颖性、趣味性、直观性、丰富性等特点，根据教学的目的、要求和教学内容，为教学创设形象逼真的教学环境、声像同步的教学情景、动静结合的教学图像、生动活泼的教学气氛，能使学生如临其境、如闻其声，吸引学生的学习兴趣，调动学生的学习积极性，激发学生的求知欲，开拓学生的新思路，培养和发展学生的思维能力、观察能力、想象能力和创造能力。

（一）多媒体模式下中职英语教育教学的开发

1. 提供中职学校多媒体教学资源的开发保障

在中职学校英语多媒体教学资源的开发与利用过程中，英语教师扮演着重要角色，他们不仅是资源的开发者、利用者，也担负着资源开发的组织者和评价者的角色，他们需要

---

① 刘赞. 中职英语课堂教学模式研究 [M]. 天津：天津科学技术出版社，2019：2.

对多媒体资源开发与利用的不良后果承担责任，因而对资源开发和利用过程中对学生产生的影响非常关注。如果中职学校在多媒体教学资源的开发与利用过程中不注意听取教师的意见，就不能及时了解教师发现的困难和问题，不仅会增加英语多媒体教学资源开发与利用的难度，而且会挫伤英语教师对多媒体教学的积极性。长此以往，很可能使教师失去对这项工作的认同和支持。因此，在实施多媒体教学资源的开发与利用过程中，学校应当采取有效措施，通过多种途径促进教师与学校相关部门之间的沟通和交流，使多媒体教学资源的开发与利用工作能够顺利开展。

2. 强化英语教师多媒体教学资源的开发意识

中职英语教师应树立全面的多媒体教学资源意识。多媒体教学资源是一个广泛、多层次的概念，不仅仅指多媒体课件、课本配套光盘、英文歌曲、英语电影、相关软件、网络资源、教学录像、语音室、相关多媒体教学设施、各种英语电视节目等都是多媒体英语教学资源。

中职英语多媒体教学资源开发和利用的效果与参加建设的中职英语教师的信息技术水平、计算机操作技能、专业技能密切相关。所以，中职学校应把加强培训和提高英语教师的多媒体教学资源开发和利用能力放在本学科教学计划的第一位，分层次、分批次、分年龄段地对英语教师进行教学媒体数字化处理的应用培训，对多种媒体素材和课件开发技术及课件制作软件的应用进行系统培训，通过各种培训全面提高英语教师在备课与教学过程中对各种资源的检索、编辑、处理能力，提高教师在掌握和使用课件制作软件的开发和利用能力。

3. 提升英语教师多媒体教学资源使用水平

英语多媒体教学资源的开发在关注资料多样性和丰富性的同时，要学会删繁就简，从中筛选出最有价值的材料，否则会造成材料的堆积。英语多媒体教学资源的开发、利用，最终要为中职英语教学服务，为学生的英语知识在个人技能中的应用服务。多媒体英语教学资源的开发要力求体现以下特点：

（1）精选材料，增加资源开发的针对性。整合资料，择优选用。在确定教学目标与教学方案后，开发者需要开始收集和整理资料：第一类是收集整理的资源，如图片、音乐、视频、文字材料等；第二类是教师自行设计和开发的资源，如英文动画、视频、英文情景剧等，这些则需要开发者根据教学内容设计脚本，进行拍摄和剪辑。如为了帮助学生理解文章中列举的英语学习方法，教师可以去采访当地大学或者公司的外国人，制作成视频，学生在进入中职学校的第一次英语课就可以看到自己老师采访外国人，用简单易懂的英语教学方式进行"关于教师怎么样教好英语"的采访，会让学生对英语学习产生浓厚兴趣。

（2）利用多媒体的视觉效果，增加资源开发的趣味性。中职学生大部分为16~18岁，他们对英文动画、照片以及视频还是感兴趣的，思维易被激发。所以，教师在开发资源、制作课件的时候，要考虑到中职学生的接受能力和方式，不能按照大学生的思维能力去要求他们，也不能按照中学生的身份去低估他们，要考虑到他们的特殊性，根据他们的专业特点，去开发和利用多媒体教学资源，这其中一定要注意资源的趣味性，枯燥的专业英语堆积只会让学生对本来已经很差的英语弃而远之。只有增强资源的趣味性，才有希望重塑学生学习英语的信心，调动学生积极性，慢慢在学生通过多媒体培养起来的兴趣中提高英语成绩，达到英语教学的目的。

（3）通过选取丰富的材料，增加多媒体开发的多样性。多媒体教学资源应有丰富的表现形态，涵盖音频、视频、动画、文本、文献资料、课件素材等多种形式，以满足学习多样性的需求。在多媒体教学资源开发的过程中，我们应该注重呈现形式的多样性。资源库将面向不同层面的英语教师，要关注教师的不同风格，例如，在开发教学资源时，可以设计"情景引入""课文学习""语法解释""课外延伸""习题训练"等模块。其次，可以在每一课的资源中配置一个"文件包"，其中包括图片资料、影像资料、音频资料、文字资料、教案、教学设计意图等，这些都是为了让一线教师根据自身教学风格选择合适的教案，根据不同学生的学习特点选择合适的学案。

（4）通过课堂实践，不断提高资源开发的实效性。资源开发是为了提高课堂教学的有效性，因此，在完成教案编写、资料整编后，要进行课堂实践。开发者用每一份设计好的教案进行试教，根据实际情况调整相关资源的设计和使用，经过反复的试教和修改，使得资源库的内容设置更为合理、更为优化，切实提高教学资源开发的实效性。然而很多情况下，学生对教师多媒体授课的效果不是很满意，需要教师认真总结，征求学生意见，根据学生水平和心理及知识需求，建设切合实际的多媒体教学资源，提高资源开发的实效性。

（二）多媒体模式下中职英语教育教学的实践

1. 中职英语的写作教学

中职英语的写作教学以商务英语写作教学为例进行分析。

（1）商务英语写作教学中运用多媒体的必要性。在传统的教学中，强调"以书本为中心"和"以教师为中心"，学生接受知识是消极、被动的。"以书本为中心""以教师为中心"的教学理念，已经越来越不适应当代学习的需要，原因在于靠教材作者收集资料编写出来的课本，忽视学生的实际水平和接受能力，忽视学生的实际动手能力，导致教学效果不尽理想。因此，多样性的多媒体教学模式越来越受到重视。

1）符合商务英语的学科特点。随着经济全球化步伐的加快，由于社会对专门人才的需求，便出现了商务英语。商务英语有商业英语、商贸英语、外贸英语、经贸英语等多种说法。在我国，商务英语也称作国际商务英语，加上"国际"二字表示与涉外商贸有关。

从语言载体的角度而言，商务英语是商务环境中应用的英语，属于专门用途英语（ESP）的一种，但从内容而言，商务英语又不能脱离商务。如同其他 ESP，商务英语是一种特别的文体，强调的是在特定环境中的特种交际；但又有别于其他 ESP，商务英语通常是某个特别工作或行业相关的特定内容与有效沟通能力相关内容的混合。商务英语的特点是：有明确的目的，应用于特定的职业领域；有特殊的内容，涉及与该职业领域相关的专门化内容。从这个意义上而言，商务英语也就是从事或将要从事商务行业的专业人士所学习或应用的专门用途英语。

商务英语既然是 ESP 的一种，从属于英语。商务英语教学，从本质而言，既是一种语言教学，更应该是一种技能教学。由于商务英语学习者的特殊性，其教学内容更倾向于语言功能和语言活动，强调语言的输出，重视语言交际能力的培养，目的是为了使学生获得与其社会目的相关的终端行为能力。

2）符合商务英语写作的学科特点。早在商务英语成为 ESP 之前，当时的商务英语写作多称为"外贸英语函电"，主要针对进出口业务的各个环节，教授学生函电的写法，这门课程仅仅局限于外贸专业的学生。20 世纪 90 年代以来，商务英语写作课程应运而生，这门课程与"外贸英语函电"相比发生了巨大变化。首先，在内容上超过了贸易范畴，包括公司活动的各个方面；其次，在写作原则上，受英语交际教学思想的影响，强调一般交际原则和技巧在商务活动中的具体运用。

商务英语写作教学的目的是培养学生用英语书面语进行商务沟通的技能，商务中书面语交际包括：书写通俗易懂、实用高效的商务信函；使用商务文书；使用正式的书面商务英语；使用规范的格式；处理国际商务业务单证等。在商务英语写作过程中必须要考虑写作对象、写作类型、写作目的。

商务英语写作教学也重视如结构和功能等语言基础方面的训练，但其教学重点是在商务环境。而传统的环境单一，很难形象地将所讲内容呈现在学生面前，很难为学生提供比较真实的商务环境。学生在商务英语写作过程中经常反映出的问题是，对这类语言的交际知之甚少，缺乏专业知识、实践经验以及对商务英语语言特点的了解，不能用习惯语言和

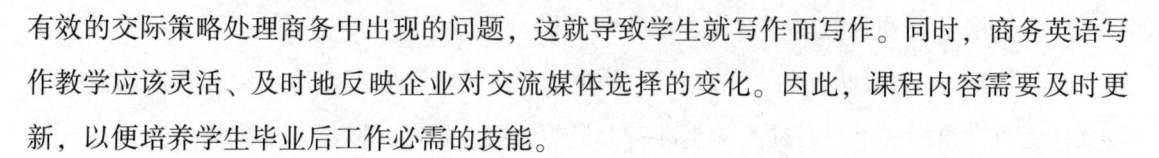

有效的交际策略处理商务中出现的问题，这就导致学生就写作而写作。同时，商务英语写作教学应该灵活、及时地反映企业对交流媒体选择的变化。因此，课程内容需要及时更新，以便培养学生毕业后工作必需的技能。

（2）商务英语写作教学中运用多媒体的协作教学模式。协作学习可以在网上进行，如学习者可以登录管理平台，进行在线交流讨论，与同伴商讨解决问题。在网络环境下，协作小组成员可以面对面交流，互助互勉，共同完成学习任务。

1）协作学习模式的构成。计算机多媒体网络环境下的协作式学习环境主要由两部分构成，即教学模式和学习模式。以学习模式为例，学习模式共分四部分：非实时讨论系统（网上讨论区）与邮寄名单（Mailing List）、教师导学、协作学习和参考资料。提供英语非实时讨论系统与 Mailing List 的目的是为学生提供虚拟环境，创造学习英语、用英语交流的条件，实现学生与学生、教师与学生之间的非实时互动与讨论条件，以及学生与学生之间相互解答他们在协作学习过程中遇到问题的条件。

2）多媒体环境下协作学习操作程序。商务英语写作课协作学习过程包括以下环节：

第一，任务布置。任务布置要求教师结合相应阶段的教学内容，通过网络公示栏向全体学生公示要求学生在网上协作完成的学习任务，如讨论题目、布置与课堂教学同步的写作任务、设定完成学习任务所要求的时间和作业公示期限等。

第二，作业公示。作业公示要求学生在完成教师布置的学习任务后，在规定的最后期限内把作业提交到网络各学习小组的网页上，供有关组员评析、讨论。

第三，网上讨论或互评作业。在各小组规定的时间内，由组长负责讨论有关问题，批改、评析成员的作文。

第四，问题探讨。协作学习小组把网上讨论时产生的难以解决的问题上传到讨论区，供所有在线的学生共同讨论，以便在探讨问题的过程中共同提高。

第五，上传问题。在协作学习过程中出现的问题可以向三个目标上传：①上传给各自所在的小组成员，以获得比较完美的解答；②上传给其他小组，或者在网上公示栏中公示，以获得更多人的帮助，前提是该组的成员无法解答或认为某些问题非常重要，且有必要引起大家的共同关注；③上传给老师，由老师来帮助分析、指导和解答，前提是学生无法给出满意的解答。

第六，咨询解答。要求教师定期抽一些时间在网上公示栏中为学生答疑解惑。

第七，任务提交。学生对学习任务（主题作文）经上述系列环节"加工"（修改）后，将最终的"产品"提交给老师，由老师负责"验收评分"。

(3) 商务英语写作教学中运用多媒体的阶段。

1) 准备阶段的辅助教学。在准备写作阶段，为了使学生很好地理解和掌握商务英语的文体特点和语用要求，必须为学生准备大量的语料。在这一阶段，多媒体计算机发挥特有的能力，学生可以自由地在网上选择阅读相关的资料，例如，教师可以向学生推荐与商务英语相关的网站。教师还可以事先为学生准备有关贸易公司的商务资料，供学生阅读模拟。

2) 写作阶段的辅助教学。在写作阶段、运用阶段，学生可以运用计算机的编辑、复制、粘贴、修改等功能，自由编辑自己的作品，既省去了重新抄写的麻烦，又保持了书面的干净、整洁。在这一过程中，还要充分重视电子邮件的作用。在当今的商务环境中，跨文化商务交流越来越依赖英语电子邮件，这一特点也应该反映在商务英语写作教学中。

3) 评价阶段的辅助教学。教师对学生写作情况进行形成性和终结性评价，以便密切跟踪学习和自学动态，及时调整教学计划和方法。具体而言，教师应对学生写作水平进行总体衡量，以确定合适的教学方案并对学生进行适当分组；通过计算机管理系统和其他途径收集相关数据和资料，对学生写作水平进行定期检测；检测评估学生英语写作的自学情况，包括自学手段和方法、自学材料的收集、自学频率、时间和成果等。

对于学生网上提交的作业，教师宜采取公开和个别反馈的形式。与传统的教师一个人评改学生作业不同，在网络环境中，教师可以把学生的作业公开发布，学生可以通过网络对别人的作业发表意见，也可以看到同学和教师对自己作业的评价，这种评价和反馈是双向、公开的，学生会因为期待赞赏而努力完成高质量的作业。教师如果需要对某学生的作业给予个别反馈，可以通过电子邮件来完成，个别反馈在一定程度上能保护学生的自尊心不受伤害，也可以加强师生之间的感情交流。

(4) 商务英语写作教学中运用多媒体的实践策略。基于目前中职英语多媒体教学，为保证教学效果，可以采取以下策略来完善多媒体计算机辅助商务英语写作教学模式。

1) 选择先进教学设备与培养学生的英语学习兴趣相结合。学生是学习的主体，不管采用何种教学方式，学生的主体地位是不能忽视的。兴趣是最好的老师，如果学生对英语学习没有兴趣、没有动力，就很难有好的学习效果。因此，在运用先进教学设备的同时，注意培养学生的学习兴趣还是很重要的。

2) 教师培训与学生培训相结合。为了更好地利用多媒体设备及课件，应该对参与多媒体教学的教师和学生进行短期培训，使之明确多媒体教学的目标、多媒体设备的基本操作规范，这样在集体上机时才能有效地解决技术上的问题。

3）学生上机（人机交流）应与课堂教学（人际交流）相结合。不能忽视课堂教学，网络教学系统替代不了教师，上网学习也替代不了课堂教学。在学生的自主学习不够理想且学时较少的情况下，教师组织好课堂教学是关键。在实际的多媒体辅助教学过程中，教师也要及时根据所教内容适当地进行讲解，考查学生对语言知识、语言技能、交际技能的掌握程度。

2. 中职英语的口语教学

英语是一种交流工具，口语交流是语言最重要、最普遍的交流方式。在英语口语教学过程中，传统教学模式下缺乏真实的语言环境、学生"说"的信心不足、班级学生人数过多等原因，导致口语教学效果不理想。随着课程改革的不断深入，信息技术与英语教学在各方面进行有效的整合，其中基于多媒体幻灯片平台的整合模式在英语口语教学中应用最为普及，推动了英语口语教学的发展。

当前英语教师要充分利用信息技术，开发英语教学资源，拓宽学生的学习渠道，改进学生的学习方式，提高学生的学习效率，利用多媒体软件和网络资源，探索新的教学模式，促进学生的个性化学习。教师要努力学习现代信息技术，以此为载体开发有效的英语教学资源，实现信息技术与英语教学的整合。可见，信息技术已经给英语教学模式提供了一个全新的发展空间，使英语教学活动更加丰富多彩。

中职英语是一门实践性很强的学科，既包含知识，又包含应用技能。以学生为中心的语言教学更关注学生的交际活动过程，强调师生、生生之间的互动，力图创建仿真的语言环境，使学生在完成任务的过程中提高语言综合应用能力。就中职英语口语的基本内容而言，主要分为两类，即日常交际用语和职业场景英语。日常用语主要是介绍生活中常用的话题，如问候语、天气、健康、饮食、仪表、运动、娱乐等话题；而职场英语主要是围绕学生未来的职业场景展开对话，如旅游专业的学生要学会在机场接团、预订酒店、安排餐饮、预报天气、介绍购物和景区等情景英语。根据中职学生的特点，给予学生口语学习的任务，强调情境性和实用性，从而帮助中职学生学习、掌握与职业相关的语句和句型，最终达到自由交流的目标。

（1）多媒体环境下中职英语口语教学原则。

1）目的性原则。目的是多媒体辅助英语课堂教学的出发点和归宿，落实在一节课中就是目标。目标指导和支配着一切课堂教学活动。目标要切合实际，不能太高，否则学生容易失望，影响情绪；也不能太低，否则学生很容易达到，也起不到激励作用。所以确立目标时，要遵循"最近发展区"理论和"$i+1$"输入假设理论来设计，力求合理可行。

2）整体性原则。整体性原则包含两个方面的含义：一是多媒体辅助英语教学所承担的对象具有整体性，在教学中要把丰富学生的精神世界、促进他们的心理发展与增强学生体质结合起来，要注意学习者的生理、心理与智力技能的和谐发展，提高学生的整体素质。二是多媒体辅助英语教学系统具有整体性，多媒体辅助英语教学系统是一个由相互联系、相互依赖、相互制约的四个要素组成的，即教师、学生、多媒体信息、多媒体技术组成的有机整体。四个要素具有各自独立的地位和作用，但同时又是作为一个整体在发挥作用。要使多媒体辅助英语教学的功能得到充分发挥，取得最佳效果，必须树立整体观念，适时处理好各个要素之间的关系，使各要素在完成具体的目标过程中实现有机配合，使多媒体辅助英语教学整体功能得到最充分的发挥。

3）主体性原则。

第一，体现出教师和学生都是主体，是双主体。只有充分发挥教师的主导作用和学生的主动性，即两个方面的积极性，才能取得良好的教育教学效果。

教师的主导作用主要表现在：①认真进行教学设计；②编制高质量的多媒体辅助英语教学课件；③确定符合学生接受能力的教学信息量；④选择适当的多媒体材料；⑤引导学生生动活泼、主动地学习。

学生的主动性主要表现在：①学习时认真观察、积极思考，能发现、提出问题，并运用所学知识分析、解决问题；②通过动脑、动手、动口去获取知识，发展智能；③能选择合适的多媒体教材进行有效的自学。

第二，在多媒体辅助英语课堂教学中体现出新型的师生关系。新型的师生关系是一种民主、平等、友好、合作的关系，有了这种关系，才能充分调动"教"与"学"两方面的积极性，使教学过程始终处于教师与学生协同活动、互相促进的状态之中。

4）视听与思考结合的原则。在多媒体辅助英语教学中，视听与思考紧密相连，不可分割。多媒体辅助英语教学不能没有视听，但只有视听没有思考也达不到多媒体辅助英语教学的目的。视听与思考相结合的原则，就是多媒体辅助英语课堂教学不能使学生的认识仅仅停留在感性阶段，而必须从感性上升到理性，由形象思维向抽象思维转化。在多媒体辅助英语课堂教学中，要注意语词与图像的统一，既要为学生提供丰富的事物的具体图像，又要善于运用词语进行恰如其分地讲解，使多媒体演播和教师的讲解密切配合，做到演播适时、讲解恰当。对学生的要求是在认真看和听的同时，还要积极地思考，要带着问题去看和听；在看、听后，要通过讨论、问答、对话、实习作业等，将视听得到的知觉形象和表象转化为概念，从而获得英语学习的知识。

5）媒体选择与组合的最优化原则。媒体的选择与组合应是目前条件下最佳的、最好的。选择媒体要考虑教学的需要和媒体的特点与功能。选择媒体时，要选择能够获得更好效果的媒体。使用多种媒体比只用一种媒体的学习效果好，因为教学包括许多环节和步骤，需要多种媒体配合。也因为多种媒体可以使学生通过多种感觉器官去接受知识，从而增强学习效果。

6）及时准确的反馈原则。多媒体辅助英语课堂教学必须有反馈通道，利用反馈来实现调控。所谓反馈，就是从教学对象处获得信息，以作为调控教学过程的依据。学生对教师的教学作出的反应是反馈；教师对学生的反馈作出评价，也是一种反馈。尽可能多地获取教学反馈信息，也是做好教学的一个重要条件。

7）效益性原则。多媒体辅助英语课堂教学要讲效益，不能是无效劳动，要讲教学效益，也要讲社会效益和经济效益。在教学中要从学生、社会、国情出发，要有利于学生的发展，适应社会的要求，否则就不会有生命力。

8）就业导向性原则。中职英语口语网络教学平台的构建必须具有明确的目标定位。根据中职学生培养的总体目标，以就业为导向，结合学生英语基础薄弱、缺乏学习动力和学习信心的现状，在音频、视频的选材上，以贴近学生英语水平、模拟学生就业岗位的典型任务为目标，最大限度地实现学以致用，让学生觉得英语口语的学习对将来的工作是有帮助的，从而激发学生的学习兴趣。

（2）多媒体环境下的中职英语口语教学模式。多媒体是将计算机、电视机、摄像机等媒体技术融为一体，计算机与用户之间提供相互交流的操作环境，可以接收外部图像、声音、录像及各种媒体信息，经计算机加工处理后，以图片、文字、声音、动画等多种形式输出，实现输入输出形式的多元化。对于多媒体环境下的中职英语口语教学模式的分析，可以从以下方面入手：

1）模式的建构。多媒体教室是课堂教学改革的重要环境，其功能有支撑的教学内容是新旧知识学习的衔接和学科体系的构建；支撑的教学步骤是创设情景、布置任务、示范讲解、讨论交流、评价总结等环节；支撑的教学形式是利用各种资源和软件，引导学生自主学习，也可以让学生互动交流。当前，中职英语口语教学模式存在的突出问题是学生口语练习时间过少，发音不标准，无法及时纠正指导，学生课后练习不易检查，考核评价采用口语测评难度较大。基于语音识别技术的网络环境下的中职英语口语教学，是以互联网为英语口语教学的平台和环境基础，利用语音合成和语音识别技术，结合网上丰富的口语资源进行学习。实现人机对话口语练习、网上交流、作业评改和口语测试。在网络环境下，充分发挥其资源优势，通过协作和交流，实现英语口语自主学习的建构，让学生真正成为教学的主体和中心，教师成为教学活动的组织者、指导者、帮助者和促进者。网络平台为学生的英语口语学习活动提供了"教、学、评"一体化的学习环境，通过对网络技术在英语口语教学中的优势分析，建构网络英语口语教学模式。

第一，创设情境，明确任务。教师根据中职学生的特点，结合学生的就业岗位和职业生涯中涉外工作的要求，利用丰富的网络视频，创设一个涉外角色的工作情境，从而激发学生的学习兴趣，让学生发自内心地认同英语口语学习的重要性。之后，再结合各章节的教学目标和教学内容分别创建单元教学情境，让学生能迅速进入角色，调动学生的求知欲。学生明确课程学习的任务，例如，外宾来访的接待工作，将迎送、安排日程和活动、安排住宿、宴请与迎送会、陪同游览、就诊等任务贯穿于整体教学之中。在此基础上深刻理解各个任务目标，让学生在"说"中完成任务，从而实现教学目标。

第二，示范讲解，完成任务。教师利用网络化视频广播监控技术对课堂教学进行管理，防止网络环境下学生分心，在统一示范环节采用屏幕广播手段，控制学生计算机画面集中播放视频对话或由教师现场领读。教师通过视频讲解本节课的生词、关键句型以及任务对话。学生利用网络工具学习词汇、句型的正确朗读，进行人机跟读，再到人机对话。教师根据学生的实际情况确定人机对话相似度的过关标准，学生可以自行控制学习的进度。

第三，帮助指导，讨论交流。教师可以根据学生的英语基础将学生分组，每个组内包含不同层次的学生。学生可以通过人机协作进行自主探索，也可以通过网络进行各种形式的协作交流。例如，通过QQ群进行语音讨论，教师可以抽查个别学生进行一对一的语音对话，了解学习的状况，及时解决出现的问题。为避免人机交流形式单一产生疲劳，可通过网络语音交流软件让学生配对进行相互交流，最大限度地让所有学生参与，解决了传统课堂教学同时对话时互相影响的问题。

网络环境下的小组合作学习改变了传统教学模式下以个人成绩为标准、奖励学生个人的做法，从而改变班级成员间以竞争为主的交往方式，促进了组内成员的互助与合作。各小组成员必须以小组的荣誉为个人的荣誉，从而使每一个成员不仅自己要掌握知识，还要关心和帮助组内其他成员获得成功。这种互助精神有效促进了整体口语练习水平，防止个别学生掉队，停滞不前。

第四，巩固复习，集中讲解。在课堂上，虽然学生已经初步完成了学习任务，但是从会读、读准到脱稿会说还需要一个过程，这就需要课后进行大量的练习巩固。学生在课后利用网络完成拓展练习，采用不提供文字和读音提示的人机对话形式，最终将完成的口语练习录制成音频文件，然后上传至网络平台个人作业资料。教师抽取一定比例的学生录音文件，播放检查学生的完成情况，对个别问题通过网络单独答疑，对普遍存在的问题统一进行点评讲解。

第五，评价测试，归纳总结。改进考核方式也是教学整合中重要的环节，为了解决人工组织口语测试评价主观性以及工作量较大的问题，可利用人机互动的口语测试平台，学生一人一机进行口语考核，现场自动判分。教师对考核结果进行分析、归纳、总结，调整课堂任务，完善课后练习，不断提高教学效果。

2）应用情况及结论。总而言之，基于语音识别技术的网络平台将中职英语口语教学的各个重要环节进行整合，以培养学生口头表达能力为根本目标，以行动为导向、以任务为载体，在"说"中教、"说"中学、"说"中评，围绕英语口语学习的关键环节"说"进行突破，利用视频、人机交互、语音合成和识别技术、口语评测技术让每个学生都能行动起来，解决了传统课堂教学和利用多媒体幻灯片平台教学中存在的口语练习时间不足、相互影响、说的准确度不可测试、口语作业不易检查、口语评价不能量化等问题，建立了从课堂练习、课后作业、考核评价、口语实训等环节全方位、立体化的整合模式。学生是按照自己的心理特点和认知水平来学习和掌握知识，这种学习是学生主动参与的，他们得到了真正的锻炼，从而也提高了口语表达的能力。网络技术与英语学科教学的整合对教学思想、教学理念、教学模式，甚至对教学体制都将产生深远影响，教师们应该在今后的教学中大胆实践，不断加以完善。

（3）多媒体环境下中职英语口语教学设计。

1）网站呈现给学生的主要是前台。学生通过首页中的课程列表，选择本学期开设的课程，浏览任务列表，对本节课要完成的任务有初步了解。

2）教师可以集中播放视频，导入情境和角色，之后进行示范讲解生词和句型。

3）学生进行词汇、句型跟读，读音不准即可利用在线语音合成软件纠正发音。学生利用语音识别软件，进行人机跟读、人机对话，在线完成本节课口语练习任务，当读音准确率达到85%以上时，可以认为完成任务。

4）教师组织各个小组进行分组对话交流，通过麦克风语音对讲，不影响其他学生，教师可以加入讨论，了解学生交流的动态。

5）学生登录网站完成课后作业，采用人机对话形式，学生将完成的对话录制成音频文件并上传到网站中自己的作业空间，教师在线播放，检查完成的情况，对共性问题集中讲解。

6）单元测试和期末考核时，教师发布口语对话试题，由学生进行人机对话，在规定时间内考查学生完成的情况，由语音识别软件自动评分。学生完成对话任务后，自动将学生的口语对话文件提交至教师的计算机，教师逐一播放学生的录音进行评价。

二、微课模式下的中职英语教育教学

随着社会生活节奏逐步加快，信息化和"互联网+"给世界带来的变化是非常大的，各种"微"事物如微博、微信、微电影等不断出现在我们生活当中，我们已经迈入了一个微时代。在微时代，信息以更快的速度得以传播，传播内容也更具冲击力和震撼力，人们的学习和生活越来越呈现出微化的趋势。微学习以其便捷、快速、微小的特征适应了社会对学习的快速需求，在这种微时代的环境中，微课程作为一种新的非正式学习和移动学习资源，对学生的正式学习起到良好的辅助作用。

（一）微课模式下的中职英语阅读教学

英语作为全球使用最广泛的语言之一，已经成为国际交往和文化科技交流的重要工具。中等职业学校英语课程是帮助中职学生进一步学习英语基础知识，培养听、说、读、写等语言技能，初步形成职场英语的应用能力；激发和培养学生学习英语的兴趣，提高学生学习的自信心，提高其自主学习能力，增强合作意识。

微课程以教学视频为主要载体，针对某个学科的知识点（如重点、难点、疑点、考点等）或教学环节（如学习活动、主题、实验、任务等）而开发的一种情景化、支持多种学习方式的新型网络课程资源，包含与教学相配套的微教案、微课件、微练习、微点评、微反思等辅助性教学内容，适合在线学习、移动学习或碎片化学习，通常以3~5分钟为宜，最长不超过10分钟。

1. 微课的主要特点

（1）时间短，容量小。微课短小精悍，最长不超过10分钟，资源容量较小，学生可以将其下载到计算机、手机等设备，根据需要随时随地进行学习。教师利用微课在短时间内将某个知识点传授完毕后，课堂上就可以有更多的时间去组织课堂活动，指导学生学习，为学生答疑解惑，使学生真正成为学习的主体。中职学生注意力维持时间较短，内容短小的微课可以帮助他们集中注意力，攻克知识的重点和难点，有利于激发学生的学习兴趣，培养其自主学习能力。

（2）主题性强，内容具体。微课虽然容量小，但主题性强。一个微课集中解决一个知识点、一个问题，更具针对性。教师通过事先对知识的梳理、分析，筛选内容，从与学生日常生活息息相关的话题出发，激发学生的兴趣，确定微课的主题，明确重点、难点及采用的方法和策略，并对重难点进行突破，使学生更加易学、乐学。

（3）课程选择具有独立性。每一个微课通常只解决某一个具体问题或一个知识点，因此在一系列微课中，各个微课之间是相对独立的，学生可以根据需要自由选择学习内容，反复学习、观看难以理解的微课。微课内容的这种独立性可以帮助学生提高学习效率，有利于学生构建自己的微课知识体系。

（4）具有较强的操作性。现在的中职学生几乎人人都拥有一部移动终端设备，学生可以充分利用碎片化的时间随时随地学习。而微课视频容量较小，并且对学习者的技术水平要求不高，学习者能够方便地下载或在线观看。微课学习方式灵活，易于使用，操作简单方便。

（5）资源组成丰富，情境真实。微课以教学视频片段为载体，教学资源丰富，包含教学设计、教学课件、教学反思、学生的反馈意见和学科专家的点评，构成了一个主题鲜明、类型多样、结构紧凑的"主题单元资源包"，营造了一个真实的微教学资源环境，广大教师和学生在这种真实、具体的教学情景中，易于实现隐性知识、默会知识等高阶思维能力的提高，教师可以不断提升教学水平，促进专业成长；学生可以提高学业水平和学习能力。

（6）反馈及时，针对性强。常规的听课、评课活动耗时长、效率较低，而微课时间短，教师能反复观摩自己授课的情形，找出不足之处，针对性强。较之常态的评课，微课评课更加客观，教学信息反馈更加及时。教师之间可以互相学习、切磋交流，是教师专业水平得到快速提升的有效方式。

2. 微课与传统课堂的差异

（1）微课虽短小但完整，以精品课的形式推出，能展现出教师对某一知识点全面、完整的剖析或对某一教学环节精彩处理的全过程，迥异于具有多个教学目标、多个教学任务、内容复杂的传统课堂。

（2）微课借助视频为教学媒介，新鲜的教学媒介能从多个感官上吸引学生，督促其自主学习，迥异于传统课堂的口头板书讲授，学生被动接受。

（3）微课是各种资源的整合，除了教学视频外还有配套的教学课件、教学设计方案等，方便学生从多角度、多渠道进行知识的梳理，迥异于传统课堂的单向思维授课。

（4）微课是移动的课堂，对学习地点、时间没有限制，学生可以随时随地进行自主学习，迥异于传统课堂的定时、定室教学。

3. 微课模式下的中职英语阅读教学策略

中职英语阅读教学要求学生最大限度地进行自我阅读学习，从而提高阅读能力，但学生学习水平参差不齐，缺乏良好的学习习惯，这一矛盾即引发学生认知负荷的不合理，使其逐渐失去学习兴趣和动力，阻碍其学习建构。微课的出现从很大程度上解决了这一问题。微课以视频形式呈现并配以多种教学资源，内容展示只针对单一问题处理，学习者可以根据自身需要自由选择，通过反复学习达到减小负荷，适合其认知能力的发展。微课模式下的中职英语阅读教学策略具体如下：

（1）改变常规阅读课堂模式，增添新鲜学习体验。中职学校的学生英语阅读学习现状普遍堪忧，如没有扎实的英语基础，缺乏良好的学习习惯，畏难、厌学情绪严重等。但作为信息技术时代的年轻人，信息技术已经走入他们的生活，他们对于电子产品、影音文件有着浓厚的兴趣，微课正是借用这些平台搭建起来的课程学习产物，可以有效地吸引学生的注意力，为其增添新鲜的学习体验。另外，微课时长有限，可以克服这些学生听课容易注意力不集中的缺点；微课资源丰富，可以提高这些学生的学习参与度；微课重点突出，可以有效解决这些学生的阅读学习障碍，建立继续学习的自信心。

（2）改变常规阅读教学模式，注重阅读能力培养。传统的英语阅读教学依靠阅读文本，缺乏与实际生活的联系。中职英语阅读教材表现出如下特点：

第一，内容广泛，词汇量大。流利顺畅的阅读要求学习者的生词量不能超过10%，一旦阅读材料专业性过强，生词偏多，学生就会失去阅读兴趣，培养阅读能力难以达到。在这种情况下，微课的出现极大程度上缓解了这一矛盾，教师可以利用微课进行趣味性阅读前积累，降低阅读难度，包括对于专业性知识的提前供给以及对于词汇积累的集中指导学习。

第二，阅读材料篇幅长。偏长的篇幅使语篇分析能力成为决定阅读能力高低的一个重要指标。中职学生在英语阅读中总是过度关注字、词、语法，对于语篇阅读无法形成概念。在这种情况下，微课的出现再次帮助学生在阅读前扫清阅读障碍，同时建立篇章整体阅读概念体系，从而使学生顺利进入整体阅读、整体理解。

第三，语言原汁原味，文化背景性强。中西方文化差异直接影响学生的阅读速度和理解程度，有效使用微课进行文化介绍后将事半功倍。在实践中，这些微课资料要求学生在课前完成学习，课上针对学生学习后仍存在的困惑进行再次梳理或针对教学目标进行巩固实践，形成翻转课堂的新型教学模式。

（3）改变常规阅读学习模式，培养自主学习意识。教育改革呼吁教学应遵从以学生为主体，以教师为主导的教学原则，微课的模式恰恰适应这一原则。由于其具有可移动性，阅读学习不再拘泥于课堂，学生可以在更宽松的环境下进行个性化自主学习，不仅可以选择学习的时间和地点，还可以选择学习的内容与时长。例如，对于阅读难点的反复观看可以帮助学生逐步理解，并发现知识薄弱地带进行有侧重点的再学习；对于阅读技巧的系列观看，可以帮助学生融会贯通，在阅读中进行实践，从而达到知识的迁移。此外，微课提供多种形式教学资源，学生可以根据学习情况和爱好自由选择。因此，微课在很大程度上解放了学生的学习主动性，把学习的主动权归还给学生，培养了学生的自主学习意识。

（二）微课模式下的中职英语听说教学

"微型教学"已经被广泛应用于世界各国的教学中，将教学技能分成多种微型技能，微课程不是简单地把技术整合到课程中，而是建立在引起学生学习兴趣基础之上，以具体的学习主题为中心，对情境进行创设，组织相关的教学活动。以微视频为载体的这种新型微课教学能提供形象、直观、生动的交互式学习环境，能提供图文声并茂的多重感官综合刺激，创设真实的情境体验，有利于学生英语学习的输入与输出，提高学生的听说能力。

1. 微课模式下的中职英语听力教学

由于受到现实条件的限制，听力课往往都是大班授课，教师很难顾及学生之间的差异。传统的上课模式往往都是教师播放录音，学生做练习，然后教师核对练习答案，很少有师生之间的互动。听力课时有限，听力技能的提高需要长时间的训练，但是在实际教学过程中，听力课时却难以得到保障。一般中职学校开设的英语听力课的时间较少，如果是英语专业的学生，每个星期的英语听力课时间是两节课，90分钟左右；非英语专业的学生，每个星期的英语课仅两节课，用于练习听力的时间就更少了。一方面，听力课的课时难以得到足够的保证；另一方面，如果要真正提高学生的听力水平，一周两节课的时间是远远不够的，这就要求学生在课外要主动进行听力练习，要充分利用网络资源，提高听力水平，不能只依赖老师在课堂上的有限教学。基于听力课的现状，亟需对听力课的教学模式做一些新的尝试。

（1）微课应用于听力教学的理论基础。混合式学习是指将面对面学习与在线学习相结合的学习方式。根据该理论，在实际的教学中，微课可以运用于课前、课中及课后教学。课前可以给学生布置一些任务，让学生在线完成相关的教学准备活动，为正式上课做好铺垫；课中面对面学习，可以通过教师讲授与示范、学生操练、教师答疑、师生研讨等活动来进行面对面的学习和交流；课后可以在线拓展学习，进行更深层次的学习来进行巩固练习，促进其对重点和难点知识的吸收。

传统的学习模式是学生在课堂上学习显性知识，与之相反，翻转学习是指，学习者从原来在课堂（包括虚拟课堂）里主要学习显性知识，转变为在课堂外通过观看网上教学视频学习显性知识，而在课堂内主要掌握学习方法，进行知识内化，以及与老师和其他同学共同完成知识汇聚、知识建构、知识融合、隐性知识挖掘等高级学习任务。在英语听力课中，采用翻转学习理论的具体表现为教师在上课前布置学生观看指定微课（微视频）或相关视频及文字材料，获取显性的知识；教师在课中引导学生对微课中的内容进行吸收、思考、解析，并学会自我反思。

（2）基于微课的英语听力课程模式。课前微课设计制作：在上课前，教师要根据学生的学习需求及听力材料内容进行需求分析，一方面，教师要制作传统的课件、教案；另一方面，教师还要制作跟听力材料配套的微课视频。因此，微课设置指导原则就是要提高学生的英语听说能力，在微课视频中，教师要把重点放在每单元的培训技能、知识重点、知识难点以及相关知识点拓展。视频长度应在15分钟以内，教师要确保微课视频内容全面、生动，讲授要清晰、明确，可以采用动画、视频、讲解等呈现方式。教师还可以在微课里添加相关的文字材料，课后补充听力内容及课内听力测试题。学生先要对教材的内容进行预习，结合具体的条件开展网络学习及移动学习等多种方式学习教师上传的微课视频，可以对新知识进行自主学习，包括相关背景知识、重点知识和难点知识，可以反复听有难度的句子，并记录自己在预习过程中遇到的疑惑及问题，也可以在线与老师交流相关问题。总而言之，教师依据需求分析制作相关教学视频，学生基于教材对教师发布的微课视频进行预习。教师和学生的角色变成主导和主体作用。

（3）课堂中微课教学模式的作用和师生角色的定位。在课堂上，教师和学生的角色跟传统的角色有所不同，突破传统教学中老师是主动地教，学生是被动学习的局面。学生可以先向老师和其他同学交流在课前预习时遇到的困难和疑惑，教师可以针对这些困难和疑惑给出一些具体的学习任务，让学生以3~4人一组分组交流和讨论，共同完成这些任务。任务完成后，每个小组可以派一个代表向其他组介绍或展示他们完成该任务的成果或完成该任务的过程；也可以派一个代表点评其他组完成任务的情况（该代表与之前做展示的代表应不是同一人），这样在课堂上，学生就有充分的机会来表达自己，各组成员之间能够就学习任务进行深层次的沟通交流和学习。

（4）在课后采用微课来巩固学习效果。课后，教师要充分反思教学过程中的不足及有哪些地方需要进一步改进，并且通过网络方式跟学生进一步交流。学生可以把有问题的地方反馈给老师，反思自己的学习过程。教师也可以在网上给学生布置作业，并督促学生及时完成。教师可以通过专门的网络学习平台上传微课视频，或者通过社交软件传给学生，学生在课外可以进一步复习巩固专业知识。对于基础好的学生，教师可以提供一些拓展知识的微课视频，让这些学生在掌握课堂知识的基础上可以开阔视野，掌握更多课外知识。对于基础不太好的学生，教师的着眼点应该放在让学生掌握及消化课内知识，教师要强调这些学生课后要反复观看已播放的微课视频，巩固复习课堂知识。通过这样的方式，教师和学生一块巩固和复习所学知识，更好地优化学习效果。

基于微课的中职英语听力教学有更丰富的教学资源，教学方式灵活多样，通过资源共建可以不断丰富和拓展资源，且针对性强，可以重复利用，节省重建资源的费用。相比传统的音频和文字材料，生动的微课视频对学生更具有吸引力，能够更好地激发学生的学习动机和学习兴趣。

2. 微课模式下的中职英语口语教学

（1）增强师生的互动性。传统中职英语口语教学中，师生互动不强，仅有的互动也多是课本内容的简单重复，对学生学习内容拓展不足，个人能力发挥不出来。微课建构主义提倡以"学生为中心"进行教学，其中心的转变使得教师的角色也由传统、单纯的"教"变成"导"等多个角色。教学中教师应担任咨询者、组织者、指导者、微课资源提供者、协调者、管理者和评价者的角色。在引导学生学习和微课促进的过程中，逐渐培养学生对英语口语的兴趣，逐步培养他们的表达能力，从而真正做到培养学生理论与实践相结合的能力。在这种"以学生为中心"的微课教学模式中，学生多数时候是在教师的指导下，自行选择相应的学习内容，把握学习节奏，从而有利于他们积极参与到教学的各个阶段，继而主动获得知识。

基于微课的口语教学没有时间和空间的限制，这种学习的便利性和自主性让教师的角色也发生了根本转变。教学的真正意义不是"教会"，而是让学生知道要如何去做，因此教学过程中更强调教师的亲和力、感染力，需要主动走到微课学生当中，和他们一起学习，一起合作教学。例如，教师既要分配任务、确定学习目标、考核方式和检查制度，又要帮助每个小组确定每个人的具体任务，以及相互交流的方式和最后达到的教学成果等。教师通过对课堂有效的组织和调控，继而激发学生的学习意识和欲望，从而刺激学生自主学习的兴趣。

（2）采用基于多媒体和网络的微课模式。在语言学习过程中，如果仅仅具备语法和词汇知识，学习者不会利用现有资源进行下一步微课学习，学习能力不会提高，效果也不会明显。传统的中职口语教学，信息往往局限于教材给出的内容，由于信息的局限性，真正留给学生进行有效语言模拟的机会很少，而且形式单调。基于微课的口语教学，微课可以弥补传统的口语教学背景知识介绍少、介绍时间长、效果不明显等方面的不足。教师通过整理网络资源，利用视频或音频等媒体手段，直接以微课的形式向学生展示与学习内容相关的背景文化知识和学习内容。微课将情景和交际有机结合，让学生最大程度上感受到语言表达的氛围，有利于他们主动开口。在微课人和人交往过程中，语言表达不是唯一的方法，神态、表情、动作等也能起到交流的作用。而传统口语教学由于资源和设备的不完善，不能提供类似的情境，很多学生无法理解说话者的情境和意图，只是单纯地跟读和背诵，没有情感的理解和投入，导致很多时候语言表达不能准确到位。

在口语课堂上，音频和视频等微课形式的使用能极大地丰富课堂教学内容，为学生的有效输出准备必要的条件，视频和音频的使用能让学生的视觉和听力得到同时的刺激，加深印象，为即将进行的输出做好准备。微课正确的语音、语调是学好口语的基本条件。在传统的口语教学中，由于时间和教学条件的限制，学生很少有机会模仿真人口型进行练习来纠正自己的发音。基于微课的口语教学，学生可以模仿视频中说话者的口型变化、神情，观看他们的神态变化，有助于学生语言表达的准确性和生动性。例如，在基于微课教学的过程中，老师在用视频进行重点和难点知识讲解后，可以将视频原有的声音进行消除，让学生进行分组配音活动。

（3）增强学生的自主学习能力。建构主义认为，学生才是课堂教学意义的主动建构者。在整个学习过程中，不论是微课学习内容和学习方法，还是学习过程的组织、反思、评价都应该以学生为主体展开。因此，必须进行"以学生为中心"的教学，加强学生自主学习能力的培养。学生的自主学习中，微课容易让学生形成主体意识，激发学习的积极性，并督促自己主动参加课堂各项活动的开展，这样有利于学生学习主体地位的确立。口语教学目标的细化和内容的逐级深化，更是要求学生积极参与。在学习过程中，学生应当自主意识到问题的存在，并要努力去寻找解决问题的方法，找出自己学习过程中遇到的难点与重点。

微课是一个从学习到反思再到实践的自主学习过程，如果离开了自主学习，微课学习效果当然不会理想。微课自主学习形式多样，基于微课的自主学习模式，可以让学生从具体情况出发，充分考虑到学生个体差异，完成不同的教学内容，设定差异化的教学目标，激发每个学生的学习潜力。

（4）教学评价的改革。教学评价是提高教学效果的一个重要组成部分，总体而言，教育评价应以教学目标为依据，以科学的标准、有效的技术手段，对教学活动过程及结果进行测定、衡量，并给出科学的价值判断。而多数的口语教育评价是建立在"以教评教"的基础之上，考核形式单一，评价内容少，评价考核的主体还是教师，忽视了教学主体——学生的参与，致使教学评价效用不是很理想。要科学、合理评价教学过程和学习效果，必须从多方面着手，改革评价方式。微课基于多媒体和网络的口语教学模式，要求建立以学生评价为主体的评价模式，这个评价过程和结果不仅要看学生的考试成绩，更重要的应该是转向对学生的学习方式、行为，特别是学习效果等方面的评价。

口语课堂评价更应该从观察学生如何学习开始，重点是通过微课记录学生在教师组织下怎样进行主动、有效的学习，在微课的教学中，可以通过整理分析各种数据，把教师的指导作用和学生的实践能力联系起来进行评价，科学评价出学生的学习过程和学习效果。

3. 微课模式下的中职英语听说自主学习

随着教育信息化的不断推进，微课在中职学校中对在线自主学习、课堂教学、教师专业发展等方面的作用日益凸显。微课对学生英语口语自主学习能力的提升有明显优势，微课"短小精悍"的特征符合中职学生的英语口语自主学习需求。微课将口语学习内容进行了碎片化处理，把口语问题简单化，易于学生掌握，便于学生课外进行自主学习，并容易使学生产生学习口语的成就感，有利于学习口语兴趣的提高；微课灵活的学习方式顺应了微时代的需要，丰富了自主学习的形式。随着网络与计算机的普及，微课走进口语课堂，使口语自主学习模式发生了根本改变，突破了时空限制，自主学习的时空距离越来越近，学生学到的知识与信息也越来越多；微课视频可以反复播放的特点很适合开展个性化学习。

中职学生本身英语基础较差，微课的出现可以解决学生英语口语水平参差不齐的问题，因此，微课作为一种新兴教学资源和新型网络教学模式（即微教学模式），既可以提高中职学生的英语口语自主学习能力，又顺应了微时代中职英语口语教学的改革方向。

（1）中职英语听说课对微课的需求。英语听说课教学是一门实践性很强的课程，在只有数十分钟的教学时间内，教师既要锻炼学生的听说能力，又要兼顾训练学生的写作能力，教学时间非常有限，这就需要提高时间的有效性，运用集图像、音频、动画为一体的微课来帮助学生学习英语的语音语调，用真实的场景烘托英美国家的文化，从而开阔学生的眼界，达成课堂教学目标。

1）课型和教学目标、内容的需求。中职英语听说课的课型对微课的需求。首先，课前热身和导入新单词、新句型这个环节的设置目的是把学生代入一个真实的情境，让学生马上从下课的休息状态回到学习的氛围中来，微课形象、生动的画面会紧紧抓住学生的视线。其次，对话操练这个活动之前，教师一般要和某个学生进行示范，由于个人发音的偏差，导致示范不到位，耽误课堂时间，如果运用微课，标准的发音和真实环境以及人物表情都会对学生产生潜移默化的影响，从而促使学生积极参与对话活动，提高其口语表达能力。最后，评价反思时，一般都是老师口头归纳总结，运用微课对课堂上的知识进行形象的归纳总结，更有利于学生理解所学知识，在头脑中留下深刻印象。

2）教学目标对微课的需求。

第一，知识与技能：通过对这部分的学习，能掌握一定的句型结构；观察图像、动画、视频，能流利地描述内容；对于录音机、音频里的对话，能在大脑中快速反应出相关单词；会写出简单的句子。

第二，过程与方法：运用微课展示场景对话，引入话题；小组合作，朗读单词和练习重点句型；观察微课，并进行描述（造句）；能尝试运用微课在课后反复练习听力和对话。

第三，情感态度与价值观：通过学习课程，激发学生主动参与到听和说的学习活动中来；培养学生的观察能力，养成善于思考的学习习惯；通过小组合作学习，使学生主动与他人合作，有良好的团队意识；运用微课进行课后学习，提高学生的信息素养。这部分内容是听说课，注重听力和口语的实践训练，运用微课进行教学会使学习变得生动、有趣。在小组合作学习的过程中，潜移默化地培养学生的情感态度和价值观。

（2）应用微视频进行英语听说教学的微课模式。在利用微视频进行听说课教学设计时，根据建构主义学习理论和微学习理论的原则，以达到协作、交流和意义建构。

1）课前资源准备。根据学生的认知和记忆规律，设计视频内容时，适时引入游戏形式。由于外在环境的干扰和学生的随意心理，学生容易进入无意注意的状态。设计视频材料时，运用鲜明、生动的画面和有趣的游戏，可以回笼学生的有意注意。备课时，不仅要备教学内容，也要备视频。熟悉视频，放视频前，从头到尾把要播放的视频反复看几遍；准备视频不仅要准备影片文本，还必须准备影片本身。例如，要用微视频来引入对某一场景进行对话时，如果视频里面的人物对话表达太明显，学生就会没有想象的空间和思考的动力。

2）以微视频为载体的课堂活动。观看视频前的活动。语言习得理论中的第二语言习得机制认为，学习者先前获得的相关知识有利于对语言的理解。因此，观看视频前，教师要给学生解释视频的背景知识，其中一个最有效的方法就是直接介绍背景，让学生猜测内容，由此引出不熟悉的生词，也可以让学生写一写相关的词汇。需要注意的是，观看视频时，教师要考虑到如何促进视频的效果。利用快进、后退播放和重播视频相关部分的时候，提醒学生注意知识性的信息、情节的发展和有特色的语言表达。观看时，让学生带着问题去观看。观看视频后，设计形式多样的活动进行对话练习，理解和掌握重要的语言知识，如小组讨论、角色扮演、写作和阅读训练等，以达到教学目标和学习目的。在整个课堂活动中，是否能让微视频为听说课教学提供优质的服务，教师起着决定性作用。

3）实践反思，巩固练习。教师通过反思课堂教学视频之后，根据学生课堂掌握学习状况，把课堂录像再进行加工和整理成单个的短小微视频，使之成为一个松散但相互连接的知识模块。把这些微型学习视频上传到移动资源库，借助一些社会性软件实现师生之间、生生之间交流与互动。学生可以选择微视频对课堂上没听懂的部分进行反复观看，查漏补缺，也可以对观看过的视频进行评论和交流。老师针对学生提交的信息给予及时反馈，激发学生更强的参与兴趣；对于有特殊或棘手问题的个别学生，可以通过邮件等方式单独进行交流，进行有针对性的指导学习。

(3) 基于微课的中职英语口语自主学习模式探索。

1）从明确教学目标出发设计微课。提高学生的口语交际能力是中职英语口语教学的主要目的。同时，随着现代信息技术的不断发展，我们已经进入微时代。微时代的到来给教育界带来了巨大的影响，打破了传统的网络教学模式，微课、微课教学就是这个时代的产物。因此，中职英语口语教学应紧紧围绕提高学生口语交际能力来精心设计微课资源，探索有效的微课教学模式，使学生积极、主动地参与口语课堂教学活动，正确、得体、有效地运用英语进行口语交际。

微课设计的关键点是创设情境，对教师而言，就是如何用最短的时间明确教学目标，如何用精辟的语言表达教学内容，如何用翻转的形式组织教学课堂。对学生而言，就是如何用最短的时间掌握重、难点及解决疑点问题。而中职英语口语教学必须在真实语境中进行，才能实现其目标。因此，教师在口语教学实践中，以口语交际为目标，可以构建具体的、各具特色的自主学习口语语境来提高学生自主学习能力及口语水平，如建构兴趣引导型、协作引导型、探究引导型的自主学习口语语境等。在兴趣引导型自主学习口语语境构建中，教师发布口语学习目标，学生根据学习目标与兴趣积极查找相关学习内容，主动设计口语活动，最终达到口语学习的目的；在协作引导型自主学习口语语境构建中，在教师的指导下，学生针对统一的口语学习内容，通过协作来共同完成预定的学习目标，激发学习动机，实现情感激励与学习互动，提高口语学习效果；在探究引导型自主学习口语语境构建中，教师先创设具体情境，引导学生主动融入口语学习环境，之后发布具体学习任务并进行驱动，学生自主选择适合自身情况的自主学习方法与策略完成学习任务，最后教师对学生的口语学习结果进行形成性评价与反馈，提高学生口语自主学习能力。

2) 从完成教学任务出发应用微课。中职英语口语是一门以提高学生的口语水平为教学任务的实践性课程。因此，理想的中职英语口语课堂应是交际性和任务性的有机结合，以学生为中心，融实用性、知识性、创新性和趣味性为一体，灵活运用各种现代教学技术手段，为学生创设相对真实的学习情景和大量互动交流的机会。要提高学生的口语交际能力，需要有效利用有关的微课资源。由于口语课时有限，教师在课堂上无法保证每个学生都有开口训练的机会。长此以往，导致学生形成"由不能张口到不愿张口，最终张不开口"的不良循环，失去学习英语口语的自信心。而口语微课主要是以移动学习或者在线学习等自主学习的方式呈现，既可以满足学生随时随地学习的需求，也可以帮助学生克服口头交流时的情感障碍，因此，教师可以将口语微课嵌入口语课堂，将微课充分应用在课前预习、课堂练习和课后复习等环节。通过应用口语微课，将课堂化整为零，及时解决学生在英语口语学习中的各种疑难问题，引导学生有效应用微课中的知识要点，反思与调整口语中的不足，提高口语水平。

3) 从提高学生自主学习能力出发，完善自主学习模式。中职英语口语课程的教学目标就是要培养学生的跨文化口语交际能力。中职英语口语作为公共课，很多时候需让位于学生的专业课。由于总课时有限，每周两节口语课时间很难保证学生口语能力达到口语教学目标。因此，中职英语口语教学必须重视口语学习策略与学生口语自主学习能力的培养。

根据当前中职学生喜好使用计算机、手机上网的特点，教师可以运用微课教学方式并结合各种网上交流手段，完善口语自主学习模式，有效提高学生的口语自主学习能力及口语水平。在课前，根据微课的特点，教师可以对口语教材进行模块化处理，每个模块对应一个知识点，之后根据知识点设计微课，还可以通过课程网站或自主学习平台发布口语学习任务、内容以及相关微课；而学生可以提前预习并自学微课。在课上，教师通过微课可以引导学生进行专项口语训练，并启发学生思考与创新，把语言形式放在交际语境中呈现与练习。在课后，教师、学生、小组等在网站或自主学习平台的反馈区可以及时评价每位学生的自主学习成果。同时，学生还可以通过微课复习口语学习内容，从而巩固自主学习效果。

综上所述，以微课为核心的中职英语口语自主学习模式"以学生为中心"，不受限于时间、空间，既方便又快捷，为学生提供随时随地随需的学习方式与学习资源，这种自主学习模式既有利于教师进行有针对性的辅导、帮助与监督，也有利于学生口语自主学习意识的增强与自主学习能力的提高。微时代的到来，推动了现代信息技术与中职英语口语教学的深度融合，既是未来教育的发展趋势，也是中职英语口语教学改革的发展方向。微课的迅速崛起为中职英语口语教学提供了新思路，尤其是为口语自主学习模式带来了深刻变革。

三、翻转课堂模式下的中职英语教育教学

（一）翻转课堂模式下的中职英语听说教育教学

随着中等职业教育快速发展，改变传统教学观念，提升学生主体性，提高课程教学有效性，是课改的核心目标和最终归宿。翻转课堂能够改变传统教学中"教为主"的陈旧观念，注重双主模式的共同作用，并能运用现代信息技术构建与优化课程资源，为学生自主学习提供丰富的课程资源。因此，翻转课堂是中职课改进行有效性教学的最佳途径之一。

翻转课堂是混合式教学中的特殊形态，在核心思想上，始终秉承了混合式学习中线上与线下的双向交互性在教学方式、理念、策略、评价等方面的全面渗透。在教学形式方面，大胆地将传统填鸭式教学进行了彻底颠覆，转变为课前知识传授和课堂知识内化，突显了学生为主体，同时教师的辅助作用也恰到好处。

翻转课堂的模式已层出不穷，各具特色，虽应用于不同领域范畴，效果也不尽相同，但深入分析表明，以人为本是首要核心，时刻紧跟信息化时代的技术脚步，转化新课程理念下师生的角色观，坚定不移地进行课程改革，才能打造出新教育理论下的教育之路。翻转课堂是指重新调整课堂内外的时间，将学习的决定权从教师转移给学生，在这种教学模式下，在课堂内的宝贵时间中，学生能够更专注于主动的基于项目的学习，共同研究解决本地化或全球化的挑战以及其他现实世界面临的问题，从而获得更深层次的理解。教师不再占用课堂的时间来讲授信息，这些信息需要学生在课前通过自主学习完成，可以看视频、听讲座、听播客、阅读电子书，还能在网络上与其他同学讨论，查阅需要的材料，教师也能有更多的时间与每个人交流。在课后，学生自主规划学习内容，学习节奏、风格和呈现知识的方式，教师则采用讲授法和协作法来满足学生的需要和促成他们的个性化学习，目标是让学生通过实践获得更真实的知识。

翻转课堂模式是大教育运动的一部分,与混合式学习、探究性学习等教学方法在含义上有所重叠,都是为了让学生学习更加灵活、主动,让学生的参与度更强。翻转课堂模式一般被称为翻转课堂式教学模式。传统的教学模式是教师在课堂上讲课,布置家庭作业,学生回家练习。与传统的课堂教学模式不同,在翻转课堂式教学模式下,学生在家完成知识的学习,而课堂变成了教师与学生之间和学生与学生之间互动的场所,包括答疑解惑、知识的运用等,从而达到更好的教育效果。互联网的普及和计算机技术在教育领域的应用,使翻转课堂式教学模式变得可行和现实,学生可以通过互联网使用优质的教育资源,不再单纯依赖授课教师去教授知识。而课堂和教师的角色则发生了变化,教师更多的责任是理解学生的问题和引导学生运用知识。

1. 翻转课堂教学的特征

(1) 教学视频短小精悍。不论是萨尔曼·汗的数学辅导视频,还是乔纳森·伯尔曼和亚伦·萨姆斯的化学教学视频,一个共同的特点就是短小精悍,大多数视频都只有数分钟时间,比较长的视频也只有十几分钟。因此,教学视频也应该短小精悍,每一个视频都针对一个特定问题,有较强的针对性,查找起来也比较方便。视频的长度控制在学生注意力比较集中的时间范围内,符合学生的身心发展特征。通过网络发布的视频,具有暂停、回放等多种功能,可以由学生自己控制,有利于学生的自主学习。

(2) 重新建构学习流程。通常而言,学生的学习过程由两个阶段组成:第一阶段是信息传递,是通过教师和学生、学生和学生之间的互动来实现的;第二个阶段是吸收内化,是在课后由学生完成的。由于缺少教师的支持和同伴的帮助,吸收内化阶段常常会让学生感到挫败,丧失学习的动力和成就感。翻转课堂对学生的学习过程进行了重构。信息传递是学生在课前进行的,教师不仅提供视频,还可以提供在线的辅导;吸收内化是在课堂上通过互动完成的,教师能够提前了解学生的学习困难,在课堂上给予有效的辅导,同学之间的相互交流更有助于促进知识的吸收内化过程。

(3) 复习检测方便、快捷。学生观看了教学视频之后,是否理解学习的内容,视频后面的4~5个小问题可以帮助学生及时进行检测,并对学习情况作出判断。如果发现问题回答得不好,学生可以再看一遍,仔细思考哪些方面出了问题。学生对问题的回答情况,能够及时通过云平台进行汇总处理,帮助教师了解学生的学习状况。教学视频的另外一个优点,就是便于学生一段时间学习之后的复习和巩固。评价技术的跟进,使得学生学习的相关环节能够得到实证性的资料,有利于教师真正了解学生。

2. 翻转课堂模式下中职英语听说教育教学的意义

翻转课堂使课堂这一教学主阵地发生了功能性改变，课堂不再是用来获取信息，而是促进知识的内化和应用的；课堂不再是灌输的过程，而是生成的过程。

（1）翻转课堂回归了学生的学习主体地位。在传统教学中，"学与怎样学"完全由教师掌控，学生只能跟着教师亦步亦趋。翻转课堂模式下，学生课前根据老师给出的话题，结合自己的情况，借助计算机、学校局域网、教学配套光盘、智能手机等，提前获取输入一定信息，做到先学。课上以学生间的交流互动为主，教师针对出现的问题适当地加以指点，实现"以学定教"。简而言之，翻转课堂式的听说课，教师要备课，学生也要备课。学生课前备足了课，做到上课有备而来，课上人人参与，"听得懂，说得出"；课后有反思、有巩固、有升华。这样的听说课才实至名归，才会有助于学生听说能力的发展提高。

（2）翻转课堂为群体教育的课堂教学提供了多样性、个性化的学习渠道。在传统教学中，由于教学进度的限制，学生必须"齐步走"，对分属不同情况的学生无法进行不同内容、不同要求的教学。同时，统一标准的测评结果很难反映、体现不同水平的学习者付出的努力，这无疑打击了学生努力的积极性。数字教育时代的翻转课堂，不仅为学生提供了反复学习同一内容的可能性，还提供了个性化、不受时间地点限制的学习渠道。

（3）翻转课堂充分利用数字时代丰富多样的学习资源。学习从室内扩展到室外，从学校转移到家庭、社区、博物馆，甚至是飞驰的交通工具；学习内容不仅仅局限于教材内容、教辅资料，社交网站、专题网站等提供的英语影视剧、英语新闻、学术报告、国际会议等，都成为学生获取知识的工具和平台。

3. 翻转课堂模式下中职英语听说教育教学的实践

（1）翻转课堂模式下中职英语听说教育教学环节。翻转式听说课的"课前—课上—课后"教学三环节中，师生双方的任务具体、明确，且重点、功能鲜明。关键是学生课前自我搜取输入充足信息，核心是课堂由传统的教师传递信息转换为学生间交流课前信息以达到吸收内化的功效。课前，教师确定话题或主题后，至少提前一周告知学生，并根据学生层级水平，给出有梯度的从基本要求到较高要求的课前自主学习指南和课后评价标准。拿到话题或主题后，学生可自愿结组，人数限定为2~6人，不同主题可与不同同学结组。小组结定后，围绕老师设定的主题确定本组要呈现的内容。之后进入信息采集环节，利用图书馆、数字媒体搜集筛选信息。下一步进入信息编辑阶段，可利用数字媒体技术将筛选出的信息编辑制作成PPT课件或音频、视频短片，可编排短剧表演，可开展小组间辩论，或设计不偏离主题的游戏等，形式不拘一格。

翻转式的听说教学把课堂当作学生展示的舞台，当作学生英语听说的练兵场，具体包括三个步骤：①以小组为单位，把本组课前准备的作品逐一展示；②小组成对互动交流，由教师根据各组所展示内容安排；③班级问答、组代表总结陈述、教师点评。由此可见，翻转式听说课堂以学生为主体，着眼并落脚于学生间的互动，教师是组织者、指导者，是配角、陪练。课后，教师及时评价反馈，积极反思课上不足。学生有两项任务：一是必选的书面文字任务，即围绕本次主题写一篇500字左右的作文，或者把课上展示的内容整理成文字；二是有可选任务参照对比组展示的内容和呈现形式，结合教师的点评，修改、补充、完善自己的作品。翻转式听说课堂好比学生听说实战演习的练兵场，将从"做中学"落到实处，印证了"英语能力不是教出来的，是练出来的"。

（2）翻转课堂模式下中职英语听说教育教学对策。

1）提升教师能力的对策。

第一，转换教师角色，达到身份认同。翻转课堂对教师提出了新的挑战，教师的角色与能力是翻转课堂成功的关键。传统教师是知识的传授者，从身份视角出发，教师处于主要地位。而翻转课堂中的教师角色却要丰富很多，从单纯的知识传授者要分解为课前资源的创造者、技术领域的指导者、课堂活动的调节者、知识交流的同伴、课后反馈的评价者、心理交互的朋友等多种角色。面对多种角色，教师要达到身份认同，才能在教学活动中将自身价值发挥得淋漓尽致，真正成为课堂中的"导演"，为学生创造情境化的学习氛围，引导他们全身心地投入自己演绎的学习角色。因此，教师要付出比传统教学更多的精力，去悉心观察、记录课外、课上学生的表现与反馈，洞察学生心理结构的变化，针对差异调整教学模式，促进"教"与"学"的高效发展。当然，这离不开教师对学生的观察与了解，更离不开教师自身的专业素养和不断学习的精神。因此，身份认同是一种追求，更是角色转换的动力源泉。

第二，实施阶段培训，提高教师的专业发展。翻转课堂虽然将主体从教师转向学生，可教师的主体性是不容忽略的。课前教学资源是否准备得充分与完整，完全决定学生的学习效果。对翻转课堂有所了解的学者，都了解翻转课堂中教师拥有多重角色，若仍采取传统的备案流程是远远不够的，这意味着教师要重新学习很多东西，如视频的录制、剪辑与配音，内容的编制、时间的限制，表达语速的调整，学习方法的渗透及互动的设置等等都需要精心策划与不断融合，是一项较复杂的工作。所以，面对新的教学方式与环境，教师必须进行专业培训，如翻转理念的培训、软件使用的培训、教学资源的培训、组织管理的培训等等。同时还要配备一定的师资力量，因为要想将新课改认真地落实下去，一门课程只依靠一个教师是不现实的，需要增加助教，按角色适当地分配教师职责。当然培训形式可以有多种，如利用假期进行校本培训，或走出去进行校外学习。除此之外，还有专家会议、典型应用实例等都可以借鉴学习。因此，教师要拥有以投身于教学的热情去利用更多机会，提高综合素养。

第三，师生合作，促进教学相长。鉴于中职学生合作意识、实践欲望强的特点，师生合作是一种有意义的促进方式。翻转课堂可以从三个方面建立合作：①教师与组长共同参与编写学案，根据反馈信息判断任务的难度与量度，设置合理的任务表单与目标测试题，制定比较完善的学习方案。②课堂展示实施知识共享机制，积极采纳每个学生的主观意见，不立即否定。分析学生的理解视角，判断其合理性，进行协商，最终提出中肯的意见。③师生互评，不但可以让学生认识到自己的优势与不足，而且能够促进教学相长，实现共同发展。

2）提升学习能力的对策。

第一，关注学生非智力因素，培养良好的学习习惯。传统教育思想过于强调智力因素，用智力因素评价学生，致使学生的非智力发展逐渐淡化。非智力因素是智慧行为的必要组成部分，非智力因素不能代替智力因素的各种基本能力，但对智力起制约作用。因此，非智力因素的发展不仅是中职教育中的关键目标，而且可以长期促进学生形成良好的学习习惯。

针对中职学生格外突出的学科知识竞争意识、主动性逐渐弱化的问题，提出四个方面策略：①利用情感教育方式增加师生交流，疏导学生心理的冲突，多开导、多鼓励，让学生获得心理上的幸福与依靠，使意志更加坚强，敢于知难而上；②改进课堂组织方式，利用组间竞赛、组内组长责任轮换制的策略，增强学生自身的责任感，激发竞争意识，培养学习的热情；③实践方面多增设模拟情境演练与典型示范，为学生提供感情交流的机会，体验到集体乐趣、思维灵感，巩固兴趣；④积极开展心理健康辅导活动，增强学生的自我认同感，并教导学生学会心理调控，密切联系实践，建立正确的人生观与价值观。

第二，利用发展性评价，增强学习信心。所谓发展，指的是教学评价要改变统一的过分强调评价的甄别与选择的功能，而发挥其促进学生发展和教师教学的功能，尤其要实施新课程改革"一切为了学生发展"的核心理念。《基础教育课程改革发展纲要（试行）》强调"建立促进学生全面发展的评价体系。评价不仅要关注学生的学业成绩，而且要发现和发展学生多方面的潜能，了解学生在原有水平上的发展"。

因此，教师对学生的评价要注重学生未来的发展，而不是仅限于学生的眼前状态，应学会激发学生的潜力与信心：①教师要有意识地发现每个学生自身的个人魅力与优势特征，学会接受个体差异，因材施教；②在面对学生的自卑或自负情绪时，多以正面引导，使学生向良性的方向发展；③在常态教学中的考核方法上，要特别注意评价的目的应具有发展性，采用多元评价，从"知识主导型考核"转向"知识、能力、素质协调发展型评价"，由"有限时空和单一方式考核"转向"'1+X'的开放时空和结构化灵活考核"。

3）优化教学模式的对策。

第一，优化学习支持服务，提供自助式学习。自助式学习服务一方面增加了学习路径的指导性；另一方面提升了学生的主体意识。

在学习平台上开辟学习资源专区，教师可以提供多样化的资源，包括学科特点介绍、课程大纲计划、微视频、学案、目标测试题、典型案例及案例分析方法、配套的精品课程视频等供学生自主选择。其中，微视频要精心制作，知识容量量化，每个主题以项目驱动的形式引入，并录制成5~15分钟的短视频，配有难易度适中的习题测验，使学习与测验同步。

设置技术指导区，提供动画呈现的学习方法指导、软件安装与使用方法、常出现的软件故障解决方案等，拓宽技术服务领域。还要设置作品展示区，把比较优秀的作品或解决方法展示在平台上供大家欣赏，鼓励学生出谋划策；创设不同的情景，增加学生的好奇心与求知欲，体验学习的灵活性。这种自主式的环境，为学生的自主学习提供了快捷、便利的服务。

第二，调整教学计划，加强实践操作。翻转课堂的实践操作课时分配不足是课改中的问题之一。数据库课程是理论兼实践的专业技术课，缺少实践相当于纸上谈兵。

为将学生尽量置身于职场实践中，应作出以下调整：①改变教学计划，在时间上要充分满足实践课需要，将自主探究阶段的1个课时增加为2个课时。②调整师生间的行为用时分配。原计划中的时间学生占大部分，我们会发现部分学生在实践中仍会出现找不到头绪的现象，因此，教师适当地指导与点拨是必要的，所以在发生的行为比例上采取教师占1/4，剩余为学生准备。③给予学生阶段性的典型案例尝试，强化操作，巩固知识的连贯性，注重知识的累积与复习，为熟练的知识成果打好基础。

第三，充分利用学校资源，建设校本资源。翻转课堂与传统课堂的区别除了师生角色的颠覆，还有重要的一点是资源形式的彻底革新。传统资源的知识构成过多地依赖于课本教材，知识的连贯性有时很是牵强，而且内容的广度、深度、难度分配不合理，是否适宜于每个学校是存在质疑的。而翻转课堂中的教学资源是以教材为参考，网络资源是必选资源。同时，知识点是教师根据学情、学校资源、教师能力等现状自行编制而成，实用性强。因此，建设校本资源是翻转课堂落实到位的长久之计，优势之一就是适用性强，便于实时改进。另外，翻转课堂借助网络学习平台作为支撑，有利于校本资源电子库的建设，也方便存储与转移，此外，校本资源便于分享与留传，对于其他课程的借鉴与学习是非常有帮助的。其编制可以包含多种形式，可以由教师和助教合作完成，也可以包含学生的参与，以致校本资源更加全面和实用。

（二）翻转课堂模式下的中职英语写作教育教学

信息技术的飞速发展不断为中职英语教学改革注入动力，翻转课堂随之应运而生，这一教学理念作为教育界的新浪潮，挑战了传统的教学理念与手段，提倡构建一个深度的知识课堂，翻转了师生角色重心，强调以学生为中心的课堂教学重构。在翻转课堂中，教学的主角是学生，理论知识的学习转移到课前，学生通过课前学习资源来完成知识建构，课中讨论交流来内化知识，课后通过自我反思、总结来升华知识，这种新型的教学方式对于中职学校商务英语写作课程的变革是一种全新的尝试，但如何使教学实现真正意义上的成功翻转，已经成为目前大家关注的主要问题。

1. 翻转课堂模式下的中职英语写作教育教学原则

（1）主体性原则。翻转课堂的教学核心思想是"先学后教，以学定教"，教学理念是以"学生为中心"。学生在传统课堂中是知识的被动接受者，而翻转课堂教学倡导以学习者为中心，知识的获取是学习者主动建构的过程。学生的主体性，一方面表现在课前自主学习，学生根据原有知识与新知识结合，逐渐获取新知识的意义建构；另一方面体现在课中交流、讨论，课堂上教师发挥引导组织的作用，学生之间相互交流课前学习情况，解决疑惑，相互评价学习，发挥学生的主体作用，这个过程既锻炼了语言表达能力、总结概括能力，又加强了学生之间的合作意识。中职英语写作课程坚持以学生为主体，课堂学习不能是单纯的讲授式教学，在教学过程中要培养学生实际的写作技能，不能只是单向灌输写作理论知识。翻转课堂符合建构主义的"主动建构"与"有意义建构"的理论，有利于学生掌握写作技能。

（2）个别化原则。差异大是中职学生存在的另一大特点。因此除了小组协作学习之外，教师还必须对学习基础薄弱的学生给予一定的学习支持，实行个别化指导。中职英语课程是我国职业教育的重要组成部分，这门课程的教学目标首先是要培养能熟练使用英语从事涉外商务活动的学生。教学要让学生"学一点，会一点，用一点"，突出实际技能的培养，使学生在了解英语写作基础知识的同时，通过模仿、套用模板进行练习和有针对性的习题训练，使学生在潜移默化的实践过程中，获得运用书面英语表达思想和传递信息的能力，这对于基础特别差的学习基础薄弱的学生而言尤其重要，对这部分学生的习作，教师可以手动批改，对学生的薄弱地方进行重点讲解和训练，以激发学习者的学习动力，提高学习者的自信心和成就感。通过写作实践，学生能真正做到融会贯通、举一反三、得心应手，提高实际写作能力。

（3）评价方式多元化原则。中职英语写作课程的独特性要求教学评价应以过程性评价为主，英语翻转课堂教学评价应多元化。多元化评价分为教师评价、学生评价、网络自动修改评价。在教学过程中，教师对学习者的知识掌握情况给予及时、准确的评价，根据课程内容和评价量表规定的要求，采用自评、小组互评和师生互评等多元评价方式，全面、客观地评价学习者的学习情况。学习者根据评价信息，及时调整学习。

2. 翻转课堂模式下的中职英语写作教育教学设计

以中职商务英语写作为例，中职商务英语写作是中职学校应用英语专业的一门专业核心课程，通过学习本课程，可以提高学生的英语书写能力、表达能力。通过课程的学习，学习者不仅要掌握基础的理论知识，还要培养分析问题、解决问题的能力和职业技能，根据岗位的需求和要求撰写英文书信。中职学校商务英语写作课程在传统的教学中存在一些不足，对于这些问题，如何改变当前教学方式的不足，开展更好的教学活动，是我们需要解决的问题。因此，我们可以借助信息技术、教育技术领域的新成果，革新传统教学方式带来的弊端。翻转课堂作为一种全新的教学理念，其有效的探索途径与具体的学科课程相结合。

（1）教学内容分析。翻转课堂教学内容分析是一个很重要的环节，教师必须依据学习者的能力和先学后教理论，设计哪些内容适合课前自主学习，哪些内容需要课堂通过深层次吸收内化。中职商务英语写作课程兼具理论性与实践性的特点，该门课程要求学生能够有条理地组织商务信息，起草规范得体、条理清晰的商务文书。教学内容既涉及商务信函写作的相关理论知识，也包含写作技能的应用。在翻转课堂教学中，商务信函写作的相关理论知识可以以视频资料的形式呈现给学生，对于写作技能的应用，在课堂中指导学生进行交流、沟通；将理论知识与实践知识联系起来，活化处理教材，灵活安排教学顺序，明确教学重难点。

1）教学内容的选择。知识类型分为事实性知识和程序性知识，一个解答"是什么"，一个解答"怎样做"。中职学校教师在选择教学内容的时候需要更注重选择解答"怎么做"的知识，促使学生逐渐认识到获取知识、加工知识、交流知识、内化知识的过程就是学习的过程，还应注重学生包括心得总结或成功失败的经验总结这些隐性知识内容设计方面的传递。教师选择的教材、学习的材料和讨论的主题要与社会需要衔接。

2）对知识进行重构。知识的重构要根据典型的工作任务设计真实的教学情景，将学习内容转变为工作内容，学习情景转变为工作情景。在重构过程中，要避免以工作任务为参照，重新剪裁，使得知识覆盖面变得狭窄。通过从相关企事业单位寻找具有典范性、实用性、趣味性的写作任务，尝试改造任务，浅进深出，实现学生写作能力的迁移，根据学习内容确定任务的大小。最后，明确课程内容作为取得教学结果的手段，在《商务英语写作》翻转课堂学习内容设计时，要根据教学目标选定具有代表性的学习任务，在初步得到学习内容后，需进行挑选、重新构造，进而得到本课程的教学内容。

（2）教学目标分析。有效的教学始于准确地知道需要达到的目标是怎样的。教学目标的确定是教师对学生要达到的学习效果或者最终行为的明确表述，对教师教学实践活动具有导向作用，可以将认知领域的教育目标分为 6 个层级：知道、理解、应用、分析、评价、创造。然而，中等职业教学不光是保证学生能按时顺利毕业，更重要的是为社会输送合格的创造型人才，使他们能适应新的环境。学习者要具有独自创造能力，而且可以在时机不成熟的情况下执行相关任务，做到自主把控，这就要求我们以培养学生自主学习能力、语言表达能力、分析并解决问题的能力为主。根据职业能力划分法，将职业能力分为专业能力、方法能力、社会能力，然而在传统的单一教学方式下是不可能实现这些能力的，因此，我们提出了翻转课堂教学模式。在教学实践中，教师需要将教学目标逐层细化，以便使教学目标具有可测性和操作性。在翻转课堂教学中，教学目标设置要根据课程目标，分析透彻、明了。

因此，商务英语写作翻转课堂的教学目标定位，是掌握商务英语写作的理论知识，掌握商务英语写作要点，熟练掌握专业相关各类文体的写作方法。在学习过程中，教师要注重培养学生的基础能力，如获取信息、分析信息、加工信息的能力，树立解决问题的能力，培养认真务实、精益求精的求知态度，并学会使用网络进行学习的基本方法，形成自主学习的能力。因此根据需要，确定学生的知识目标、能力目标、素质目标，具体要求如下：

1）知识目标。知识目标是知识与技能目标，是中职商务英语写作课程中教学目标的基础部分，包含掌握商务英语写作的概念与写作过程，掌握商务英语写作普通商务类写作的特点与写作要点，掌握特殊商务类写作概念、特点与写作要点。

2）能力目标。能力目标是知识目标的补充，对学习而言需具备更高层次的要求。能力目标要求学生能够分析并根据相关的情景撰写相应类型文章；培养并提高学生的探究能力、自主学习能力、相互协作能力；能够清晰地表达自己的思想，与同学、教师流畅地沟通；能掌握网络学习的基本方法。

3）素质目标。素质目标是教学目标中最高层次的要求，要求学生能明确职业岗位技能需求，提升职业能力，树立良好的道德观念和社会意识；要求学生具有良好的语言表达能力，良好的工作态度和无私的工作精神；与同学、教师能和谐相处、相互帮助，具有协作精神；能够对同学、团队和自己作出正确、合理的评价。

4）学习资源开发。翻转课堂教学能否顺利进行，学习资源是一个非常重要的环节。教师课前依据教学目标要求，搜集、制作、整理学习视频、教学课件、音频、图片、网络链接以及课前针对性练习等，为学生的自主学习提供支持。

（3）教学环境的支持。开展翻转课堂需要多媒体教室作为硬件教学环境，因为多媒体教室一般配置有多媒体计算机、大屏幕的投影设备，教师和学习者可以通过网络互联的计算机实现师生、学生之间的交流与合作，为学习者与学习小组之间更加方便的协作学习提供硬件支持。

1）学生准备。学生首先应该做好充分的心理准备，对教学活动的内容和要求进行充分理解和把握，积极配合教学活动，加强活动的参与性；其次，根据课程的要求做好充分的预习，为写作活动准备充分的材料和知识内容。根据翻转课堂的教学理念，课前需开展知识传授，学习者通过观看教学视频完成知识的传授，即学生利用课余时间在家中或学校掌握学习内容和方法，进而观看相关教学视频和课件，完成对基本知识点的掌握。看完视频对知识点有了初步了解后，学习者需进入试题测试模块，不仅可以考查学习者对知识点的掌握情况，还可发现学习过程中的知识盲点。而自学中遇到的疑难点则可以到课堂上寻求帮助解决。除此之外，学习者还可以通过社交软件与同学进行沟通交流，分享学习的经验，也可以解答疑难问题。

2）课中知识内化。中职英语写作课程要求学生能够有条理地组织需要传递的商务信息，写出行文规范得体、条理清晰的商务文书，最大限度地利用商务交流中的理解和技巧，建立有效的沟通渠道。要达到此目标，首先需要提高学生对于写作课的兴趣，只有学生的学习兴趣提高了，学生才会深入课程的学习；其次，若要使学生能够写作，必须保证学生有足够的写作练习。在教师的帮助和引导下，小组协作完成学习任务，体验成功。除此之外，教师在设计任务时需要结合中职职业技术能力的培养目标。

因此，教师在设计教学任务时要注意：①教师应结合企业实际提出工作任务，让学生根据已学知识进行操作，检查学生现有的工作能力。在试练的同时，提出一些辅助的交际活动来加深其对任务的理解。②先要了解学习者的学习特点、事物认知水平、兴趣爱好，才能有针对性地、循序渐进地设计任务。③要更加注重隐性知识的传递，如思想、品德等方面的教育。④任务设计要循序渐进，不断提升。交际活动的设计以提出相关问题供小组讨论为主，也可以设计角色扮演、自我陈述等互动性比较强的活动，培养学生的交际能力、沟通能力、分析问题能力和团队合作能力等综合素质。

任务驱动教学一般包括任务提出、任务进行、任务完成、成果展示与评价，具体如下：

第一，任务提出，目标明确。任务驱动教学中的核心是任务。任务提出是一堂课的关键，任务的提出必须以当前的知识点为基础，且与学生未来工作岗位所需职业技能相关，引导学生通过掌握该知识点解决面临的实际工作任务。在提出任务的时候，需要为学生创设情境，学生在具体情境中完成任务，激发学生的学习兴趣和积极性，对教师的学习任务更有兴趣。教师依据学生自主学习完成练习的情况，了解学生自主学习效果，总结学生观看视频、完成练习的自学过程中存在的问题，并设计出一些有意义、有价值的探究性问题。学生根据教师的检测结果，反思自己对新学内容还存在哪些不懂的地方，做好笔记，从而提出相应的疑惑。

第二，小组形成，主题讨论。小组在接收到情景任务之后，以讨论交流的形式对任务进行解析和探究，分析解决任务的方法和步骤，按要求进入小组合作学习。

第三，任务进行，监管辅助。在教师的指导和帮助下，协助学生制定解决任务的方案、计划，小组成员根据具体分工以及任务解决方案，查阅资料和图书、探讨疑难问题、信息加工、分析问题等。在小组的协作学习过程中，教师要给予适度的引导并及时提供帮助，坚持进度和过程监督，并在观察后给出学习评价，学生则需要找准任务的知识点，把握解决任务的途径，开始创作作品，在小组协作学习的过程中教师观察和监督小组学习效果，在小组需要帮助时给予适当的帮助，以及收集学生在协作探究的过程中产生的问题，可将问题放到课堂中统一讲解或者针对性地解答。然后，学生在小组内不断地进行完善修改写作成果，保证能够圆满地完成小组任务。

第四，任务完成，成果展示。小组任务完成后，教师针对收集的问题和课堂中较为复杂的学习内容设计一些协作学习活动，例如，小组内既需要学生进行独立思考，又需要参与团队讨论、配合团队完成共同的任务，同时分享观点、互帮互助，做到知识、资源、信息的共享，达成一定的共识。小组的成果要全体同学和教师分享其写作成果和过程，最好可以选择书面形式。根据教师提供的指标评价体系，通过小组内评价、小组间评价和教师评价等方式开展评价。在小组代表汇报的过程中，引导学生向教师提问、学生之间提问、教师向学生提问，交流在完成任务过程中学生遇到的问题、解决问题的方法和积累的经验，从而通过头脑风暴方法，激发学生积极地思考问题，鼓励学生积极参与问题讨论，勇于表达见解，培养学生语言表达能力。汇报完毕后，教师需给予学生修正意见，并根据自己掌握的情况对学生的学习过程和成果进行总结性评价。

（4）课后升华阶段。通过课前的知识了解和内容明确、课堂活动的知识内化，学生已经基本理解并掌握该课程的大部分知识点。但由于有限的时间，并不能将知识进行系统性的构建，缺乏与现实工作之间的联系，尚不能指导工作。因此，要想真正地将知识内化为自身素质，学生不仅仅需要掌握足够的理论知识和写作技能，还要将这些知识、技能内化为学生的个人能力，在现实工作中能以此分析问题、解决问题。知其然，更要知其所以然，知识还要掌握怎么使用才更有效合理。知识不是仅仅理解概念层面的意义，而是要在理解其本意的基础上，有选择地学习内容，并与学习者本身已有的认知进行结构碰撞、融合，将众多认知结构进行重构和关联，把获得的新知识迁移到新的情境中，独立整理出操作方法和执行方案，以解决实际问题。需要注意的是，教师依据课堂反馈的信息，对学生的学习效果进行总结和教学反思，分析翻转课堂教学实践中存在的问题，思考如何才能改进翻转课堂教学效果。

第四节 "互联网+"背景下中职计算机教育教学

现代社会背景下，随着计算机技术的发展和运用，中职计算机教育需要迎合时代发展的需要，引入全新的教学机制，符合"互联网+"时代的要求，分析当前教学中存在的问题和局限性，提升中职学生的专业实践能力，为其未来的职业发展奠定良好的基础。随着信息化时代的不断推进，信息技术得到了充分的改革与发展，"互联网+"逐渐为各行各业所熟知，但是在实际的中职计算机的教学过程中，互联网技术还未得到最大程度的应用，这对中职计算机教学的快速发展造成了阻碍。

互联网技术为教育领域带来了巨大的变革，所以中职计算机教学也需要顺应历史发展的潮流，对教学进行不断反思与探究，只有这样才能推动中职计算机教育事业的进步。

一、"互联网+"背景下中职计算机教育教学特征

(一) 互联网技术成为教学的基础内容

在"互联网+"背景下,想要保证中职计算机教学的高效,"就必须在教学过程中逐渐将信息技术以及网络技术与计算机教学进行有效融合,特别是要将互联网技术作为教学工作的基础内容。"[1] 因此,中职计算机教师在教学过程中可以通过应用先进的精细化技术,使教学的趣味性得到不断提高,在教学过程中充分发挥互联网技术的优势,为学生营造一个更好的教学环境,逐步提升学生对计算机学习的兴趣,只有这样才能够使学生积极主动地参与到学习过程中,从而有效提升学生学习的主动性。需要注意的是,学生通过不断加强对自我学习能力的认知,对完善学生的学习系统以及提高学生的学习能力都有着重要作用。

(二) 中职计算机教学内容更加丰富

在"互联网+"背景下进行中职学生的计算机教学,教师可以将丰富多样的网络内容与计算机教学进行充分融合,从而保证计算机教学内容变得多元化,进而改变传统教学内容的表现形式。通过互联网技术的应用,实现将教学内容以视频和动画的形式对学生进行展现,不但有助于提升学生对教学内容的兴趣,同时还可以降低学生对计算机教学内容的理解难度,从而保证学生对教学信息的快速获取,使学生的学习有效性得到快速提升。通过互联网技术的应用,合作学习法、任务探究法以及情景设定教学法等教学方法的应用变得更加容易。

二、"互联网+"背景下中职计算机教育教学措施

(一) 实现资源整合,发挥互联网教育优势

随着课程改革的不断深入以及互联网技术的不断变革与完善,在"互联网+"背景下中职计算机教学发生了新的变化,在中职计算机教学中应用混合式教学是社会发展的必然选择。混合式教学就是指教师在教学过程中,通过充分利用互联网技术,使学生能够不断通

---

[1] 王雄."互联网+"背景下中职计算机教学的反思探索 [J]. 中国新通信, 2021, 23 (23): 69.

过自主学习了解各种信息化技术，并且通过不断的自主探究，找出适合自身的学习方式以及学习方法，让学生的学习主动性以及创新思维能力都能够在这种教学方式下得到充分的提升，这就需要教师在教学中熟练运用各种科技手段以及利用各种新媒体平台，从而推动中职计算机教学改革的进程。

例如，教师在实际的教学过程中，可以通过微信公众号或者各种网络小程序以及各种公开课学习平台，让学生进行学习视频的观看。在学生的学习过程中，教师要加强与学生的互动，通过这种互动激发学生的学习兴趣。同时，学生通过网络平台学习知识，有助于拓宽学生的知识获取渠道，对学生知识的吸收也有着重要作用，实现对学生的高效教学。中职学校在进行学生的教学过程中，要做到从当下计算机技术的发展水平出发，不断改善现有的教学环境以及教学设备，对中职学校的计算机教学资源库进行不断扩充，只有通过不断丰富中职学校计算机教学的软件建设以及硬件条件，才能有效激发学生的学习热情以及对知识的探究欲望，进而满足"互联网+"背景下对中职计算机教学的要求。

（二）促进课程融合，提高教育教学有效性

在中职学生的计算机教学过程中，想要改变理念落后以及知识结构不完善的问题，就需要中职计算机教师加强对教学思路的梳理工作，做到教学工作与当前的信息网络技术发展保持一致。这就要求教师在教学过程中，一定要对先进的教学知识进行拆分，有助于学生对知识的理解，同时通过现有理论知识的高效应用，引导学生对最新技术的探索，为社会培养更多掌握先进技术的高端计算机人才。教师还需要对原有的教学体系以及教学内容进行改革，做到与时俱进，充分掌握时代发展的方向和计算机技术的发展趋势，通过大数据技术的应用，掌握社会对计算机人才的最新要求，而且要做到从社会要求出发，对计算机学生进行有针对性的培养，提升计算机人才的创新能力以及专业技术水平。

只有将社会最新理念和教学工作不断融合，才能够保证学生能力与社会发展需求保持一致，从而促进中职计算机教学事业的蓬勃发展。

（三）进行课程设置，优化教育教学评价方式

在进行学生的能力评价过程中，由于评价人员立场不同以及看待事物的角度不同，会对学生的评价结果造成较大的影响，为了满足"互联网+"背景下中职计算机教育的最新要求，对原有的评价方式进行优化，使评价方法更加的丰富多样，这就要求在中职计算机学生的能力考核过程中，不仅要注重对计算机学生理论知识的考核，还需要做到从社会需求

出发，对学生的课堂表现、创新能力以及综合素养等内容进行考核，只有这样才能够保证学生的全面发展。这也要求教师在实际的教学中除了对学生的知识理解能力以及基础掌握能力进行考查外，还需要加强对学生问题解决能力的考查，使学生的理论知识、技术水平、实际操作能力以及创新思维等方面都能得到有效提升，从而满足社会对学生的全面要求。

（四）加强实践练习，培养社会型计算机人才

在当今中职计算机学生就业压力明显增加的情况下，为了有效解决中职计算机学生就业困难的问题，需要转变中职计算机教学过程中单一的人才培养模式，注重培养实用型的计算机人才，从计算机领域人才需求出发，提升计算机学生社会实践能力。所以就需要中职学校在进行计算机人才的培养过程中，以实践作为学生能力培养的重要方向，学生逐渐向社会型人才方向转变，也需要中职学校加强与校外组织的联系，充分发挥校企合作能力，要求教师去计算机企业进行学习交流，同时也可以邀请社会中优秀的计算机企业员工对中职计算机学生进行培训。通过社会优秀人才对计算机学生的技术培训以及理论指导，可以有效提升学生的社会实践能力。

另外，中职学校还需要与校外企业加强合作，为学生建立更多的实训基地以及实习场所，从而达到合作共赢的局面：一方面可以通过学生的实训提高学生的技能水平以及实践能力；另一方面学校也可以为合作企业源源不断地输送计算机人才，还可以有效解决学生的就业问题。

综上所述，随着信息技术的不断改革与发展以及互联网技术的不断普及，"互联网+"行动计划进程也在不断推进，这也让计算机网络技术在各个领域的发展展现出愈加重要的作用，这就需要在中职计算机教学过程中，一定要改变传统的人才培养模式，使学生能够适应社会发展的需求，只有这样才能够有效解决中职计算机学生的就业问题。

第五章 "互联网+"背景下中职学科实践教育教学

第一节 "互联网+"背景下中职市场营销教育教学

一、"互联网+"背景下中职市场营销教育教学的意义

第一，契合时代发展步伐。"互联网+"时代，开放式教育理念开始在教学中渗透。由于互联网技术的高速发展，许多新的教育工具问世，并被广泛地运用到课堂教学中。"互联网+"背景下，师生可以在各种技术的帮助下实现即时互动交流。学生可及时与教师沟通，向教师请教问题。教师能提高课堂教学内容的丰富性与趣味性，调动学生学习的主观能动性。

第二，互联网和市场营销之间联系密切。由于互联网技术的发展，现阶段大部分企业在举办市场营销活动时往往会采用新生媒介。通过使用精准、便捷、灵活的营销方式，企业能获得更为可观的营销效果。就这个角度上而言，在中职市场营销课程的教学过程中融入"互联网+"思维，列举成功的市场营销案例，向学生呈现直观性强的市场营销课程内容，不仅有利于提升学生的职业能力，还有利于促进这一课程教学的发展。

第三，有利于促进市场营销课程的优化改革。在高速发展的互联网技术的推动下，市场营销方式发生了巨大变革。引导学生了解并掌握"互联网+"背景下市场营销技巧与思路已成为现阶段中职市场营销课程教学的一大核心目标。当前，我国中职市场营销教师必须要思考如何才能将互联网技术合理应用到日常课堂教学中，如何广泛搜集可利用的网络教学资源，并在课堂教学中灵活地应用。同时，还要不断优化创新教学内容、教学方式与教学理念，充分调动学生的主观能动性。

二、"互联网+"背景下中职市场营销教育教学的策略

第一,优化教学理念,使用多元灵活的教学方法。首先,教师要不断转变自身的教学方式,彰显自身的实践教学、理论教学以及能力培养特色;其次,学校要加大力度做好教研组共同备课工作,激励并支持教师在教学实践过程中使用一些先进的教学理念与方法,如范例式教学、启发式教学等;最后,教师要根据教学内容、条件与目的等选用相应的有效的教学方法,通过实践不断积累、总结经验,提高现代教学设施的合理利用率,坚持人本原则,做到与时俱进,积极营造良好的教学氛围,调动学生的主观能动性。

第二,加大力度开展教师进修培训工作。一方面,学校要积极践行"内引外联"的方式,在充分考虑教学实际的基础上开展教师培训工作,邀请实践经验丰富的企业高管与营销策划人员提供实践教学指导,以使教师能够更好地开展市场营销课程教学。另一方面,学校要采用"上送下派"的方式努力提高教师的实践操作能力与理论水平。安排教学经验丰富的教师去其他学校接受培训,以不断更新他们的营销专业知识。同时,组织实践能力弱、缺乏实践锻炼的教师前往企业营销部门进行实训,以提升其实践应用能力。

第三,提高课堂时间的利用率。中职市场营销专业学生的自主学习能力相对较低,基本上都未养成课前预习的习惯,因此,教师应利用课堂时间来引导学生完成作业与预习。可以让学生以接力读课文的方式进行预习,并在学生读完后让他们回答预设的问题,这样做不仅能引导学生发散思维,集中学生的注意力,使学生遵守课堂纪律,还能降低学生睡觉、说话的发生率。

考虑到学生有效听课的时长低于 20 分钟,教师更要抓紧时间讲授完重要的内容,再安排学生利用剩余的课堂时间完成作业或练习,从而使学生能够巩固所学。教师要监督学生完成作业,了解学生对知识点的实际掌握情况。

第四,强化实践教学,提升学生动手实践能力。中职学校要增加实验经费,创建全面模拟学生日后工作环境的、具有仿真性的营销模拟实训室,积极打造校外实践基地,将营销管理有成果、有创新的企业视作优选目标,积极开展校企合作办学工作。同时,适当增加模拟实验教学课时,扩大实习学分占比,争取构建社会资助实践、课堂实践以及实习基地实践相结合的实践教学体系,进而大力提升学生的实践能力。

第五,结合知识点的掌握情况适当调整教材内容。教师应综合考虑中职市场营销专业学生的实际情况,适当调整教材内容。以市场营销中商品交换关系这一知识点为例,这一知识点与经济学的专业内容相关,因此那些经济学基础知识薄弱的学生难以对其形成系统

的认知。于是，在教学中，可以不把该知识点作为课堂教学内容，而把它列入课外知识拓展部分，向学生提出了解的要求。当遇到知识点重复出现的情况时，教师需要有效整合这些知识点，以使学生能够更好地掌握。

总而言之，在"互联网+"背景下，中职市场营销课程教学要紧跟时代的发展步伐，与新生的教学工具、教学理念实现充分融合。同时，相关的教师要努力转变自身的教育理念，优化教学方法，调整教学内容，不断提高个人的教学能力与教学水平，力求培养出能满足市场需求与时代发展需求的实践型人才。

第二节 "互联网+"背景下中职会计专业教育教学

一、有效利用现代教学资源

我国信息技术迅猛发展，在国家持续推出互联网相关教育政策的形势下，市面上许多计算机软件企业也开始对中等职业学校会计专业的相关应用软件进行研发、推行，从而加快了中等职业学校会计教学课堂的信息化速度。例如，软件开发企业通过与相关企业深度合作，充分了解企业现阶段对会计人才的相关要求及标准，并将了解到的信息及数据进行加工处理，以相关企业的具体业务为基础，结合现阶段最新的税收政策及会计相关文件规范，研发相关的应用软件，同时结合实际情况对会计的相关理论知识、教学情境及业务情境进行合理设计及调整。当中等职业会计教师在使用这些软件教学时，能让学生更直观、切实地体验到会计业务的办理场景，继而产生身临其境之感，不仅可以在一定程度上提高中职学生对会计专业课程的学习兴趣，还可以在减轻会计教师教学压力的同时提升自身的教学质量及教学效率。因此，中职会计教师应充分利用这些教学软件，以最大限度地发挥其功能和作用。为实现教学目标，中职会计教师应具备一定的计算机知识、使用计算机的能力以及掌握会计教学软件的使用方法，使互联网技术在会计教学中得到充分应用，从而使中等职业院校的会计教学课堂得到一定创新。

二、创新中职会计教学模式

在"互联网+"背景下中等职业学校应积极与计算机软件企业长期合作，创新会计教学课堂及教学模式，结合学校自身的实际情况及特点构建相应的网络平台，使会计教学课堂更具多样性。例如，构建一个网络教学平台，使学生除可以在网络平台上搜索相应的会计课程进行学习之外，还可以查询相关的会计知识，让学生充分利用移动终端及网络平台进行学习，突破时间及空间的局限，将传统课堂上没有厘清、掌握的相关会计理论知识及方法进行二次学习，弥补自己的短板。

同时，由于互联网具有一定的开放性及信息资源共享性，因此学校可以鼓励会计专业的教师以及学生积极购买一些正规教育平台上的账号，学习网络教育平台上优秀讲师的课程；会计教师也可以让学生积极在网络上查询一些相应的工作场景进行模拟练习，积极接触一些与国家最新税收政策相符合的相关会计业务，有效改善现阶段中等职业学校会计专业中存在的教材内容较为陈旧，以及由于学生想象能力不强而无法深入理解教师所教内容等状况，增强学生学习会计的信心，从而形成自主学习的习惯，继而解决学生厌学、弃学等问题，最终使中等职业会计专业的教学质量及教学效率得到有效提升。

除此之外，中等职业学校应有效收集与整合自身的教学资源，加大对会计专业的投入力度，使会计专业学生的实训需求得到有效满足。由于会计这门学科具有极强的专业性及应用性，如果在学生学习相关的会计理论知识后没有技术支持相关实践及应用训练，例如，按照会计的工作流程确认总账、详细的账目分类、原始凭证及相关账目明细等，会造成学生难以进一步理解课堂上所学的会计知识。因此，中等职业学校应积极对会计相关实训软件进行研发设计，如果没有研发条件，可以选择从一些正规的渠道购入，通过该方式使中等职业学校的网络信息平台更具多样性及丰富性，让会计专业的学生可以获得上机进行会计工作模拟的机会，从而丰富自身的会计实践经验，提高学生会计专业能力及素养。

三、提升中职会计教师水平

在信息科技发达的互联网时代，信息及数据的传播方式发生了前所未有的变化，其速度也得到了提高。在此背景下，中等职业会计教师应不断学习，借助互联网具有的开放性及共享性的特点，积极与会计领域的专家及优秀教师进行交流学习，增加自身的知识储备，强化自身专业能力，从而提升教学效率和教学水平，为国家及相关企业输送高质量、高水平的现代化优秀会计人才。

"中职教育会计教师应正确认知会计教学优化的重要性，跟随时代的发展步伐积极学习新的会计知识，研究探索中职会计教学的创新方法，主动研究分析相关会计课题，为参加相关会计知识竞赛及技能竞赛的学生提供指导和帮助。"[1] 中等职业学校应通过相关企业充分了解社会对会计人才的要求及标准,结合我国经济的发展特点、实际发展情况,以及国家对教育事业的发展规划积极开展组织相关的课题研究活动、相关知识技能竞赛,通过该方式及时掌握会计相关政策知识及会计职责的最新变化情况,从而在一定程度上推动中等职业学校会计专业教学的改革,促进中等职业学校会计专业教学的发展。

同时,在互联网背景下,中职学校应积极为会计专业教师提供到相关企业中进修学习和锻炼的机会,从而提高中职会计专业教师的专业技能及专业水平,提高教师会计相关业务能力。需要注意的是,由于现阶段大部分中职学校会计专业的教材具有一定的局限性,教材内容具有一定的滞后性,导致会计教材缺乏一些较细微、具体的会计处理细节,致使学生对会计学习的完整性及全面性认识不足。因此,中职学校必须尽快为会计专业教师提供到相关企业学习锻炼的机会,通过该方式使会计专业教师能更专业地处理会计业务,确保在对学生进行会计教学时所举的相关案例更具实效性,与现实相符,从而获得较好的教学效果。

四、完善中职会计课程体系

在各领域信息化程度越来越高的形势下,中等职业学校应积极利用互联网时代的网络信息技术,实现中职会计教学工作的现代化、信息化,加快完善会计课程体系的速度,科学合理地调整会计课程的教学内容及教学时间,剔除落后的、重复的会计教学内容,使用网络信息技术充分利用网络教学资源,及时更新教材内容,提升课时的利用率。同时,充分利用互联网信息技术积极培养中职会计学生自主思考的能力,增加学生实训的时间。互联网信息技术突破了空间及时间的限制,使信息交流更及时、快速及简便,因而中职学校的会计教师及相关人员应积极使用互联网社交平台及时了解相关用人单位对会计人才的相关要求变化,如道德标准、团队协作能力、知识累积、判断分析能力及操作规范等,然后根据这些信息改进完善中职学校会计专业课程体系。除此之外,中职会计教师在完善课程体系时,还可以使用互联网参考其他学校的优秀案例,借鉴相关经验结合自身实际优化会计课程体系,为会计教学的有效开展提供支撑。

综上所述,随着社会的快速发展,对各行业人才的要求也在不断提高,对会计专业人才也不例外,而传统教学模式培养的人才已不能有效满足市场要求,这就要求中等职业学

---

[1] 赵明梅."互联网+"时代背景下中职会计专业教学的优化[J].投资与合作,2021(6):177.

校创新优化自身会计教学模式，利用现代化技术手段，充分利用现代教学资源，根据实际需要培养更高素质的专业技能型人才，为社会输送高质量、高水平的专业会计人才。

第三节 "互联网+"背景下中职护理专业教育教学

当前，需要在未来的教学中有机融合信息技术和教育，根据实际情况，创新人才培养模式，推动教育信息化的可持续发展。对中职护理专业教学而言，"互联网+"背景下中职护理专业教育教学需要从以下方面着手：

第一，创新教学理念。"互联网+"背景下的中职护理专业教学中，需要重点培养学生医疗护理新技术的应用能力。中职护理专业的教师要紧密跟随时代发展趋势，积极创新教学理念，大力开展教学信息化建设，以便促使课堂开始之前，能够让学生自主了解相关知识内容，教师在课堂中加以简单辅导，帮助学生获取知识，提升课堂教学质量。学生也要积极利用各种信息化途径，自主获取信息知识，科学安排学习时间，达到自身护理专业知识技能水平提升的目的。

第二，创新教学模式。积极运用教育信息化技术，大力创新教学模式，有机结合线上教学和线下答疑，综合采取多种措施，将"互联网+"护理教学模式构建起来。要积极创新教学方法，充分应用互联网技术，以便构建个性化的学习方式。

第三，大力培养学生的实操能力和创新能力。要积极将互联网技术运用到中职护理专业的实训教学中，让学生认识到互联网技术在医疗护理专业中的重要性，将两者有效融合起来。同时，采取措施，将现代化的护理生态环境构建起来，以便保证能够在全真的环境下开展实训课程。此外，要大力培养学生的创新能力，在中职护理教学中充分应用创新教育，要有机转化科研优势，激发学生的创新精神，提升其创新能力。

第四，构建虚拟仿真实训平台。要大力建设实习基地，在传统实习医院的基础上，科学改造，构建一体化智能护理实习基地。要在实训教学中积极运用虚拟仿真实训平台，通过一系列模拟设备的使用，如终端计算机模拟鼠标等，增强模拟环境的真实性，以便促使学生更加深入地理解真实的护理临床情境。部分项目具有较大的危险性，且容易出现损伤，那么就可以通过虚拟实验来完成。总而言之，在护理教学中，要有机结合虚拟实验和实物实验，促使学生对护理技能更加深入地掌握。

第五，不断提升教师的信息化水平。"互联网+"时代给教师也带来了较大的挑战，其需要树立终身学习理念，不断提升信息获取和利用能力。如今互联网资源日趋丰富，百度、知乎等很多网站都可以获取到护理专业的教学资源。但互联网同时具有较强的开放性，专业教师还需要具备一定的筛选能力，对大量的资源有针对性地获取和使用。教师是课堂的主导者，只有不断提升教师的信息化水平，方可更加有效地提升护理专业的教学质量。因此，教师就需要紧密依据新的时期下中职护理专业教学目标，对课堂教学科学地规划和安排，将学生的学习兴趣充分激发出来，不断提升课堂教学质量。

综上所述，中职护理专业具有较强的实用性，进入"互联网+"时代后，要将其看作一个机遇，积极创新教学理念，大力运用互联网先进技术，优化实验环境，在提升教学质量的基础上，培养学生的创新能力和实操能力，将"互联网+"护理专业教学新模式有效地构建起来，推动我国中职护理专业的进一步发展。

第四节 "互联网+"背景下中职数控专业实训教学

一、"互联网+"背景下中职数控专业实训教学的意义

第一，中职学校的数控专业实训教学存在一些阻碍发展的问题，如实训设备数量不能满足教学需求；学生机床操作训练时间少、效率低且教学质量不高；实训形式单一；学生操作失误可能造成机械设备损坏或人身伤害；评价体系不完善，不能体现过程评价发展性等，前述问题很大程度上限制了数控专业实训教学的发展。学生掌握的有限知识和技能无法达成现代人才培养目标，教学质量不能满足社会人才需求。当前，移动互联网技术逐渐成熟。移动互联网生态融合了网站、微信平台、移动应用程序（APP）等移动互联网元素，实现信息的高效互通。智能手机在校园里应用普及，学生可使用手机上网阅读、收看视频、社交聊天、游戏娱乐等。数控专业实训教师如何开拓思维创新教学方法，探索运用互联网技术提高教学效率和教学质量，显得尤为重要。针对以上现状，中职教育工作者们也在积极探索"互联网+"背景下数控专业实训教学的改革模式。

第二，"互联网+"不仅为数控专业实训教学提供了大量资源，也为实训教学提供了新的教学模式参考。"互联网+"背景下数控专业实训教学，可以通过软件模拟传统实训教学的不同环境和情境以及各种突发情况，虚实结合使学生在单一环境下进行复杂的实训学习，不仅降低了实训教学成本，也丰富了实训教学的形式，使枯燥的实训课变得有趣。在

互联网+技术支撑下，实训教学突破时空限制，有效聚合零散的课余时间，使实训教学更加高效，这对学生快速掌握数控专业技能有着重要意义。因此，将互联网+技术与中职数控专业实训教学有效融合是中职教育发展的必然选择。

二、"互联网+"背景下中职数控专业实训教学的策略

（一）改革创新课堂模式

为了使中职数控专业毕业生更好地适应企业人才需求和岗位技能要求，中职数控专业实训课要将消耗性实训转变为生产性实训。实训难度要贴合企业实际，坚持以能力为本位，本着实用性原则服务于本地区经济发展。教师在实训课上要突出发展性功能，重视学生情志的发展，注重过程性评价，激发学生的想象力和创造力，树立起学习专业技能的信心。

同时，教师在实训课上要充分利用互联网技术，大胆改革和创新课堂模式，突出学生的主体地位，增加学生的参与度，"润物无声"地激发学生的学习潜质和积极性。实训教学应当与时俱进，充分利用网络中的海量素材。实训教师应对线上的实训教学资源进行筛选整合，根据培养目标建立实训教学资源数据库，及时扩充新的热点的数控专业知识，提高实训教学的实践性。教师还可以利用线上资源开发中职数控专业实训教学虚拟教材。

（二）有效利用互联网平台

"互联网+"时代，数控专业实训教学将凸显出互联学习虚实结合、拓展学习时空的优势，也将更加突出学生学习的主体地位。学习平台建设将为数控专业实训教学提供信息交换物质基础。教师与学生可先在手机上安装好 APP 学习平台，教师可以在移动互联网环境下发布课前实训学习视频，并布置相关预习闯关作业，要求学生在观看完学习视频后才能进入预习闯关任务。

学生的预习活动情况将被平台记录并反馈到教师端，便于教师适时调整教学计划，合理分配教学时间。授课过程中，师生可以在学习平台上积极互动，教师设计竞技游戏模式，让学生开心地参与学习游戏，教师可通过学习平台数据信息对学生的学习效果及时评价，同时学生也能第一时间接收到教师的评价及反馈。平台上可设计答疑功能，学生在教师指导下完成错题订正后，方可进入仿真系统的学习环节。仿真学习环节的数据提交服务器记录，教师在平台上接收并审核确认仿真学习无误后，学生才能进入机器的实训操作。

利用仿真软件进行实训模拟,可完全还原实训情境,使学生能够避免危险的同时在实训中积累经验。由此,学习平台可实现教师对学生学习过程的全程监管和评价。

此外,当今时代是信息时代,中职学校的学生普遍使用智能手机,合理利用好手机,可以使其成为学习的重要工具。教师可通过互联网社交平台打造完全意义上的"第二课堂",利用互联网技术开发虚拟实训课程。建立专业课程的微信群或者 QQ 群,也可以采用学生常用的抖音或快手等软件制作实训教学视频,给学生更大的选择空间。同时教师应做好学生的引导工作,着重培养学生的自主探究、自主创新精神,促使学生课后参与线上"第二课堂"学习,拓展实训教学时空,让枯燥的实训学习变得时尚而有趣。这样,不仅可以充分利用学生的课余时间和碎片化时间进行学习,而且还打破了时空的局限,使学生在任何场所都能进行学习。

需要注意的是,中职教师上传的学习资料内容可深可浅,能够满足不同层次学生的需求,从而充分实现对学生的差异化教学。学生如果在学习过程中有疑难问题,也可以利用平台随时交流,对于学生提出的问题,教师能第一时间接收并实时解答,实现一对一或一对多的线上辅导。

(三) 把握数控实训教学评价

第一,学生自评。学生依据预先设定的学习目标和要求在线上客观地对自己的学习成果进行审视和判断,同时提出学习整改措施。学生自我评价的目的旨在学习主体对实训课的学习意识和学习成效的反思以及对实训课学习的调控。

第二,组内互评。组内互评统一思想,明确评价标准。实训教师先与学生一起讨论评价标准和评价原则。在实训教师的指导下,学习小组成员在线上完成对本组其他成员的客观评价,学习主体间起到相互学习、相互监督的作用,有效提高学习主体的学习主动性和积极性。

第三,教师总评。实训教师对学生学习效果的评价应突出过程的发展性功能。实训教师诊断学生在实训过程中的困难,及时调整教学进度,完善教学过程,同时在线上给予一对一客观反馈,帮助学生意识到学习策略、思维方式、行为习惯等方面存在的长处和不足,帮助学习主体认识自我、树立信心。

第四,学生对教师的评价。每位学生在线上根据设定的标准对实训教师的教学进行客观评价,提出反馈意见。教师利用移动互联网随时可以接收到学生的反馈意见,有助于教师及时认识到教学过程中的不足之处,更好把控教学重难点,及时调整教学进度改进教学方法。

综上所述，在"互联网+"时代，"通过整合网络资源、调整教学模式、串联学习平台等手段能够很好地将传统教学与网络互联教学、虚拟教学有效融合，拓展教学时空，催生学生主动学习的热情，提高了数控专业实训教学的有效性和安全性。"[1] 同时，移动互联网环境下学习平台的建设和完善，畅通了师生信息互动的渠道，"互联网+"背景下中职学校数控专业实训课程中存在的问题能够得到有效的解决。

---

[1] 林莉萍. "互联网+"背景下中职学校数控专业实训教学改革探索 [J]. 现代职业教育，2021（16）：39.

第六章 "互联网+"背景下中职人才培养教育实践

第一节 "互联网+"背景下中职电商人才培养

一、中职电商人才培养的体系

(一) 中职电商人才培养的目标

1. 中职电商人才培养的目标定位

电子商务(电商)的产业发展带动了对电子商务从业人员的需求,电子商务专业是伴随我国电子商务产业发展和科学技术进步而不断发展壮大的一个新兴专业。电子商务专业已成为全国中职学校中布点量大、受众人数多的专业之一。

相对于其他管理、服务类专业,电子商务专业还是一个正在成长中的专业。加强对中职电子商务专业建设的研究,快速提升电子商务专业的建设水平和人才培养质量,努力适应我国经济社会发展和产业转型的需要,成为当务之急。准确的人才培养目标定位是中职专业建设的前提,也是中职专业建设发展的关键。

(1) 中职电商人才培养目标定位的比较。每个中职学校的电子商务专业人才培养目标定位都不相同,有的学校人才培养目标定位比较具体,有的学校目标定位比较宽泛。但仔细分析,各学校电子商务专业有一些共同点:普遍将网络营销与客户服务类岗位作为人才培养的主体岗位,有较多学校同时将网络编辑作为毕业生未来就业的一个重要岗位。而对是否设置电子商务技术服务类岗位各学校的差异较大,多数学校将网页制作员、网站管理与维护员等作为毕业生就业的一个职业岗位群。

例如,长三角地区中职电子商务专业人才培养目标有两个特点:①专业岗位设置考虑了学生的职业成长，根据学生从电子商务新人、高级商务初学者、技术与商务骨干、技术与商务能手到电子商务专家这样一个成长过程，设置了从电子商务专员到主管再到经理的几个职业岗位阶段；②紧密结合社会经济发展设置相应的专业方向。

珠三角地区中职电子商务专业人才培养目标定位有两个特点：①基于珠三角地区对外贸易情况，将网络营销尤其是互联网贸易作为人才培养的重点；②学校依托行业设置明确的职业定位，使人才培养更有针对性。

京津地区中职电子商务专业人才培养目标定位有两个特点：①将人才培养定位方向化，使学生就业有明确的指向性；②结合学院自身办学条件设置相应的岗位。

(2) 中职电商人才培养目标定位的思考。

第一，从区域经济、专业特点及自身发展水平出发，对培养目标进行准确定位。电子商务专业是与区域经济发展联系十分密切的一个专业，正是由于长三角、珠三角和京津地区经济社会的高速发展，才有了对电子商务人才的高增长需求，促进了中职电子商务专业的飞速发展。中职电子商务应面向广大中小企业培养管理、服务第一线的高素质的技术技能型人才。中职电子商务专业人才培养目标定位首要考虑的是以就业为导向，满足区域经济发展和中小企业的实际需求。

区别于工科类专业，电子商务专业具有三个显著特点：①电子商务专业面向现代服务业，服务对象主要是人，需要通过专业服务与各种类型的消费者打交道，对毕业生的职业素养提出了更高要求；②电子商务具有复合性的特征，工作要求的综合性和复杂性对毕业生的综合职业能力提出了更高要求；③就业岗位具有一定的宽泛性，即学生在相关职业岗位群的就业辐射面大，要求毕业生具有较好的岗位适应能力和可持续发展能力。中职电子商务专业人才培养目标定位需要考虑电子商务专业的特点，重视培养学生的职业素养和综合职业能力，以及可持续发展能力。

电子商务专业是实践性很强的一个专业，对学校的办学基础、师资力量都提出了很高的要求。不同中职学校办学条件和自身发展水平不相同，对人才培养的目标定位不可能，也不应该完全相同。在总的培养目标保持一致的同时，应鼓励各学校结合实际确定有自身特点和优势的专业方向，如果能够依托行业确定专业定位，那更应大力提倡。

第二，从职业教育体系及职业成长发展规律出发，整体设计和规划专业定位。《教育部关于推进中等和高等职业教育协调发展的指导意见》（教职成［2011］9号）明确指出，要建设现代职业教育体系，促进中等和高等职业教育协调发展。中职电子商务专业必须确立从技能型人才到高端技能型人才的不同层次的人才培养目标定位，形成从中职到高职，再到应用型本科和研究生层次的现代职业教育体系,以适应建设现代产业体系和构建终身教育体系的需要,适应职业成长发展的需要。电子商务专业定位既要考虑初始的就业岗位,也要考虑未来的发展岗位。

2. 中职电商人才培养的总体目标

按照特色专业设计的"双证融通、情境教学、工学结合"的人才培养模式,经过多年的建设,将实现五大目标,即构建基于工作过程的各专业模块化课程体系、制定符合社会岗位需求的专业人才培养方案、开发基于工作过程的科目课程、开发项目教材、细化人才管理建设,从而为中职学校争创"发展的示范、改革的示范、管理的示范"奠定坚实的基础。

3. 中职电商人才培养的具体目标

(1)建立基于工作过程的各专业模块化课程体系。通过专业市场调研,分析专业对接产业相应的工作领域与技术领域、专业对接产业必备的核心能力及相应的职业资格,确定产业(行业)工作领域的岗位职责、任务及岗位典型工作过程设计和履行岗位职责、任务应具备的知识、技能、态度结构及核心职业资格证书,确定专业培养目标及规格,建立学历证书知识、技能、态度结构,职业资格证书应知、应会结构,使学院各专业都能构建基于工作过程的模块化课程体系。

(2)制订符合社会岗位需求的专业人才培养方案。按照中职学校顶层系统设计的"产业+企业+专业"的校企共建专业模式、"双证融通、情境教学、工学结合"的人才培养模式和模块化课程体系,对所建设的特色专业制定基于工作过程导向的人才培养方案,并推行细化管理保障人才培养方案的具体实施。

(3)开发基于工作过程的科目课程。通过描述课程在整个课程体系中的作用,合理划分课程模块,打破以往学科体系设置课程的传统,突出以行动导向为基础,强调实际动手能力的培养。从职业岗位分析入手,按照各岗位工作过程,根据专项能力需要开设课程,不追求学科体系的完整,基于工作过程进行各专业科目课程开发。

(4)开发项目教材。大力推行工学结合,突出实践能力培养,改革人才培养模式。开发教材时,基础课程以满足产学结合、工学结合的需要为标准;学习领域课程,以典型工作任务为基础,着重培养学生的实践能力。当前,中职学校应大力鼓励教师开发教材,并给予一定的经费资助支持,特别是理实一体教学模块各学习领域课程的教材开发,使重点专业能开发出符合中职教育特色的校本教材。

(5)细化人才管理建设。通过制定严格的管理制度和规范,对人才培养方案、基本职业素养课程、专业核心课程、职业定位顶岗实习课程和考核评价实行细化管理，落实专业人才培养方案，达到培养高素质、高技能人才的最终目标。

（二）中职电商人才培养的原则

1. 职业性原则

中职教育是一种取得某种从业资格的谋生教育，具有很强的职业岗位针对性，职业属性是其最本质的特征属性。中职教育是中等教育中的一个类型，肩负着培养面向生产第一线需要的高技能人才的使命，在我国现代化建设中具有不可替代的作用。因此，评判中职专业人才培养方案的基本准则就要看其是否体现中职教育类型特征，是否能够肩负培养中职人才的使命，是否具有不可替代性。

2. 系统性原则

制订中职人才培养方案涉及中职教育思想、教育理念、职业岗位（群）的职责与任务，履行职责必备的知识、能力和素质结构，课程体系、教学内容、方法、途径等诸多要素，分析各要素功能、作用和要素之间的相关性，从构建高水平人才培养方案这一系统出发，通过分析、归纳、综合，求得系统状态最优，人才培养效果最好，这是制订人才培养方案追求的目标。在总结"双证融通、工学结合"人才培养模式，情境教学、顶岗就业实习等教学模式及相应教学管理制度，教学质量监控、评价、保障体系建设等方面经验基础上，系统改革人才培养模式、课程体系、教学内容、方法和途径体系，已成为制定具有中职教育鲜明特色的人才培养方案的关键。

3. 开放性原则

职业教育开放性源于职业的多样性、多变性和复合性。中职教育的专业培养目标和培养规格及其对应的职业岗位的工作过程已超过单一学科的界限。因此，在制定中职专业人才培养方案时，必须依据企业的职业岗位（群）的实际需要，实施产学结合、工学交替、项目导向、任务驱动、半工半读和订单培养等教学模式，与企业共同开展职业岗位（群）调研，共同确定人才培养目标和培养规格，共同制定人才培养方案。

4. 人本性原则

人本性原则是一种适合个体需求并强调人格发展定向的、对职业教育课程进行选择的、合理化与结构化的基本理论，它更多地把人本需求作为教育永恒的主题。中职教育是以人为本的教育，人才培养的落脚点最终要体现在学生的个性发展上。换言之，中职人才培养要体现以人为本，注重学生的个性发展。因为学生的个性发展是人才培养的落脚点和最终目标。因此，中职学校在制定人才培养方案时要时刻注重人本性原则，不断创造条件为学生个性发展开拓广阔的空间。

5. 精细化原则

精细化管理的原则体现在人才培养方案制定的每一个环节。按照过程管理的思想，当把各种活动和与活动有关的各种资源作为过程进行管理时，预期的结果将更有效率。围绕人才培养方案的制定，首先，要明确管理体系要有哪些必需的过程；其次，建立这些必需的过程，明确过程与过程之间的相互关系和相互作用，管理这些过程，以便实现策划所确定的目标。同时，还要制定出对这些过程执行情况的评价体系，过程的有效性和效率可以通过内部或者外部对过程进行评审后作出评价。在过程的管理中，要明确各环节工作人员的职责，健全管理制度，将管理责任具体化、明确化。

6. 实践性原则

中职教育在人才培养上要大力推行工学结合，着重培养学生的实践能力。学生的学习活动与来自职业岗位的具体工作任务或问题相结合，通过完成任务、解决问题来引发、维持和激发学生的学习动机和兴趣。从岗位需求出发，以工作任务来整合理论和实践，坚持"理实一体""教学做合一"等教学方法，注重把握实践教学环节，增强学生适应企业实际工作环境和完成工作任务的能力。同时，针对目前国内中职学校在人才培养方案的制定大多停留在理念和顶层设计的层面，因此，构建对学生专项能力形成的可操作的检测标准、方式和途径显得尤为重要。通过培养方案的实施，期望能在人才培养方案制定、方案运行与细化管理等方面积累中职人才培养的经验。

（三）中职电商人才培养的方案

1. 中职电商人才培养方案的要求

（1）遵循中职教育类型特征，体现中职学生的特点。中职教育从知识层次到应用技能类型的转变，让更多的人开始关注中职教育与普通教育的不同之处。中职教育作为中等教育发展中的一个类型，肩负着培养面向生产、管理、服务第一线需要的高技能人才的使命，在我国加快推进社会主义现代化建设进程中具有不可替代的作用。在制定人才培养方案时，遵循中职教育的类型特征能确保其不会偏失方向。

中职学校学生与普通学生相比，有着明显的生源特点差异，不是体现在智力水平的高低上，而是体现在智力类型的不同上。中职学校学生的特点是：接受理论知识的能力较弱，逻辑思维、判断能力较弱，但是形象思维能力强，实践动手能力强。在制定人才培养方案时，应充分考虑中职学生的这一特点，摆脱传统中等教育思想观念的约束，重在培养学生的实践动手能力，将理论知识教学重心下移，实践动手能力教学重心上移。积极推进"现代师徒模式"实训工作进程，从而使人才培养方案的制定体现中职学生的基本特点。

（2）重视学生职业能力与创新能力的培养。人才培养方案应遵循中职教育的职业属性特征，建立满足学生需要的校内外实训基地，重在培养与职业岗位相适应的职业能力，分析新常态下电子商务发展趋势与人才需求的岗位能力，注重学生的动手能力和操作能力，适应市场对人才需求的变化。

人们应该把握创新的基本原则，把创新教育贯彻到人才培养方案的全过程，注重培养学生的创新意识、创新精神和创新能力。在人才培养时，不断用创新的理论和理念指导学生，用创新的舆论和氛围引导、熏陶学生，用创新的精神和实践塑造、锻炼学生，用创新的成果和作品鼓舞、激励学生。

（3）突出对学生的职业素质教育。目前，国内现代化大企业正在与国际接轨，这类企业追求企业文化，对员工的素质要求较高，如对语言表达能力、精神文明、爱岗敬业、吃苦耐劳方面以及职业道德等都提出了较高的要求。对此，许多中职学校正在尝试建立职业素质教育体系，不仅把思想素质教育、专业素质教育、人文素质教育、身体素质教育纳入该体系之中，还把校园文化、企业文化、社会实践等纳入该体系之中，使必修课与选修课相结合、课内教育与课外教育相结合、校内教育与校外教育相结合、显性教育与隐性教育相结合，形成以教书育人、管理育人和服务育人为核心的全员育人职业素质教育新体系。

2. 中职电商人才培养方案的意义

（1）体现中职教育类型特征的人才培养方案。中职教育作为中等教育的一种类型，自有其不可替代的类型特征，它的类型特征表现之一为具有很强的职业岗位针对性。在制订人才培养方案的过程中，应根据中职教育的类型特征，遵照国发〔2005〕35号文件《国务院关于大力发展职业教育的决定》、国发〔2014〕19号文件《国务院关于加快发展现代职业教育的决定》的精神，从中职教育基本规律和职业成长规律出发，顺应岗位（群）的发展趋势及立足经济、科技和社会发展对人才培养工作提出的要求，紧紧把握以就业为导向，重点培养学生的职业能力这条主线，设计和制订体现中职教育类型特征的人才培养方案。

（2）实行人才培养的顶层系统设计。中职学校应不断学习，转变中职教育理念，通过聘请国内相关学校知名专家来校指导，以顶层系统设计和完整体系改革建设为动力，形成具有专业特色的"产业+企业+专业"的校企共建专业模式,"双证融合、情境教学、工学结合"的人才培养模式和模块化课程体系。在顶层系统设计完善的情况下,如何落实中职学校的顶层系统设计,向细化管理要质量,就是该项目建设的最重要意义。

二、"互联网+"背景下中职电商人才培养模式的内容

(一)中职电商人才培养模式的基础

1. 先进的教育思想及教育理念

中职学校应全面贯彻国家的教育方针和国发〔2005〕35号文件《国务院关于大力发展职业教育的决定》、国发〔2014〕19号文件《国务院关于加快发展现代职业教育的决定》的精神,以科学、协调、可持续发展的思路统领中职学校建设规划;以服务区域经济发展为宗旨,以提升学生就业创业能力为导向,贯彻"格物致用、立德固本、知行一体、敢为人先"的办学理念,积极探索中职学校的办学规律,在对接产业、服务产业、发展产业中创新人才培养模式,不断提升学院的核心竞争力;以顶层系统设计和完整体系改革建设为目标,高起点、高标准、高水平制订中职专业建设方案,构建原创性强、具有鲜明特色的中职学校。

2. 中职电商人才培养教学改革

(1)专业建设模式的改革。目前,随着经济的协调发展、电子科技产业的提升、经济结构的调整,中职学校根据社会与区域经济发展需要和办学优势,积极改造老专业,创办新专业,如会展设计、动漫设计、物联网应用专业等。秉承专业开发与市场同步、专业改造与知识更新同步、专业设置与区域经济发展同步的原则,科学布局,及时调整专业结构,围绕市场开发专业,在开发中求新求变;根据需要设置专业,提高专业的适应性,积极探索"产业+企业+专业"的专业建设模式改革。

(2)人才培养模式的改革。人才培养模式的改革是关系整个教学领域改革的一个核心问题,它是制订人才培养方案的基础。为此,中职学校应经过反复学习,不断研究论证,进行三个层面的改革:①紧密结合地方支柱产业发展需求,调整和设置主体专业,形成以经济管理、财经和信息类为主的专业群建设;②以就业为导向,以制度创新为核心,改革人才培养方案;③以资源保障为基础、过程控制为重点,实施创新人才培养,努力构建"双证融通、情境教学、工学结合"的人才培养模式。

(3)课程体系的改革。课程建设与改革是中职教育改革的重点和难点,也是中等职业

教育的核心任务，课程体系改革以培养高素质技能型专门人才为根本任务，以适应社会需求为目标，以培养技术应用能力为主线。中职学校积极倡导进行课程体系改革，从专业所对应的职业岗位群出发，分析各岗位的工作过程，探讨专项能力，进行"双证融通、情境教学、工学结合"的模块化课程体系的构建。

（4）课程开发模式的改革。中职学校需要通过不断组织学习相关教育教学的课程体系改革，不断探索课程开发理论，积极选派骨干教师到各优秀中职学校学习先进的课程开发经验，开始基于工作过程的课程开发的新探索。

（5）理实一体的教学改革。中职学校应不断更新中职教育观念，大力改善教学设施，与一些国家级的电子商务产业园以及企业等联合创建理实一体项目工作室，让教师开始认真思索如何进行实践教学方法的改革。中职教学不能是简单的"粉笔+黑板"的教学，而是要利用实训设备和先进的职教理念着重培养学生的职业素质和技能。逐步探索理实一体的教学改革，培养具有创业能力的电子商务人才。

（6）师资队伍的建设。师资队伍的建设一直是中职学校改革的重点之一，中职学校可以做四个方面的改革：①积极鼓励校内教师到企业参加实践锻炼，同时，高薪聘请有经验的企业人员到学院任教，特别是引进技术应用能力强、具有丰富经验和扎实理论功底的"双师型"人才充实优化教师队伍；②认真贯彻执行中职学校教师培训上岗制度，对引进、聘用的教师及时进行岗前培训，认真落实学校教师资格证制度，明确规定教师必须取得教师资格证书后方能上岗；③鼓励教师进行教学改革，申报国家、省级、院级基金项目，充分发挥教师"传帮带"作用。根据学院实际情况，指定老教师对青年教师进行"传帮带"，帮助新教师尽快了解和掌握中职教育理论、教学规律、教学方法，以便尽快适应中职教育教学工作；④制定一系列的激励政策，如在学院范围内实行"低职高聘"政策。

（7）教学质量监控的改革。教务部门既是教学管理机构，又是教学质量监控机构，但由于日常教学运行事务繁杂，难以全心投入教学质量监控工作之中，为此，中职学校可以组建独立的教学质量监控组织——督导组，以检查、反馈环节为主，负责教学质量监控；教务部门以计划、执行为主，专门负责教学运行管理，从而使教务处等教学运行管理部门便于开展工作，有更多的精力进行教学改革，还能实现对教学质量适时、有效的监控，确保教育教学质量的稳步提高。同时，教务处积极发挥学生作用，在每个班级指定学生担任班级信息员，对教师教学情况进行不定期的反馈。

（8）教学管理制度的改革。中职学校在教书育人和服务育人的同时，更要强调管理育人，因此需要对教学各环节均制定相应的管理制度。教学管理规章制度内容涉及教学组织管理、人才培养方案管理、教学运行管理、学籍管理、教学档案管理、教学质量监控、课程建设管理、教材管理等各个环节，为教学管理各项工作的实施提供了有力保障。同时，制定教学各环节的质量考核标准，有利于规范教师的教学行为。

（二）中职电商人才培养模式的分类

在工学结合总模式的框架下，各中职学校电子商务专业应结合实际，从培养目标、教学进程、培养途径和全方位培养等角度，构建各具特色的人才培养模式。

第一，基于培养目标的模式。部分中职学校电子商务专业实行"双主体"动态能力集人才培养模式，在校企股份合作体制机制下，以就业为导向，以能力为中心，分析工作岗位所需求的新能力，将其任务化、项目化，构成新的动态能力集，进而形成动态的能力体系。

第二，基于教学进程的模式。部分中职学校电子商务专业实行"分布式工学交替"人才培养模式，其包含三个方面的含义：①工学交替的时间分布在不同的学期中；②定位于不同的课程目标；③同一目标的工学交替学生分布于不同的企业，第三学年实施至少六个月的顶岗实习。每一学年除了在校内学习相关课程及技能实践外，均安排进入相关企业工作或顶岗实习。

第三，基于培养途径的模式。部分中职学校电子商务专业全面推进基于"以行领知、商学交融"理念的"商学结合"人才培养模式。"以行领知"，就是基于"知行合一"的教育理念，通过理论与实践的深度融合，实现"以行领知、以行促知、以知导行、知行合一"的培养思路；"商学交融"，就是按"以行领知"的思路有效配置教学资源，让学生"亦学亦商"，在模拟的或现实的商务环境中学习，成为"基础厚、感悟透、上手快"的现代商务人才。

第四，从全方位的角度构建培养模式。部分中职学校电子商务专业实施"三维一体、工学结合"的人才培养模式，即在人才培养主体的定位上，通过制度创新，建立"学生主动、教师主导、企业导向"的良性机制；在人才培养平台的打造上，通过对"第一课堂、第二课堂、第三课堂"教学内容和功能模块进行整体设计和统筹规划，建立"课堂内外结合、课程显隐配套、校企联通互动"的长效机制；在人才培养手段的创新上，通过创建"实习实训、创新创业、实践就业"的实践教学体系，完成职业人才的"定型、打磨、精炼"，从而"硬化""软专业"的职业人才培养功能。

(三) 中职电商人才培养模式的特点

1. 掌握工学结合核心

中职学校电子商务专业的人才培养模式虽然侧重点不同，说法各异，但都掌握了工学结合这个核心，从不同侧面、不同角度体现了工学结合的人才培养特点。工学结合是国家从宏观层面对职业教育人才培养模式提出的总要求，是职业教育人才培养模式的核心特征。各中职学校电子商务专业结合自身实际将工学结合落到了实处，形成了具有可操作性的思路和模式。

2. 突出实践能力培养

各中职学校电子商务专业人才培养模式普遍突出了实践能力的培养，这种实践能力有的确定为专业能力、方法能力以及社会能力，有的确定为专业技能与职业核心能力，还有的确定为常规就业能力和网络创业能力等。部分学校以岗位能力培养为目标，以校内电商创业园和电商应用企业、大型电子商务企业为实践平台，通过职业认知实践项目、调研分析项目、创业实践项目、电商解决方案设计项目、职业通用技能素质训练项目和特殊岗位技能素质训练项目实现了项目导向、能力渐进，既注重培养学生的职业通用技能与素养、特殊岗位的技能与素养，又注重培养学生综合运用电子商务专业知识解决实际问题的能力。

3. 展现电子商务专业特点

各中职学校电子商务专业人才培养模式不仅与自身的实际情况相结合，而且与电子商务专业的特点相适应。电子商务是伴随国民经济发展和科技进步急速发展的一个专业，是一个最需要紧密结合社会实践开展教育教学活动的专业，也是最适合于创新创业的专业。电子商务培养的是面向现代服务业的技术应用型人才，其就业岗位具有一定的宽泛性，对职业综合素质有更高的要求。正是基于电子商务的专业特点，在人才培养模式中更加要重视职业素质的养成，重视培养学生具有创业能力和可持续发展能力。

(四) 中职电商人才培养模式的差异

1. 人才培养模式创新切入的差异

各中职学校电子商务专业人才培养模式各不相同。有的基于培养目标构建人才培养模式，有的从全方位的角度构建人才培养模式，而更多的是基于培养途径或教学进程构建人才培养模式，还有的学校从人才培养主体定位、人才培养平台打造和人才培养手段创新三个方面全方位构建了专业人才培养体系，尤其注重学生的主体地位和企业的参与，建立了校企联通、课堂内外结合、强化实践教学的长效机制，创新了中职电子商务专业的人才培养模式。

然而多数学校电子商务专业为凸显自身特点，制定和实施了更加简洁的基于培养途径或教学进程的专业人才培养模式，也是一种可行的办法。但需要注意的是，中职人才培养模式是在一定的教育思想或理论指导下，围绕人才培养目标而采取的人才培养活动的组织样式和运行方式，无论是着眼于培养途径还是教学进程，都不能只注重人才培养模式中某一要素或某一环节的创新构建，而忽视模式创新的系统性和整体性要求。换言之，人才培养模式必须解决"培养怎样的人"和"怎样培养人"这两个根本性的问题，既要包含培养目标定位体系，还要包含培养过程运行体系和培养质量保障体系。

2. 人才培养模式目标定位的差异

对中职电子商务专业的人才培养目标定位，部分学校重视以职业素质为核心的全面素质教育培养，重视职业基本技能、专项技能和综合技能的培养，并形成了包含社会实践在内的课程体系和培养方案。各个学校电子商务专业人才培养模式也都确定了各自的培养目标定位，只是表述不一、内涵不一，其共同点是坚持能力本位，注重能力培养；不同点是对能力的理解和表述有较大的差异。有些学校的人才培养模式在人才培养目标定位上存在两个欠缺或不足：①仅强调能力培养，而忽视思想道德和职业素质的养成，未能体现"以人为本、全面发展"的理念；②仅强调专业能力的培养，而忽视职业适应能力和可持续发展能力的培养，这种欠缺或不足不仅表现在对人才培养模式的阐述上，更反映在课程体系的构建和教学的具体实施上。

中职学校以培养面向生产、建设、服务和管理第一线需要的高素质技能型人才为根本任务，中等职业学校要坚持育人为本、德育为先，把立德树人作为根本任务。中职电子商务专业人才培养模式的目标体系必须是以人为本，全面实施素质教育，促进学生全面发展，注重知识、能力、素质的全面提升。作为中等教育的重要组成部分，中职教育具有教育性、职业性和高等性三重属性。中职电子商务专业要注重培养学生的职业能力，包括职业特定能力、行业通用能力和职业核心能力。

职业核心能力是从所有职业活动中抽象出来的一种最基本的能力，具有普适性的特点，是承载其他能力的基础，是伴随人终身的可持续发展能力。中职电子商务专业具有就业岗位宽泛性的特点，从事的管理和服务工作具有综合性和复杂性的特点，因此在培养职业特定能力的同时，更应注重行业通用能力和职业核心能力的培养，注重由职业道德、职业态度和职业核心能力等构成的职业基本素质的培养，从而形成能力培养的特色。

3. 人才培养模式运行体系的差异

人才培养模式的运行体系或者内容方式体系包含的要素很多，如适应社会经济和社会发展的专业设置与优化、专业人才培养方案的制定、课程体系的构建、课程的开发、"教学做"一体化教学模式的实施、人才培养的途径选择等。

人才培养方案是为实现人才培养目标而对学生在校期间的学习、训练等活动进行设计和实施的规划，是教学内容和教学形式的指导性文件，也是人才培养模式的集中体现。电子商务专业人才培养方案，其框架结构均包括专业名称、教育类型、学历层次、招生对象、学制、培养目标、职业面向及职业能力要求、教学进度安排、培养方案的实施要求等内容，大的框架基本上是一致的。

4. 人才培养模式保障体系的差异

人才培养模式的保障体系包括专兼结合的"双师型"师资队伍建设、以生产性实训为主的实践基地建设以及中职教学管理体系建设和评价体系建设。

作为实施中职人才培养模式的关键，加强基于"双师"结构的师资队伍建设已经成为人们的共识，各学校都做了大量卓有成效的工作。然而，一个不能忽视的现实是，当前许多中职学校电子商务专业的师资队伍仍然不能有效满足实施中职人才培养模式的需要，必须多做努力培养教师的职业理想和职业道德，大幅度提高教师的教育教学水平，特别是实践教学能力和课程设计开发能力，提高教师的社会服务能力，为培养高素质的技术应用型人才提供强有力的保障。

实训实习基地是实践教学的物质载体，是实施中职人才培养模式的基础条件。在实训实习基地建设上存在的问题主要有两个：①部分学校与企业缺少深度融合，学生缺少在生产性岗位进行实训和实习的机会；②部分学校重视实训基地的硬件建设，忽视实训基地的内涵建设，已建成的实训基地不能有效发挥作用。人们应按照教育部提出的要求，按照教育规律和市场规则，本着建设主体多元化的原则，多渠道、多形式筹措资金；要紧密联系相关行业的企业，不断改善实训实习基地条件，积极探索校内生产性实训基地建设的校企组合新模式。

要根据自身的特点抓好校内外的实训基地建设，做到学校建设与企业参与相结合，以校企合作推进实训基地建设；真实环境与仿真环境相结合，着力建设以"校中厂"和"厂中校"为重点的生产性实训基地；硬件建设与软件建设相结合，强化实训基地的内涵建设；服务教学与服务社会相结合，全力建设资源共享的开放式、多功能的实训基地。

（五）"互联网+"背景下中职电商人才培养模式的构建

1. 中职电商人才培养模式构建的思路

（1）人才培养方案制订。根据基于工作过程构建的各专业模块化课程体系，按照顶层设计的基本职业素质模块、"双证融通、情境教学"模块和职业定位顶岗实习模块，合理构建各类课程。中职教育区别于普通本科教育包括多个方面的内容，以技能为核心就是其中最为明显的一项。注重学生的动手能力和操作能力，其目的主要是要适应市场对人才需求的变化。

传统的教育模式中，更多地关注学生学会了的内容，而忽略了在教学过程应更多地关注教会学生怎样做，这使得中等职业教育在很大程度上成为本科教育的浓缩版，无法体现中职教育的特色，也并不符合中等职业教育的基本目标：为生产、管理、服务一线培养适用的具有较高文化层次的技能型、技术型人才。因此，中等职业教育改革的重点和难点在于要将以技能培养为核心的基本理念贯穿于人才培养的整个过程中。人们必须根据教学内容和所要掌握的专项能力，遵循职业能力成长规律，合理安排教学学期、学时及实施办法，形成科学的人才培养方案。

（2）人才培养的管理、监控与预期效果。按照人才培养方案的教学流程安排，对学生从入学到毕业各环节进行严格的细化管理。按照人才培养方案、基本职业素质课程、专业核心课程、职业定位顶岗实习课程、考核评价等方面实施细化管理。

对制订的专业人才培养方案的实施情况进行全方位的质量监控，确保各个环节的顺利实施。从人才培养的质量、学生毕业后的就业情况、用人单位对学生的评价等方面来检验人才培养方案的制订和实施效果，并在运行过程中不断丰富和完善。经过人才培养方案的建设，形成中职教育类型特征、高素质技能型人才培养特征鲜明的人才培养方案，把学生培养成面向生产、建设、服务和管理第一线需要的高素质技能型专门人才。

2. 中职电商人才培养模式构建的内容

（1）模块化课程体系。

1）专业市场调研。专业设置是学校教学工作的龙头，也是影响学校招生、就业最基本的因素之一。对中职学校专业设置问题的研究，既是一个职业教育学的基本理论问题，也是一个有助于学校专业定向的实践问题。专业是中职学校办学方向和特色的具体体现，专业设置是联系社会和学校的重要纽带，是构成中职学校核心竞争力的关键要素。因此，专业结构的调整和优化是事关学院生存与发展的大事，是提高教学质量和办学竞争力的有效途径。中职学校在进行专业结构的调整和优化时，应坚持"适应性、应用性、前瞻性、稳定性"的原则，以社会需求为导向进行专业建设和改革，发挥重点专业的示范作用，推进专业群发展，这就要求人们应深入地进行市场调研。

第一，专业市场调研的前期准备工作，主要涉及8个方面：①了解地区经济发展状况；②了解各专业所属行业发展状况；③了解各行业市场需求；④了解各专业建设情况；⑤了解各专业近三年毕业生的就业情况；⑥了解各行业职业资格证书；⑦了解其他中职学校相同（相近）专业设置情况；⑧了解中职热门专业情况。

第二，市场需求调研步骤：①在调研前需要事先拟定相关提纲和调查表；②调研总结，各系部在调研后要认真撰写调研报告，内容包括调研基本情况、毕业生走访信息反馈、调研单位信息反馈、毕业生在就业中存在的问题、调研成果（联系学生实习基地等）以及调研数据整理与统计工作。

2）确定电子商务专业培养目标及规格。明确中职教育的专业培养目标、明确培养所需人才规格是发展中职教育、制定中职学校改革措施的前提之一。专业培养目标及规格是指各专业根据社会需要和专业特点而确定的对所培养的人才应达到的基本素质和业务规格的要求，明确专业培养目标及规格是学校制订专业人才培养方案的首要任务。

第一，电子商务专业培养目标。电子商务专业培养须拥护党的基本路线，适应生产、建设、服务、管理第一线需要，德、智、体、美等方面全面发展，具有电子商务行业相应岗位必备的理论基础知识和专门知识，具有较强的网站建设、网页设计、销售推广、网络服务与管理等能力，具有良好的职业道德、创业精神和健全的体魄，能从事网站建设员、网站维护员、网络营销员及网络客服员等工作的高素质技能型专门人才。

第二，电子商务专业培养规格，主要有三个方面：①社会能力。社会能力包括：培养学生的沟通能力及团队协作精神；培养学生分析解决问题的能力、劳动组织能力，培养学生勇于创新、敬业乐业的工作作风，培养学生吃苦耐劳和强烈的社会责任心和正义感，培养学生初步的管理能力和信息处理能力。②方法能力。方法能力包括：职业生涯规划能力、独立学习能力、获取新知识和技能的能力、善于总结与应用实践经验的能力、决策能力。③专业能力。专业能力包括：阅读一般性英语技术资料和简单口头交流的能力、计算机操作和应用能力，系统掌握电子商务方面的基本理论和基础知识，了解电子商务发展的动向，具有较强的专业素质和综合素质，具有网站设立与维护能力、网页设计与制作能力、网上谈判与签约能力，具有销售与推广能力、订单履行能力，具有网络支付与结算能力，具有物流配送能力、客户服务与管理能力。

（2）主要建设成果。

1）确立"产业+企业+专业"的校企共建专业模式。中职学校通过对接产业，依托产业设专业，以主体专业带动相关专业群建设，不断进行工学结合培养模式建设、模块化课程体系建设和"双师型"师资队伍建设；通过校企合作、产学结合，构建产学结合工厂模式、情境教学实训体系，不断进行校企合作生产型实习基地建设、校内仿真型实训基地建设和校内虚拟型基地建设，从而达到校企互动、互通、互惠和双赢，达成"产业+企业+专业"的校企共建培养高素质技能型人才的专业建设模式。

2）确立"双证融通、情境教学、工学结合"的人才培养模式。中职学校以培养学生的职业能力为主线，按照专业对应的职业岗位（群）的能力要求和中职教育规律，科学地设计学生的知识、能力、素质目标，注重把职业资格证书考试规定的应知、应会和学历证书要求的知识、技能、态度融为一体，形成了"双证融通、情境教学、工学结合"的人才培养模式。

3）形成"双证融通、情境教学、工学结合"的模块化课程体系。中职学校要贯彻以就业导向为课程设计目标，以模块化为课程设计基本结构，以职业岗位工作能力要求为项目单元教学的基本要求，以情境教学、工学结合为实训的主要手段，以双证融通与素质教育为课程教学基本要求的总体改革思路，改革专业教学内容与课程体系。从分析专业岗位（群）职责、任务、职业能力入手，探索专业所需的基本知识、基本技能、基本态度，构成基本职业素质模块，通过探索专业知识、专业技能、职业态度，构建"双证融通、情境教学"模块和职业定位、顶岗实习模块，同时按照三个模块进行模块化课程体系建构，从而形成了"双证融通、情境教学、工学结合"的模块化课程体系。

4）建立专兼结合的"双师结构"教学团队。中职电子商务专业师资水平的高低直接影响着毕业生的素质和能力，可采取5个措施提高师资水平：①建立学校教师到企业实践制度，鼓励教师到企业实践、参与企业的电子商务的应用和项目的研发；②鼓励教师走产教结合的道路，支持教师从事电子商务的实际应用；③鼓励教师参加各种专业的学术交流会，尤其是与企业相关的研讨会；④鼓励企业的工程技术人员、高技能的专业人才担任电子商务专业课的教师和实践课的指导老师；⑤教师自身要关注互联网和电子商务的动态，不断地学习前沿的知识和电子商务的教学方式，提高实践应用的能力。

为打造"双师型"师资队伍，中职学校电子商务专业主要尝试与企业合作推进教师挂职锻炼、与培训机构合作鼓励教师考取相应的职业技能证书，同时鼓励教师进修学习，提高学历，并制订新教师讲课前的培训计划，为每一位上讲台前的新教师指定老教师进行"传帮带"，努力提高教学质量和教学水平。

5）构建工学结合教学质量监控评价保障体系。中职学校在认真总结多年教学管理经验的基础上，应科学引入质量管理理念，逐步完善学校与企业共同实施的工学过程监控与评价体系。学生在企业参与项目实施，以企业监控、评价为主；在校期间，由学校教学行政部门、教学系部、院系两级督导组织，对工学过程中各个环节进行全过程监控。中职学校应紧紧围绕形成单元专项能力的目标，对模块选择、模块化任务确立、工学结合实施计划、专项能力的形成（考核方式）、工学结合成果等实施全程质量监控。通过校企合作实施小组和班级信息员小组、院系两级督导组、院系两级教学管理部门、社会及用人单位等，广泛参与工学结合质量监控与评价，构建了工学结合教学质量监控评价保障体系。

6）创建满足学生需求的产学结合运行机制。中职学校应在深入研究中职教育规律和市场规则的基础上，本着建设主体多元化的原则，采用引入项目、校企一体化等主体建设方式，建设具有仿真模拟型、虚拟型特征的校内电子商务应用实验室，还可以引入具有实战能力和指导实践能力的企业到学校来。学校提供良好人力资源供给以实现其经济利益，学生需要通过实践熟练岗位技能以实现有效就业。学校需要发展务实的教育、科研体系，实现学校专业建设的可持续发展，学校与企业之间必定互补互促、互惠互利，真正实现共同受益，为校内创业实践基地建立了良性合作动力。

需要注意的是，在校内实训基地内，企业运营和学校教学要有机结合，真正做到四个转变，即经营场所向实验实训场所转变、学生向学徒转变、指导师傅向专业教师转变、企业工作过程向任务驱动教学转变。做到教学与科研合一、育人与业务经营合一。建立创业实习实训基地必须引导更多的电商专业学生积极参与，由教师带领并指导，学生自主管理运营。

学校可以构建电商专业人才培养的综合实践平台。例如，电商 O2O 创业实践基地（工作室）的线下体验店可锻炼学生的陈列、导购、商品样品保养保洁、店铺运营管理、库存管理、财务会计等岗位技能；线上网络店铺（校园 C2C 店铺、淘宝店铺、移动手机商城店铺）可锻炼学生的网店美工、网店运营、营销推广、客服、物流等岗位技能；线上线下整合营销可充分锻炼学生活动的策划、组织、营销、执行、效果评估能力。学校联合众多电子商务企业、知名品牌供应商等多方单位，创立"校-企-企"合作模式，即由电子商务企业和众多知名品牌供应商，来支持学校创业孵化中心的运营，促进学校专业学科的建设发展。

"校-企-企"合作模式中品牌商为学校电商实践与创业的师生提供产品货源、产品知识的培训、电商相关讲座以及企业的实习、就业岗位。同时，品牌商也获得了产品宣传、展示的机会，提升了品牌美誉度并获得了产品新的销售渠道和销售额。另外，"校-企-企"合作模式中电商企业组建众多企业为学校学科建设发展服务，提供电商运营指导、电子商务专业教师的企业经验导入，也可以获得产品销售的中间利润及品牌展示的广告费用。而学校在"校-企-企"合作模式中建立了良好的校企合作环境，营造了良好的学生实践、创业的环境，鼓励更多的学生参与电商实战，在实战中锻炼、成长。学校获得众多的企业合作机会，获得行业、企业最新与最实用的电商经验，学生获得众多实战锻炼、实习、就业的机会，紧密贴合行业发展，"校—企—企"模式显著提升了专业建设水平。在提供校内实训实习基地和产学对接平台的同时，校企合作建立了满足学生需求的校企合作运行机制。

3. 中职电商人才培养模式构建的机制

（1）建立电子商务人才供求机制。对于中职学校而言，构建电子商务人才供求机制最基本的做法就是要时刻关注市场动向，及时更新人才供给与需求分析，灵活调整人才供求关系，及时调整人才培养体系，预测并设法满足市场未来战略发展的电子商务人才需求，具有人才培养的前瞻性，达到人才需求和供给的动态平衡。只有及时了解市场需求、不断调整人才培养方案、优化人才培养的结构、合理降低培养人才的投入、提高人才的产出效能，才能使中职学校在激烈的人才培养竞争环境中形成培养特色，形成本专业的核心竞争力。构建一种动态的人才供求机制主要从以下四个角度入手：

第一，通过校企合作建立稳定的人才需求源和确定明确的培养方向。企业是市场的风向标，通过与企业稳定的合作交流，能够帮助学校准确掌握市场中人才需求的动向，从而及时调整学校对人才的培养方向。

第二，通过联合社会培训机构，保证合格的人才供给质量。学校教育的脱节导致大量人才不得不寻求社会培训机构的再次回炉来适应企业对人才的需求。因此，要想快速掌握市场对人才的最新要求，培训机构是最直接准确的重要途径之一。

第三，通过校园招聘机制实现人才的供求平衡。中职学校将毕业生推向市场最主要的方式就是通过校园招聘。合理有效的校园招聘机制能够最大限度解决企业和学生信息不对称的问题，让学生和企业直接面对面，实现双选的过程也是供求机制动态平衡的过程。

第四，建立与企业的常态化联系，及时掌握企业对电子商务人才的需求。中职学校是企业稳定用工来源的重要根据地，同时，企业是中职学校检验人才培养目标是否实现的主要标尺，建立与企业的常态化联系，有利于实现双方的资源共享、和谐共赢。

（2）建立专业人才发展机制。建立电子商务专业人才发展机制要基于生产、建设、服务、管理第一线岗位的需要来进行，在专业教学计划弹性有限的情况下，通过一系列措施构建人才发展的机制，打造中职层面合格的电子商务人才，凸显中职教育的优势。具体包括以下四方面内容：

第一，找准专业人才培养方向和定位。电子商务变革几乎涉及人类经济生活的各个层面，可见它不是一个具体的独立的行业，只有与现实的行业或企业紧密结合起来才能凸显其强大的生命力。不同行业、岗位的电子商务人才，知识和技能结构存在很大差异，而不同的中职学校因固有的所属位置、当地的经济发展情况也有所不同，此外，学校的生源、师资及其他软硬件条件也决定了各自的优势、特长有区别。因此构建专业人才培养机制就要求中职学校量体裁衣根据自身情况找准定位，培养社会、市场需要的应用型、操作型的高级技术人才。所产出的产品亦即培养的人才应当有独特的专业特长，在某一方面有或者某个岗位上，有良好的适应性。所以"教学做"一体化的人才培养方式必须落到实处。如果条件允许，可以尝试将电商企业具体项目引入课程，学生用实践指导学习，边学边练、加强技能，学生的业绩就是学习成绩。专业人才培养的方向就是企业需要的人才方向。

第二，优化专业课程设置。优化专业课程设置就要根据校企合作的企业反馈的人才培养意见及其他相关企业调研定位专业就业岗位群；结合企业教师意见，根据专业对应的岗位及岗位群提取出相对应的典型工作任务；通过整理整合工作任务，提炼岗位职业技能，确定行动领域；结合典型工作任务和职业成长规律，重构学习领域；以项目、活动为载体，设计以学生为主的学习情境；建立课程标准，开发基于工作过程的课程与教学资源。在构建学习领域内容时，依据"能力为本、够用为度、循序渐进、传道授业、知行合一"的原则进行选取，基于以就业为导向的职业基础过程和以从业为导向的岗位核心课程进行职业能力培养，课程操作过程中可和企业培训一并实施，将企业项目作为课程内容进行讲授和分析。甚至可以利用上午学习、下午开店的方式实现工学交替，及时提升市场需求的技能。

第三，创新考核方式。人才培养方式的变更已然不能靠传统的考核方式来检验人才的质量。有了政府相关部门的引导、参与市场的技能培养方式，企业参与培养过程的模式，就必须有创新的考核方式。通过互联网的形式来进行电子商务各项技能点的考核，通过开设的网店的运营成果和业绩指标作为技能线的考核，通过创业过程中的信用度及管理能力进行职业素养的考核，只有以实践的方式考核实践的课程，才能真正培养具有实践技能的高素质人才。

第四，注重职业发展能力的培养。通过设置以创业为导向的培训课程和以兴业为导向的个性发展课程进行职业可持续发展能力的培养，通过"第二课堂"和素质教育大讲堂、国学教育、企业文化教育等多种形式进行人格品质教育和职业素养教育，培养素质过硬、技能全面的高素养型人才。

（3）建立信息技术支持机制。随着信息技术的飞速发展，中职学校走教育信息化道路已成为支持和服务教育活动不可阻挡的发展趋势。信息技术支持机制从理论上而言，就是从工业时代的传统管理模式向信息时代的现代管理模式演变的过程。因此，构建信息技术支持的机制必须包含以下两部分：

第一，校园网络硬件平台建设。校园网络硬件平台的建设以网络技术互联网手段为载体，将管理和服务以信息的方式进行呈现，对信息资源、数据资源进行深入开发、整理以及管理，利用网络低成本的管理特性，提升管理工作的效率，利用大数据的优势提升决策水平以及资源的整体协调和调控能力。

第二，信息化应用系统软件的建设。无论是电子商务人才的培养还是任何一类现代化人才的培养都离不开信息化的培养环境，因此，校园建设在重视硬件投入的情况下也要适时引进当下一些可应用于电子商务人才培养的系统，比如库管系统、客户关系管理系统等，在尽可能的范围内提高学生的实操能力。

校园信息化建设不是单纯的技术问题，更不是依靠一个部门就能完成的。除此之外还要加强校园网络文化建设，形成健康、积极、向上的网络环境，强化师生健康的信息化意识。

（4）建立"政、行、企、校、生"联动培养机制。促进校企合作，必须创新校企合作新模式。以政府相关部门为主导，由中等职业教育学校、企业、行业协会以及学生自建的综合体为平台，构建广泛的校企合作新模式——校企联系体。通过校企联合体的运营，彼此间的交流、优化联动培养环境，实现校企资源共享，致力于搭建政府指导下的行业、企业、学校资源整合、利益共享、共同进步的新局面，提升中职学校电子商务人才的培养质量，增强企业的核心竞争力，树立有特色的中等职业教育新品牌，从而拉升所在地区经济发展水平，储备适应经济发展需要的后续人才力量。

中职学校依托五方联动机制整合政府、行业、企业、学校及学生资源，搭建各种合作平台，推动校企深入、全方位的合作，重点发挥行业协会的桥梁作用和协调作用，引导企业融入学校，指引学校深入企业。具体机制的构建要求做到以下三方面内容：

第一，充分发挥政府相关部门作用。严格落实政府政策，为五方联动人才培养机制营造良好环境。相关部门在宏观层面根据当地的经济发展实际情况，对校企合作的形式、体制、机制等进行必要的规范和约束，促进学校提升服务企业的能力，提升所培养人才的质量和适应性，积极促进校企合作的深入发展，了解企业在用人方面的迫切需求，开创合作办学的新局面。

第二，筹建校企资源分享平台。搭建校企资源共享平台，整合中职学校和企业各自的优势资源，如企业真实的工作环境、先进的技术设备、具有可操作性的项目内容；学校的稳定的人力资源、优秀的培训师资、有力的政策支持等。借助电子商务行业平台，将校企资源进行有机整合，将企业资源介入人才培养工作。

第三，打造优质校企淘拍档（TP）运营团队。积极引入企业项目，通过校企 TP 团队的建设，实现企业与学校的良性互动，吸引企业关注学校的人才培养，并参与到人才培养方案的制定过程，提出有针对性的、更加贴近用工要求的培养目标，实现校企的深度融合，利益双赢。

（5）建立"三创"机制。"三创"是指创业、创新、创意。随着电子商务的普及，移动互联网推广、在线支付、物流业迅速发展，加上电子商务具有风险小、成本低、操作简单等优势，使得电子商务成为最具创业前景的行业。电子商务在创新、创业、创意中谋求新的变化，迫切需要学校将电子商务的创业实践引入到电子商务人才培养中，构建"三创合一"的培养机制，培养"创新意识强、创业知识素养高、创业品格优、组织协调能力强、实践技能精"的高素质人才。具体可以通过以下三种做法实现：

第一，引入创新创业教育内容。创新是电子商务发展的根本动力，创业目标的实现使得电子商务人才的培养有了更广阔的发展空间。因此，创新创业能力的培养应该伴随着电子商务人才培养的全过程。

第二，建立电子商务"三创"实践教学平台。实现校内实践与企业实习创新创业实践相结合，强化学生实际动手能力和创新能力的提升。同时开展校企协同创新的电子商务人才培养新模式。

第三，积极举办各种能手大赛、创新创业大赛。通过全国"三创"比赛及各类电子商务创业大赛，实现"以赛代训""以赛代践"，让学生和团队在比赛中迅速成长起来，积极自学，激发学生的创新创业潜能，提升学生的创新创业素质以及学习能力。

（6）建立"五位一体"育人机制。为了适应新时代对学校提出的引领中职学生全面成长的要求，学校要顺应时代不断创新育人模式，努力打造"教书育人、文化育人、服务育人、环境育人、实践育人"的"五位一体"育人机制。从而全面提高学生思想道德素质、科学文化素质、人文科技素质、动手创新能力和就业创业能力。

第一，教书育人。不断修订人才培养方案，在充分体现中职教育特色的基础上，培养高技术应用型人才，并达到服务地方经济发展需要的目标。积极开展教师技能大赛、教学能手大赛，鼓励教师外出培训，努力提高科研和教学水平，从而提升培养人才质量。

第二，文化育人。创新管理理念，将人性化的管理理念融入教育之中，尊重学生的个性化需求，突出学生在不同年龄段的差异性，大力实施思想教育工程，造就理想远大、信念坚定的合格学生，引领学生道德素质的提升。

第三，服务育人。秉持"以学生为本"的服务理念，不断强化服务意识，提升服务水平，在如何构建学生生活、学习、就业服务为一体的优质服务体系上下功夫，为学生在校生活、学习提供有力保障。

第四，环境育人。在办学过程中加大对校园环境和校园文化的建设力度，将校园打造为景区。将传统文化人文活动引入人才培养方案，努力提升校园文化品味。在对学生进行健康情感的熏陶和培养的同时提升学生对学校和传统文化的认同感和自豪感。

第五，实践育人。以校园社团文化活动、社会实践活动、校内实践基地、校企合作等形式积极打造多级实践平台，全方位多角度培养学生实践能力和创新能力。

第二节 "互联网+"背景下中职高端技能人才培养

一、"互联网+"背景下中职高端技能人才培养需求

"互联网+"背景下，社会各个产业都在不断的升级与转型，这一现状给中职学校的人才培养带来了很大的挑战。具体而言，中职计算机网络高端技能型人才需求主要表现如下：

第一，岗位需求。传统计算机网络技术专业相关的人才需求主要有网站开发、系统运维以及信息系统集成等。而在"互联网+"时代下，社会各个领域都发生了很大的变化，对于计算机网络技术专业的人才需求自然也会发生很大的转变，如网站运营、网络资源管理等，都是现阶段必需的人才。

第二，技能需求。当前，对于计算机网络技术专业人才的技能需求也发生了较大的转

变，除了基本的网站管理、系统集成以外，还要求他们掌握物联网、虚拟化等新型技能手段。

第三，素质需求。企业在人才聘用过程中，比较看重的素质主要有职业道德、团队协作能力以及创新意识等。而在"互联网+"时代下，对于人才提出了更高的要求，需要他们有着良好的综合素质，具备终身学习能力。

二、"互联网+"背景下中职高端技能人才培养策略

"互联网+"给中职计算机网络高端技能型人才的培养带来了很大的机遇，不过机遇背后往往伴随着挑战，无论是在课程设置还是专业定位等方面，都有着更高的要求。所以，中职学校应该积极探索，以便使人才培养模式更好地适应"互联网+"环境下的要求，促进学生更好的发展与进步。

（一）深化校企合作，促进产教的融合

中职学校在专业建设过程中，应该把企业需求当作重要依据，简单而言就是在学生专业技能培养中，考虑到企业的具体岗位需求，在这方面，深化校企合作、促进产教融合显得十分重要。

对于中职学校而言，应该深入企业进行调研，并且邀请企业一线技术人员一起参与到专业人才培养方案的制定中，使课程内容与企业岗位实际任务有效衔接起来，并进行一些关联性较小的内容简化，侧重于应用技能、原理等的教授。除此之外，还可以聘请企业优秀技术员工兼职教师，参与到课程讲解与建设中，从多方面确定教学目标，之后再进行工作任务的分解，为学生提供更为实际和优质的教学服务。

在具体教学中，可以选择几门核心课程，通过一体化教学手段，在实训、实验场所，甚至是企业中进行课程教学，真正做到学生的学习与企业生产实践相融合。在校企合作、产教融合教学模式下，可以很好拉近中职学校和企业之间的距离，使得学生在掌握理论知识的同时，还能获得社会所需的实践技能，提升他们的社会适应能力，进而在今后步入岗位可以更快地适应，获得更好的发展。

（二）证赛融合，调动学生的积极性

"以证促学、以赛促教"是促进学生技能学习与发展的有效方式。在教学内容设置中，将计算机网络技术专业技能证书与全国职业技能大赛中涉及的知识与技能合理整合与利

用，并借此有效激起学生的学习积极性。例如，与本专业相关的全国计算机技术与软件专业技术资格（水平）考试、网络工程师考试，其中涉及的内容不仅有理论方面的知识，同时还有实践操作技能，对于学生的能力有着综合性考量的效果。

所以在课堂教学中，中职教师得认识到，将考证知识与技能合理进行融合，帮助学生明确学习目标，提升他们的学习效率。除此之外，还可以将各种技能大赛合理利用起来，根据大赛要求组建课外学习小组，并且指派专业的教师，在强化学生技能的同时，还能促进学生集体荣誉感、团队协作能力的发展。

（三）导学结合，强化学生的学习能力

在"互联网+"时代背景下，中职高端技能人才的终身学习能力的具备显得十分的重要。导学结合主要是指将教师的引导与学生的自学有效的融合，充分发挥教师引导作用，借此促进学生创造性、主动性的发展。

例如，在核心课程教学中，选择几个与导学方式相适应的案例或者项目开展教学，确定好案例与项目之后，先让学生根据自身实际明确学习目标，之后通过各种途径进行资料的搜集，并开展自主学习，最后将自主学习成果报告在课堂上演示出来，由企业兼职教师、学校教师一起进行评分，指导学生优化改进，强化学生的自学能力。

例如，在"网络安全技术"课程教学中，教师可以选择防范计算机病毒、网络攻击的项目，再开展导学教学：引导学生树立明确的目标，让学生在课外开展自主学习，从多种网络病毒和攻击方式中找出自己感兴趣的开展研究，制作成报告进行课堂展示。在这一过程中，学生需要应用搜索引擎，并且进行文档的制作与演示等，综合能力可以得到很好的发展，让学生获得良好的成就感。而且通过同学、教师的评价，学生也能更加清楚地认识自身不足，在今后针对性地进行改进，以便获得更好的提高。

（四）促进学生发展，加强师资队伍建设

在"互联网+"环境下的中职计算机网络高端技能型人才培养中，"教师是不可或缺的重要因素。所以加强注重师资队伍的建设十分有必要，是确保人才培养目标达成的基础。"[①] 不论在人才培养中的哪个环节，教师都应该掌握企业所需的前沿技能和知识，并且和企业对接，所以，中职学校可以将教师派遣到企业中挂职锻炼。在这一过程中，还可

---

① 杨小悦，汤艳."互联网+"环境下中职计算机网络高端技能型人才培养模式探索 [J]. 中国新通信，2021，23（5）：180.

以鼓励教师和企业展开深层次的合作，一起进行教学科研活动。在日常教学中，中职学校也可以推出鼓励机制，使得教师积极参加学位进修、职业资格认证等，促进教师不断发展与进步，进而为学生提供更为优质的教学服务，满足社会对计算机网络高端技能型人才的需求。

对于中职计算机网络技术专业教师而言，得树立不断学习的意识，利用课余时间通过网络、培训班等方式进行学习，朝着"双师型"的目标不断前行，这样才能实现长远稳定的发展目标。

综上所述，"互联网+"给中职教育带来了全新的挑战，要想使毕业生更好地胜任工作岗位与环境，中职学校必须不断地探索与创新，促进人才培养模式的转变，在这一过程中，中职学校还得加强调研，以便更好地了解社会对计算机网络高端技能型人才的需求，然后将这一需求渗透进人才培养模式中，这样才能提升人才培养的科学性与针对性，使学生可以跟上技术发展的脚步，获得更好的发展。

第三节 "互联网+"背景下中职汽车专业人才培养

一、"互联网+"背景下中职汽车专业人才培养需求

第一，复合型人才需求量较大。"互联网+"时代下，以往的中职汽车专业人才培养工作难以满足社会发展需求，中职学校毕业生往往不能快速适应自身岗位，而且工作开展质量得不到有序的保障。新的形势下，信息化及自动化技术在汽车行业中得到了较为广泛的应用，推动了汽车行业的发展，基于此，相关行业愈加注重复合型人才的聘用，对人才的创新能力、理论知识及实践能力提出了更高的要求。但是在以往学习中，中职学校在汽车专业人才培养中过分重视理论知识讲解，学生的实践能力及创新能力难以得到有效的提升，不利于学生未来的发展。

第二，对人才的互联网思维提出了更高的要求。"互联网+"时代下，汽车行业对人才的互联网思维提出了更高的要求，要求人才在实际工作中能够熟练掌握和灵活应用互联网思维，提高工作开展的质量，赢得消费者的认可，进而扩大企业的竞争优势，促进企业在"互联网+"时代下的进一步发展；要求中职学校在实际工作中不仅要提高学生的专业能力，还要培养学生的互联网思维，进而促进学生的全面发展，为学生未来的工作奠定坚实

的基础。

第三,强调多元化能力结构。"互联网+"时代下,民众的思想观念发生了较大的变化,而且各个行业之间的竞争形势愈加复杂,这种情况下,汽车相关行业对人才提出了更高的要求,中职学校在汽车专业人才培养工作中面临着严峻的挑战。新的形势下,中职学校应高度重视汽车专业人才数据分析能力、思维能力、反应能力的培养,高度重视多元化能力结构,进而提高人才培养水平,为企业源源不断地输送高素质人才。

二、"互联网+"背景下中职汽车专业人才培养不足

(一)人才培养目标方面的不足

当前,我国中职汽车专业人才培养工作在人才培养目标方面存在一些问题,对中职汽车专业人才培养工作开展的进度及质量造成了一些负面的影响。在过去一段时间内,中职在汽车专业人才培养的过程中高度重视人才维修及营销能力的培养,将提高学生的就业能力作为人才培养的目标,以期能够推动汽车相关行业的发展。这种情况下,中职学校对学生主体地位的重视程度较低,导致学生在学习过程中难以提升自身的创新能力,不利于学生的个性化发展。就长远而言,学生综合能力难以得到有效的培养,对汽车相关行业的发展造成了一些负面的影响。另外,中职学校在评价汽车专业人才培养工作成果时存在一些片面性,不能对学生的学习成绩进行全面的评估,难以真实反映出学生的学习状况,不能为后续教学工作的开展提供可靠的依据,不利于学生的全面发展。

(二)人才培养课程方面的不足

目前,我国中职学校汽车专业人才培养工作中存在着人才培养课程单一的情况,对教师开展教学工作造成了较大的制约,导致教学工作的趣味性较低,难以激发学生参与教学活动的积极性,汽车专业人才培养工作开展情况并不理想。部分中职学校所采用的教材较为老旧,教材中涉及的知识点较为落后,并不能满足"互联网+"时代下汽车相关行业的需求,人才培养工作水平普遍较低。而且部分中职学校在实际工作中所采用的教材多集中在汽车专业基础知识方面,学生在学习过程中能够有效提高自身的专业能力,但需要注意的是,"互联网+"时代下,汽车相关行业在聘用人才时不仅是对应聘人员的专业素养进行考查,更加注重对人才学习能力及创新能力的考查。中职学校在实际工作中如不能对教学内容进行适当的调整,必然会导致人才在市场竞争中缺乏优势,不利于学生的进一步发展,

也会对中职院校的发展带来一些负面影响。

（三）人才培养方式方面的不足

在以往工作中，中职学校在汽车专业人才培养工作中多是采取理论知识讲解为主的教学模式，学生在教学过程中参与感较低，学生的主观能动性得不到有效的发挥，导致汽车专业人才培养工作开展进度较慢、效果较差。而且部分中职学校由于场地及资金等方面的限制，实践课程所占比重较小，又或是采用由教师实践学生观看的方式开展实践课程，学生动手能力难以得到有效的提升，对知识的认识和理解仍旧停留在理论层面。

三、"互联网+"背景下中职汽车专业人才培养策略

（一）重视人才培养的多元化

在过去一段时间内，我国比较注重"熟练劳动者"的培养，这种人才培养模式能够在一定程度上推动社会的发展，但是并不能推动社会各个行业的发展。"互联网+"时代下，社会经济发展十分迅速，民众物质生活水平显著提升，这种情况下，汽车相关行业迎来了新的发展机遇。汽车相关行业的快速发展对中职学校汽车专业人才培养工作提出了新的难题。"互联网+"时代下，新能源汽车与汽车服务行业得到了较大的发展，但是在以往学习中，中职学校并没有设立相关专业，导致汽车相关行业人才紧缺，阻碍着行业的发展。新形势下，中职学校必须对自身人才培养目标进行适当的调整，高度重视高技术技能型人才的培养，进而为"互联网+"时代下汽车相关行业的发展输送高质量的人才，推动汽车相关行业的突破性发展。

此外，现阶段汽车相关行业对人才的需求是多样的，其要求学生能够同时具备多方面的能力，以此满足实际工作的需求。因此，中职学校应不断改进自身工作，注重跨学科人才的培养，进而满足汽车相关行业对复合型人才的需求，推动汽车相关行业在"互联网+"时代下的发展。

（二）丰富人才培养的内容

人才培养内容对人才培养工作的进度及质量有着直接的影响，因此，中职学校在汽车专业人才培养工作中应高度重视人才培养内容的革新，进而丰富人才培养的内容，提高人才培养工作的趣味性，加大教学工作对学生的吸引力，促使学生积极主动地参与教学工作

中来，进而实现教学工作水平的大幅提升。"互联网+"时代下，中职学校应充分认识到以往教学课程安排中存在的不足，在教学过程中提高实践课程所占的比重，要求教师在教学过程中明确自身的引导地位，为学生提供必要的帮助和指导，确保学生能够在教师的引导下完成相关知识的学习，促进学生实践能力的提升。

另外，中职学校在实际工作中应注意对"互联网+"时代下汽车相关行业的发展趋势进行分析，并结合当前汽车相关行业对人才的需求调整人才培养课程，加强与企业的沟通合作，实施定向人才培养策略，进而为汽车相关行业的发展提供可靠的人才保障。

（三）创新人才培养的手段

人才培养模式对中职学校人才培养工作的质量有着直接的影响，因此，在"互联网+"时代下，中职学校应积极革新自身教学理念，在教学过程中注意转变教师的思想观念，加强对教师的培训及管理，帮助教师认识自身教学工作中存在的不足，引导教师创新人才培养手段，进而促进汽车专业人才培养工作水平的提升。在实际工作中，中职院校应加大对新型教学理念及新型教学手段的推广和应用，在校园内营造良好的氛围，为教师创新人才培养模式提供便利。此外，中职院校应注意搭建"互联网+"校企合作平台，加大对信息化技术的使用，进而提高教学工作的趣味性、扩展学生的视野、发散学生的思维、促进学生综合能力的提升，为学生未来的学习及工作奠定良好的基础。例如，教师在实际工作中可以借助虚拟现实技术（VR），通过VR设备帮助学生对汽车结构进行观察和学习，进而加深学生对相关知识的记忆和理解。

总而言之，现阶段我国中职汽车专业人才培养工作面临着复合型人才需求量较大、对人才的互联网思维提出了更高的要求、强调多元化能力结构等"互联网+"时代带来的挑战，因此，中职学校应明确"互联网+"发展趋势，在汽车专业人才培养工作中不断改进自身工作，高度重视多元化人才培养，丰富人才培养内容、创新人才培养手段、搭建"互联网+"校企合作平台，进而实现中职汽车专业人才培养水平的大幅提升。

第四节 "互联网+"背景下中职"双创"人才培养策略

伴随近些年信息技术的快速发展，以及与传统行业的深度结合，令我国步入全新发展生态当中，同时也为我国创业者提供了全新发展契机。中职"双创"教育若想取得理想效果，便需有效使用互联网，将其带入实际教学当中，促使其优势得到充分发挥，令我国"双创"人才培养水平进一步提升。

伴随"互联网+"技术在各行各业中的广泛应用，中职教育也产生了全新变革，高素质"双创"人才培养已成为中职教育与社会发展的必然趋势与要求。"双创泛指创新与创业，其中创新能力泛指具备创新意识、思维、精神，同时在实际工作当中将其转化为创新成果。"① 创业能力则泛指发现或创造一个全新领域，通过不同方式对其加以利用与最大限度开发，令新事物产生新成果。另外，"互联网+"教育模式主要是将互联网技术作为基础，通过搭设高效教育平台，利用互联网独特信息优势、技术优势对不同产业与行业进行整合，对教学理念加以创新，同时对资金投入与资源配置开展优化，促使培养目标与市场发展需求相匹配。

中职学生"双创"能力能够在"互联网+"背景下通过系统化教育得到有效培养，同时提升学生自身职业素养与创业意识，并在这一过程中逐渐掌握独立创业的方法与技能，从而使提高其社会适应能力与自我发展的教学目标得以切实实现，因此可将"双创"人才培养视为新时代背景下与经济发展环境相符合的教育改革思路。

一、"互联网+"背景下中职"双创"人才培养意义

由于"互联网+"自身具有诸如跨行业整合、产业结构重构、生态开放、连接性强等特点，令我国传统行业近些年在受到"互联网+"思维模式影响下有了不同程度的融合、改革和转型，从而令诸多领域交叉，并产生了更多创新点、创业点和行业发展点。同时，伴随市场创业项目需求不断提升，对于中职学校"双创"人才知识结构也提出全新要求。

第一，拓展人才培养方向，提升就业质量。"双创"教育主要目的在于将学生培养成具备创业意识、技能，开创性个性的人才，在中职"双创"教育运用"互联网+"过程中，能够促使学生创新思维能力得到有效提升，同时通过对学生自我创业能力与开拓精神的引导，促使学生能够更好适应经济全球化以及知识经济，令其能够在激烈的就业竞争当中脱颖而出，而这一点也正是突破就业难点与提升就业质量的核心因素。

第二，与专业教育全方位融合。"双创"教育与专业教育两者之间能够相互促进，在"互联网+"背景下开展"双创"教育过程中，若将其融入专业教育中，能够促进学生创新思维能力与创业能力的同时，也能促使学生综合素质得到全方位提升，令其能够在社会实

---

① 骆书芳."互联网+"背景下中职"双创"人才培养策略研究 [J]. 中国市场，2021 (9)：172.

践当中将所掌握的专业知识更好地利用，提升其专业人才适应性。

第三，服务国家发展战略，促进科技产业升级。现阶段，在我国传统产业升级转型过程中，互联网已成为一股有力的推动力量。目前，我国经济结构正处于转型与构建创新关键时期，中职学校应充分运用互联网独特优势，将"双创"人才培养纳入人才培养计划当中，并对"双创"人才优质发展环境进行积极塑造，如此才能够更深层次推进"双创"人才培养，同时令科技产业升级，战略型新型产业得到进一步发展。

二、"互联网+"背景下中职"双创"人才培养现状

第一，"双创"课程应该真正融入学校人才培养方案。现阶段，我国中职学校对于人才培养主要以专业教育为主要方向，无论是校方还是学生皆未对"双创"教育予以重视，因此导致"双创"教育在中职学校中逐渐被边缘化，最终致使双创课程相互独立、大部分内容结构不清晰、质量低下、缺乏系统性。另外，大部分中职学校双创课程未受到应有重视，课程定位模糊，导致其辐射面积无法拓展，在学生当中不具备较大影响力。

第二，教学方式单一，品质有待提升。在目前中职学校双创课程中，主要以课堂讲授为主要方式，同时将案例讨论作为辅助手段，即便在实践教学时，通常也是使用验证式、模拟式等传统实践方式，不具备真正设计性与综合性实践，这一方式无法令教学达到理想效果，并且无法令学生主观能动性与学习热情得到充分调动，令"双创"教育发展受到极大程度制约，无法令学生自身综合素养与实践能力得到提升。

第三，师资力量薄弱。在开展"双创"教育过程中，高素质师资队伍是其重要前提与保障，"双创"教育对于师资有着极高要求，不仅要求教师具有扎实的理论，同时也要求教师具备丰富的实践经验。但是在实际中，部分教师自身知识结构较为单一，并且不具备跨学科教学能力，无法胜任"双创"教育工作。另外，部分中职教师不具备创业、管理等相关实践经验，对企业运营方向与模式并不明确，在教学过程中仅停留于教材层面。除此之外，部分中职学校兼职教师数量较多，再加之尚未将相关政策更深层次落实，导致"双创"教师不具备较高教学积极性，并且在教学时也未投入较多时间与精力。

三、"互联网+"背景下中职"双创"人才培养途径

在"互联网+"这一背景之下，"双创"教育的深化能够促使中职学生具备更强创新创业素质与综合能力，这对其就业竞争力而言有诸多裨益，并且对其快速适应工作岗位有重要意义。中职学校应与互联网特性相结合，对新时代"双创"教育有效开展策略积极探

索。

第一，尊重个体，建立个性化"双创"人才培养模式。在传统人才培养模式中，培养目标往往较为单一，导致学生无法满足社会对多元化人才的需求，由于当代学生拥有较强自我意识，因此在开展"双创"教育过程中，需将学生自身个性与时代相结合，打破传统教学模式，对于个性化"双创"人才培养模式进行探索。除此之外，还需根据不同学生素质能力所存差异，使用不同方式因材施教，将学生个性、潜能等优势充分发掘。

第二，贯彻始终，全程化开展"双创"教育。在"双创"教育开展过程中，需为其持续性提供保障，令其能够贯穿整个人才培养过程，不能在中职学生面临毕业时再鼓励其创业。因此，需将"双创"教育针对对象范围定位全体中职学生，切实做到"广覆盖、广受益"。而这一方式代表学生自踏入中职学校开始，校方便需将"双创"教育理念全方位、立体化融入专业教育、素质教育、理论学习、实验实训、"第一课堂"、"第二课堂"当中，促使"双创"教育能够渗透到所有环节当中。

第三，紧跟时代，探索多元化"双创"教育模式。现阶段，我国大部分中职学校开始加大对"双创"教育的重视力度，但是在实际开展过程中形式却较为单一，无法令学生兴趣得到充分激发，而若想充分激发学生兴趣，需将学生自我实现价值与"双创"教育相结合，通过互联网技术令学生不同需求得以显现，引导学生积极参与到"双创"实践当中。另外，还可通过博客、创客等相关"双创"教育"客"文化的个性化、多元化、多样化吸引学生注意力。目前，我国部分中职学校已经与上述应用相结合，推出"互联网+"相关"双创"教育实训与实践计划，并在学生中获得极佳反映，为双创教育拓展奠定了坚实基础。

第四，多方协调，培养"双创"人才生态系统。在开展"双创"教育时，需要校方、企业等多方参与、相互促进、协同作用，如此才能够为"双创"人才培养提供优质生态系统。首先，中职学校应突破学科、部门划分所带来的制约，重建跨学科、部门协同机制；其次，中职学校需与企业等共同进行外部资源整合，同时积极参与当地传统转型升级"产学研"项目中，促使"双创"教育能够得到更好发展。

第五，深入理论研究，培养高适应性"双创"人才。中职学校需将学生创新实践能力与创新精神视作为"双创"教育发展首要目标，加大"双创"人才培养一体化课程体系构建，通过健全教学评价体系与资源配置优化，促使中职学校各个部门内部沟通协作得以强化，还可通过信息构想系统促进"双创"教育模式的完善。

第六，广泛应用大数据，客观分析市场需求与创业目标。网络是现阶段信息与知识主流获取方式之一，同时也是"双创"教育有效开展途径，通过"互联网+"的"双创"教育，能够实现创业实践平台搭建，从而促进"双创"教育资源管理、评价的最佳优化，而通过互联网大数据分析，能够促使市场客观需求、创业目标等分析更加具备针对性与个性化，为学生规划创业目标。除此之外，通过互联网大数据，能够为当地政府与企业搭建优质沟通平台，对不同类型信息实时掌握，从而为"双创"教育开展奠定良好基础。

综上所述，"互联网+"背景下的"双创"教育能够有效促进中职教育改革，同时也是我国未来经济发展质量提升所需，对于中职学生高质量创业而言也有着非同一般的意义。因此，在中职学校开展"双创"人才培养，应始终秉承人才培养规律，循序渐进，逐步提升"双创"人才创新能力与创业能力。

第五节 "互联网+"背景下中职专业群建设人才培养

一、"互联网+"背景下的中职专业群

（一）专业群的界定

1. 专业群界定的观点

专业群是在我国经济发展的方式转变、产业转型升级的加快以及市场化就业机制逐步形成、职业院校专业建设由"规模发展"到"内涵建设"的背景下出现的时代产物。有关专业群的定义各有其表，比较有代表性的如下：

（1）专业群是由一个或多个办学实力强、就业率高的重点建设专业作为核心专业，若干个工程对象相同、技术领域相近或专业学科基础相近的相关专业组成的一个集合。

（2）专业群是建立在"一个公共技术平台，多个专业方向"基础上的，具有共同的专业技术基础和基本技术能力（技能）要求，并能涵盖某一技术或服务领域的若干个专业（方向）的一个集合。

（3）专业群是选择各院校的重点专业或优势专业作为核心或龙头专业，由两个或两个以上跨二级类的专业，通过核心专业的带动和专业之间的依赖、促进，形成合力，以提高整个专业的教学水平，提高学生的职业能力和提高职业院校服务经济社会的能力为目的而组成的专业集合。

(4) 专业群是由一个或多个重点建设专业作为核心专业，由若干相关专业共同组成的专业集群。

综上所述，我们可以把对专业群定义有代表性的表述归纳为："相近论""共同论""合力论"和"核心论"。从相关论文引用的频率看，"相近论"认可度比较高，影响面比较广，居主导地位。

"相近论"强调专业群内各专业行业基础和学科基础的相近性，在实际操作中表现为围绕产业链构建专业群或围绕学科基础构建专业群，着眼于学校教学资源的整合利用，着眼于学生知识能力培养的基础性、延展性。

"共同论"强调专业群内专业技术基础和基本技术能力（技能）要求的共同性，而且这个专业群是基于"一个公共技术平台，多个专业方向"。在实际操作中突出以服务经济社会为目标，围绕产业链和职业岗位设置专业群；要以核心专业为基础形成专业群特色，并整合师资力量和教学资源；要使专业群的专业设置更有效并丰富学生的职业能力。

"合力论"认为专业群内专业可以跨二级类，是否相关并不重要，主要取决于服务经济社会的需要。在实际操作中表现为围绕某个行业一组相关职业岗位构建专业群，为企业提供打包式的人才服务，降低企业的人才招聘成本。

"核心论"强调对其概念的理解包括两个具体层面，一是核心专业的确定，二是专业群内相关专业的选择。"核心论"有单核心、双核心之说，顾名思义，所谓单核心就是一个专业群只有一个核心专业，双核心即一个专业群有两个核心专业。在实际操作中要求突出专业群发展的优势，具体体现在：资源整合与共享，发挥集群效益；柔性化管理与组织，提高专业适应性；品牌培育与形成，提升竞争力与影响力；外溢效应，提高专业建设水平与创新发展。

当然，研究中还有把专业群视为"教学管理单位"，即"将专业作为课程的组织形式，将专业群作为学校内部资源使用与人才产出的实体组织"，再以专业群为单元组建二级教学单位；也有把专业群作为"教学基本单位"，即以专业群为背景开发课程。显然，专业群的这两种组织方式都有实际意义，但概念所指的对象和含义并不相同，前者侧重于资源的组合，后者则希望通过课程整合与重组实现更高水平的专业培养。

可见，专业群是指按照与产业链和职业岗位群对接的原则，由一个或多个核心或骨干专业及其他相关专业组成，并基于"一个公共技术平台，多个专业方向"教学体系的专业集群。

2. 专业群界定的要素

（1）与产业链和职业岗位群对接是专业群设置的基本依据。职业教育的本质是工作要素的联系，无论哪种成分的职业能力，都是在知识与具体的工作要素之间形成的联系。工作要素由工作的设备、对象、关系组成，工作知识中最基础、最直接的是关于工作要素的知识，因此包含工作要素的工作情境是职业能力成长的环境和基础。这是解释职业教育为什么必须校企合作，企业本位的职业教育为什么优于学校本位的职业教育的关键因素。因此，职业院校专业群内部的本质联系是相近或相似的工作要素，能否"在同一个实训体系中完成其基本的实践教学"是一种衡量标志，"职业教育存在的基础是工作体系"，但"职业联系"并不否认学科知识。

（2）专业群内还必须要有核心或骨干专业。任何专业群，其内部都必须有 1~2 个核心或骨干专业，以引领和凝聚其他相关专业的建设与发展。专业群内如果没有核心或骨干专业，就无法实现集聚，而集聚性又是专业群最基本的属性，专业群正是通过这种集聚性才得以实现"1+1>2"的效果。为此，核心或骨干专业是专业群设置的基本条件。目前，我国教育行政主管部门通过立项开展重点专业建设工作，如颁发了《中等职业学校重点建设专业教学指导方案》，同时，职业院校也开展了特色专业建设工作。随后，相关部门在中职学校开展实施了"国家中等职业教育改革发展示范学校建设计划"，这两个建设计划都把建设的重点放在专业上，加之在这前后教育部及全国各省市开展的中职重点专业、精品特色专业建设，各职业院校已经形成了一批国家级、省市级特色专业、重点专业、精品特色专业，从而为学校专业群建设打下了良好的基础。各校在不同的专业领域都形成了自己的核心或骨干专业，都有专业建设的引领者，作为专业群的核心专业无可厚非。

（二）专业群的类型

专业群可以从不同角度划分为不同的类型，此处我们主要从专业结构的角度把专业群划分为双核心型、单核心型、骨干辐射型和协同（合作）发展型四种类型。

1. 双核心型专业群

双核心型专业群是一个专业群有两个核心专业为引领，形成双轮驱动发展模式，这种专业群发展模式在内部形成两个关联强、相互依赖的核心专业。核心专业之间形成相互竞争，能够相互带动，内动力强，建设效果一般都非常理想。由于平衡发展的需要，专业能够共同发展，避免优势专业独占资源、非核心专业动力不足而发展滞后的现象，这种专业群发展模式的不足是教学资源容易分散，而且由于竞争的存在，容易产生矛盾，需要经常进行协调和沟通，充分发挥双核心的独特优势，保持专业群发展的长益不衰。双核心型专业群的构建要求比较高，在中等职业学校比较难以形成。

2. 单核心型专业群

单核心型专业群内只有一个核心专业为引领，其他相关专业以其作为中心集聚在一起，并借助其品牌、市场、师资、资源等各种优势，引领整个专业群的稳定发展。单核心型专业群只有一个核心专业，内部占有大量资源，优先发展机会多，承担带领非核心专业发展的任务。但与双核心型专业群相比，这种专业群内部竞争不足，资源分配容易不均衡，专业平衡发展的可能性小，如果共享机制不健全，会形成一方独大的局面，从而降低了专业建设的效率。为此，从专业群建设的角度，单核心型专业群的引领作用要求更高。由于专业实力的局限，单核心型专业群是目前中职学校比较普遍存在的模式。

3. 骨干辐射型专业群

骨干辐射型专业群内部没有核心专业，但有一个或若干个专业办学历史比较长，市场需求比较稳定，师资力量比较强，教学基础条件比较理想，有比较扎实的专业文化积淀，在相关行业企业中和社会上有一定的社会影响力，能够辐射相关聚集专业，并带领其共同发展。这类专业群的建设策略是继续加大投入，尽快使骨干专业升级为核心专业，与此同时，尽量发挥专业的辐射作用，通过共建共享，推动专业群的整体发展。

4. 协同（合作）发展型专业群

协同论是系统科学的一个重要分支，协同的特征是合作与自我组织的科学性，其共同属性是：协同的主体系统由不同的下级子系统构成，这些子系统中的各要素产生互动，继而形成复杂的开放的非线性系统。从协同系统论角度来看，专业群是学校系统中的一个子系统。因为协同发展型专业群中缺乏核心专业引领，所以我们把这类专业群看成是"松散型横向一体化战略联盟"。这类战略联盟，运行的基本规则是目标统一、主体独立、资源共享、管理协同。组建这类联盟是为了适应人才培养目标和经济社会发展的需要，不同专业在不打破原来的人员隶属关系、维持原有组织稳定性的基础上，围绕共同的重大项目或课程，把相关的专业组合在一起，进行可持续的有效合作，以达到"集聚、共享、互补"之效果。协同发展型专业群内既没有核心专业，也没有骨干专业，主要是学校为了满足区域产业转型升级，为新兴产业的发展提供人才支撑所采取的特殊应对措施。

上述专业群因为主要面向新兴产业，专业普遍比较新，学校办学基础相对薄弱。由于缺少龙头专业的引领与辐射，群内专业建设的起点会比较低，凝聚力会比较弱，但优点是资源分配会比较均匀，共享程度也会比较高，专业建设的热点也会比较多，各种社会任务接踵而来，专业发展速度会比较快，社会影响会迅速得到扩大。

（三）专业群的特性

专业群内涵丰富，特色鲜明，归纳起来主要有以下三大特性：

第一，集聚性。专业群是指具有共同的专业技术基础和基本技术能力（技能）要求，并能覆盖相关职业领域的专业集合体。专业群一般集中在一个校区或一个校区的特定空间，具有空间位置上的集中性，凡有影响力的专业群都能形成以知名品牌专业为代表、相关专业集聚在一起的"专业园区"。专业群的集聚性有利于夯实专业基础，发挥专业规模的聚合效应。

第二，专业性。专业群内单个专业都有自己明确的针对某个产业领域职业群和岗位链及专业化的技术领域，有与这些职业群和岗位链相对接的课程支持，形成更加专业化的特征。专业群的这种专业性特征使得群内个体之间融通共生，有利于形成品牌优势和品牌效应。

第三，融合性。专业群是一个利益共同体，群内通过德育活动、教学活动和有效管理形成紧密的关系网络。网络中的各主体之间频繁进行交流互动、学习合作、协和共进，为实现优势互补、资源共享创造了条件。专业群的最高境界是专业的融合、课程的融合、师资的整合、资源的融合、校企合作的融合、教学基地的融合。这些元素的融合程度越高，专业群产生的效率就会越明显。

（四）专业群的价值

中等职业学校专业群建设是创造自己专业建设历史的壮举。中等职业学校专业群建设实践是建立在产业集群理论基础之上，主动适应目前社会产业转型升级与发展变化的一种明智之举。其实践价值主要表现在以下方面：

1. 促进专业的可持续发展

保持专业稳定性与灵活性，促进专业的可持续发展。职业学校现有的专业实际上就是教学实体组织，结构包括三大类，即专业学生班级、专业教师组织（教研组）、专业教学基本条件（经费、教室、实训室、专业教学设施设备、图书资料等）。开设一个新专业或者原有专业的合并、调整，都涉及专业实体组织结构存亡，是牵一发而动全身之事，这就要求专业必须具有一定的稳定性，而这种稳定性也是保持专业的历史传承、合理配置和教育资源的充分利用所要求的。也正因为如此，专业一经设置，学校一般不会轻易调整或停办。但是，在市场经济和学校与学校之间竞争日益激烈的背景下，学校只有培养出"适销对路"的人才，才能在激烈的竞争中占据一席之地，进而获得可持续发展。这在客观上要求学校在专业设置上具有一定的灵活性，以使学校能够及时地根据社会产业结构和行业企业发展变化要求作出反应，调整人才培养定位与规格，提高人才培养的针对性和实效性。由此可见，职业学校专业设置既要保持稳定性又要不失灵活性，但这在实践操作中是一个两难选择，正确处理好两者关系，才能促进专业的可持续发展。集群式专业结构既有较高的稳定性，又具有相当的灵活性，符合专业对稳定性与灵活性的要求。

（1）就专业设置的稳定性而言，学校根据相对稳定的地方经济产业结构以及行业企业对人才需求特点进行专业集群式设置，把技术基础相近或相关、具有共同的专业技术基础课程和基本技术能力要求，并能涵盖某一职业领域的技术或服务的，以某个核心专业为龙头，若干个专业集聚在一起，使专业结构、人才培养模式与区域产业结构、人才需求特点相匹配，使专业根基更加扎实，专业文化能够长期地进行积累，从而保持专业的稳定性。例如，汽车运用与维修、汽车车身修复、汽车美容与装潢、汽车整车与配件营销可以集合成一个专业群；酒店服务与管理、旅游服务与管理、旅游外语、导游服务、会展服务与管理、中餐烹饪、西餐烹饪也可以形成一个专业群等。

（2）就专业设置的灵活而言，学校在专业群的基础上，专业或专业方向可以根据社会经济发展的需要灵活进行调整，或增设新的专业与专业方向，或削减学生就业有困难的专业与专业方向，以此保持专业设置的灵活性。产业结构不断调整，新行业、新工种、新岗位不断涌现，职业学校专业设置也需要不断更新。专业群集聚了师资、实训等多方面的办学优势，具有滚动发展的功能，可以依靠原有的专业师资和实训基础，不断根据市场变化调整、拓展专业方向，以适应市场形势的变化。

2. 促进专业的高效率发展

实现专业资源融通共享，促进专业的高效率发展。一所学校如果教育成本较高，教学质量差，必然缺乏竞争力。体现在资源的使用上，要求学校力求达到各类教育资源互通共享，使有限的投入最大限度地发挥其应有的效用，在专业建设上也是如此，专业发展的高效率集中体现在专业资源是否融通共享、共同使用，实施专业集群式设置，能有效地实现学校专业资源融通共享、有效利用。

如果学校不进行专业群建设，一味地追逐热门专业，将导致专业过于分散，不能形成合力，造成教育资源的浪费。同时，专业建设没有规划，处于无序发展状态，也难以推出新专业，促进专业的可持续发展。近些年来，随着中等职业学校办学规模的不断扩张，专业数量迅速增加，但在专业设置中存在着一定的无序性。例如，同一专业或相同专业，在不同的学校同时开设，甚至在某种程度上出现"抢"专业的现象，这极大地浪费了学校的教育资源，不利于专业的自身发展。

专业建设集群化，能降低教学成本的投入，促进专业高效率发展。专业集群式建设比分专业同时设置要节省更多的时间和财力。原有的单一性专业设置造成资源利用的专业分割，限制了专业的服务能力，专业建设难以得到产业界的有效支持与参与，这种方式的专业建设永远无法赶上市场变化的需求，却造成了资源的无谓损耗，更让需要长期积累的专业文化荡然无存，提升专业培养质量的要求难以实现。随着经济发展方式的转变、产业转型升级的加快和市场化就业机制的逐步完善，这种矛盾冲突日益加剧。专业群中各专业相对集中，学校可以将有限的资金集中投入相关实训室，进行系列化建设，形成一个完整的先进的实训体系，所需的基础知识和专业基础技能基本是相近的，教学资源可以做到共享，从而降低建设成本和使用、维护成本，避免分专业建设时的重复、分散和低水平次建设，大大提高实践教学效果，形成实践教学的优势。

此外，学校根据地方经济社会发展的特点设置的专业群，一般来说是为区域主要产业提供支撑的，对专业技术人才的需求量也会比较大，客观上为学生实习开展和动手能力的培养创造了条件，也为学生毕业就业提供了条件。而反过来，专业群的智力集群效应也可以促进区域经济更进一步的发展，实现学校专业建设与社会经济的协调发展。

3. 促进专业复合型人才的培养

形成"双师""多能"教学团队，促进专业复合型人才的培养。专业群人才培养的价值追求是"宽基础、多技能"，理想目标是培养复合型人才。专业群"共享平台+专业模块+综合实践"的课程结构模式要求教师必须"双师""多能"，每位教师要创造条件，既能胜任共享平台课程，又能胜任专业模块课程教学，还能指导学生的综合实践，这就从专业文化层面促使教师要多学习、多实践，做到"双师""多能"，这既降低了专业教师的储备率，提高教师的使用效率，又为专业群"宽基础、多技能"的复合型人才培养提供了有效支撑，没有教师的"双师""多能"，就不可能真正实现学生"宽基础、多技能"的培养。

现代生产和技术的综合化趋势不断增强，生产第一线的技术岗位内涵不断丰富，岗位需求往往是综合性的，常常需要多学科的知识和多种技能，培养复合型人才已成为职业教育的发展方向。复合型人才培养必须要有相对应的有效课程体系的支持，专业群"共享平台+专业模块+综合实践"课程体系，正好可以支撑这种人才培养模式。

4. 促进专业品牌提升与创新发展

提高专业人才的培养质量，促进专业品牌提升与创新发展。集群本身具有专业化和创新性特点：首先，集群中的各方共同集聚在一起，通过资源共享、优势互补，可以形成新的资源共同体，克服单方面独立创新资源不足的缺陷；其次，在集群运行中，各方存在着密切的互动，同时集群并不是封闭的组织，它通过与外部环境不断地交换、吐故纳新、与时俱进，实现动态化的发展，从而促进深层次的整合创新。

专业群对于学校不仅可以集聚专业资源、增强与产业界的合作，更深远的意义还在于可以提高专业人才培养规格，强化学生的职业能力和发展能力。

一方面，专业集群式设置可以提高专业人才培养的规格与质量。专业教育是职业学校人才培养的主要方式，专业建设能否紧跟经济社会发展的要求，决定了学校人才培养的规格与质量。20世纪后半期科学技术出现了相互交叉、整体化趋势，这些特征，要求学校不仅要培养掌握一种技术的人才，而且要培养掌握更多技术和综合技术的人才；不仅要培养具有单一学科背景的人才，而且要培养具有交叉学科、跨专业背景的复合型人才。学校专业通过集群式设置，形成专业群，才能有效集聚相关专业教学团队协作、资源共享、优势互补，从而真正培养出创新性的复合型人才，提高专业人才的培养水平。

另一方面，专业集群式设置可以及时应对经济社会发展的需要，不断衍生发展出新的专业或专业方向。在专业群中，各专业一般以共同的学科背景为基础，相互之间既有分工，又相互依存，是一种融通共生的关系。这种关系可以促进专业间相互交叉与渗透，能根据经济社会发展的需要，及时调整专业方向，或者往相近、相关的专业渐进拓展，开辟出新的专业，使专业得到新的发展。

二、"互联网+"背景下中职专业群建设人才培养创新

（一）构建校企协同育人机制

中等职业学校校企合作开放式育人平台是一个以学生为主体，以学校为主导，以与行业企业、高等院校深度合作而建立的运行机制为基础，具有鲜明开放性特征，适应各种不同类型专业群特点人才培养需要而构建的一种新型专业技能人才培养载体。

1. 行业企业"互惠双赢"互动式合作运行机制

（1）校企合作既是专业群建设能否取得成效的关键要素之一，也是校企合作开放式育人平台能否有效运转的重要支撑力量。然而，与传统的专业与企业之间点对点的校企合作

不同，基于专业群校企合作开放式育人平台的校企合作更强调专业领域对应产业领域，具体而言，就是以学校的专业群对应行业中的企业集团或跨国大型企业，这样就能从一个更高、更宽层面推进校企合作的深入。企业集团是现代企业的一种高级组织形式，是以一个或多个实力强大、具有投资中心功能的大型企业为核心，以若干个在资产、资本、技术上有密切联系的企业、单位为外围层，通过产权安排、人事控制、商务协作等纽带所形成的一个稳定的多层次现代经济组织。

企业集团在结构形式上，表现为以大企业为核心、诸多企业为外围、多层次的组织结构；在联合的纽带上，表现为以经济技术或经营联系为基础，实行资产联合的高级的、深层的、相对稳定的企业联合组织；在联合体内部的管理体制上，表现为企业集团中各成员企业，既保持相对独立的地位，又实行统一领导和分层管理的制度，建立了集权与分权相结合的领导体制；在联合体的规模和经营方式上，表现为规模巨大、实力雄厚，是跨部门、跨地区，甚至跨国度多元化经营的企业联合体。

企业集团在经济社会中不断发挥着调节社会经济资源的配置作用。学校专业群如果能与相对应的企业集团建立校企合作关系，不仅有利于提升学校校企合作的广度和深度，更能引导校企合作朝着集约化方向发展，提高校企合作的效率和水平，增强校企合作的稳定性。专业群是学校教育与产业联系的纽带，加强以零距离对接产业链、职业链、职业岗位群为核心的专业群建设，是学校教育改革的重要内容，对于进一步促进学校办出特色、提高教育教学质量、提升服务经济社会发展能力具有十分重要的意义。基于专业群校企合作开放式育人平台，就是学校利用企业集团的技术信息和资源优势，企业集团利用学校的人才优势，满足企业集团员工队伍更迭需求，有的还可以承担企业集团的员工培训任务，或为企业集团的员工培训提供条件，或成为企业集团产品研发应用与推广基地，双方在此基础上创建开放式育人平台，并以平台为载体，联合职教集团，形成互惠合作机制。通过学校与企业集团的合作，引入"真题真做"的教学内容，推行"真实任务驱动下的任务（项目）化"教学方式，真正做到理实一体、学做合一。

（2）坚持以开放式育人平台为载体，以合作发展为主体，实现与行业企业"互惠双赢"互动式合作的不断深化。学校建成的专业群开放式育人平台，既是学校长期建设，尤其是与行业企业长期合作所形成的成果，也是学校与企业进一步合作的有效平台和载体。一个完全达标的开放式育人平台具备了合作发展明显优势：对外集聚了专业群所对应的相关行业企业所提供的用以指导学校专业人才培养的各种有效资源，包括行业企业的产品开发与设计、产品生产的技术标准与生产流程、产品生产的场地与设备信息、产品生产的工艺与技术信息、产品生产的岗位技术要求信息、生产产品的包装与市场营销信息，生产产品的售后服务（保养与维修）标准与要求信息，以及行业企业管理与技术骨干力量等，有的行业企业还直接向平台捐赠产品生产设备，为此，参与建设的行业企业对专业群开放式育人平台是有深厚感情的，即专业群通过开放式育人平台集聚了行业企业的人气。对内集聚了专业群自身的人才培养优势，如专业师资力量、专业人才培养课程及资源、专业教学实践场地、专业教学设施设备、专业人才培养管理制度以及作为行业企业潜在人力资源的所学专业的学生。

作为学校，尤其是学校的专业群完全可以在开放式育人这个平台上，从更高、更深的层面不断推进与行业企业的合作发展，并使之不断深化。例如利用这个平台，一是帮助行业企业开展岗前及在岗培训，提高员工的职业素养及技能水平；二是利用这里的专业环境与资源优势，开发、改进产品生产工艺流程或服务产品的服务流程；三是利用这里的场地、设施及人力资源，在确保安全的条件下开展新产品的研发；四是利用这个平台，对在校学生进行有针对性的专业培养，使这部分学生的培养实现与行业企业岗位要求的零对接，这是学校与行业企业合作发展的核心，既可以使得学校专业群人才培养质量不断得到提高，又可以使行业企业一线人力资源长期获得稳定的有效补充，凡有战略眼光的行业企业在与学校的合作中最看好的就是这一点。

当然，学校利用专业群开放式育人平台吸引行业企业参与，开展有效合作，还必须在行业领域中不断扩大影响力，注意发挥专业群的品牌效应，使其产生一种需求渴望，同时，利用自己专业群的独特优势，对行业企业的合作发展进行有效引导，使双方在需求点上更加合拍，这样的合作发展才有基础和生命力。此外，还可以不断拓宽与行业企业的合作领域，丰富合作内容与形式，

（3）要以"双服务"为出发点，通过开放式育人平台的运行，在合作发展的基础上与行业企业实现"互惠双赢"的互惠式合作运行机制的新突破。如上所述，在开放式育人平台上学校与行业企业围绕合作发展可以做的事很多，从学校的角度最重要的就是通过这个平台做好"双服务"工作，即服务企业的人才需求和服务学生的职业生涯发展。"双服务"是学校与行业企业双方谋求合作发展的基石。要在"双服务"的基础上，着眼全局和长远，从合作运行机制上有新的突破。

换言之，学校在专业群开放式育人平台上，要牢牢把握好"双服务"这一运行轨迹，使合作不断深化，以量变求质变。例如，通过定向培养班、冠名班及产品生产工艺流程研发、企业产品孵化等项目合作，谋求双方利益的最大化。在此基础上，使得以开放式育人

平台为轴心的校企合作管理制度更加完善，运行机制更加稳定并且更加富有效率，工作联系更加密切，双方合作的相互制约性更加刚性化，形成校企合作的新常态，这就是我们所言的在合作发展的基础上与行业企业建立"互惠双赢"的互动式合作运行机制新突破的内涵所在。同时，学校要积极利用这种合作运行机制的新常态，吸引并引导行业企业发挥其独特优势，深度参与专业群发展规划人才培养方案的制定、专业群课程教材建设、专业群课堂教学改革、专业群学习评价改革、专业群教学团队建设、专业群实践教学条件建设、专业群管理制度建设，行业企业变客人为主人，使专业群内专业设置、课程教材改革能跟上行业企业发展的时代步伐，真正体现行业企业对人才的要求。

2. 借助开放式育人平台架起与高等院校合作的桥梁

我国现代教育由普通教育、职业教育及继续教育三大体系构成。职业教育的层次结构包括初等职业教育、中等职业教育及高等职业教育。初等职业教育主要指各类职业院校、培训机构和用人单位内部开展的实用技术技能培训，通过这类培训使学习者获得基本的工作和生活技能。中等职业教育在现代职业教育体系中具有基础作用，主要为初高中毕业生开展基础性的知识、技术和技能教育，培养技能人才。中等职业教育是职业教育发展的重点，今后一个时期要总体保持普通高中和中等职业学校招生规模大体相当，维持现有的办学规模。当前要建立以提升职业能力为导向的专业学位研究生培养模式，总而言之，要系统构建从中职、专科、本科到专业学位研究生的培养体系，满足各层次技术技能人才的教育需求，服务一线劳动者的职业成长。

当前特别提到要加强中等职业教育基础地位。具体而言，一是要巩固提高中等职业教育。中等职业教育是公共服务体系的重要组成部分。将普及高中阶段教育重点放在中等职业教育。坚持以就业为导向办好中等职业教育，按照系统培养、全面培养、终身教育的理念，加强思想道德和职业道德教育，强化基础文化和体育、艺术课程，加强新技术教育和技能训练，为学生全面成才、持续发展奠定扎实基础。继续探索举办职业教育和普通教育融通的综合高中。二是要调整优化中等职业教育布局。全国各地区要根据本地产业、人口、教育实际和城镇化进程提出中等职业教育规划布局指导意见，指导各地从实际出发逐步优化中等职业教育学校布局和专业。鼓励优质学校通过兼并、托管、合作办学等形式，整合办学资源；对定位不明确、办学质量低、服务能力弱的学校实行调整改造或兼并重组。推动各项要素资源优化整合，逐步提高中等职业学校办学水平。

总而言之，基于专业群的开放式育人平台具有鲜明的专业领域优势和与之相匹配的办学实力，尤其具有学校与企业集团合作办学的优势与实力，中等职业学校利用这个平台提高与高等院校展开"中高职贯通""中本通"等联合办学的成功率，尤其是可以探索联手高等院校与企业集团、跨国企业举办联合培养的"中高职贯通""中本通"定向培养班、冠名班，在更高层面探索"一站式"人才培养模式，为加快现代职业教育体系建设添砖加瓦，形成新的色彩。

（二）创新人才培养模式

由于专业群建设直接面向企业产业链和职业岗位群，与中等职业学校传统单一性专业建设的价值取向完全不同，面向职业岗位群的专业群建设比单一性专业建设更为重要，因为单一性专业建设模式满足不了社会对职业教育的需求，也满足不了职业学校内涵发展、特色发展的客观需要。专业群建设不是对传统专业课程体系架构的一种修补和凑合，而是事关学校长远发展战略的专业格局优化调整。职业学校专业建设只有立足于产业链和职业岗位群，与行业、企业、产业密切结合，与区域经济转型升级紧密结合，才能形成自己的专业集群优势，形成自己的特色和品牌，实现人才培养模式的再创新。

纵观全球职业教育人才培养模式，比较典型的有德国"双元制"人才培养模式，美国、加拿大 CBE（Competency-Based Education）人才培养模式，澳大利亚 TAFE（Technical And Further Education）人才培养模式，国际劳工组织 MES（Module of Employable Skill）人才培养模式等。德国"双元制"人才培养模式以能力为本位，学习对象既在学校接受文化知识和专业理论教育，又在企业接受职业技能及相关专业知识培训，是一种将企业与学校、理论知识与实践技能紧密结合，以培养高水平的专业技术工作为目标的人才培养模式。

美国、加拿大 CBE 人才培养模式是一种以能力为本位的模式，以培养学生自我学习、自我评价能力为主，建立目标标准和评价标准的职业能力培训机制，强调学生素质中能力为显著特征而得名的人才培养模式。

澳大利亚 TAFE 人才培养模式，即技术和继续教育，是一种集学历型和非学历型的职业教育、技术教育、职前的资格培训和在职的岗位培训于一身的职业培训体系模式。

国际劳工组织 MES 人才培养模式开发于 20 世纪 70 年代，该人才培养模式综合并借鉴了欧美发达国家的经验，将某一职业分别列出若干单项能力，然后以单项能力为模块单元进行培训，以不同的模块组合适应不同要求的培训计划。因此，也称之为"模块式技能培训"或"模块培训法"。

我国人才培养模式是随着 20 世纪 80 年代掀起的第一波教育改革热潮出现的，用得比较多的是教学模式，但随着改革的不断深入，人们发现教学模式已经不能完整的概括人才培养要素、活动过程，于是，人才培养模式概念应运而生，进而被教育界广泛应用，人们也开始从概念上对人才培养模式进行各种诠释。可见，所谓人才培养模式，是指在一定的教育理论和思想指导下，按照特定的培养目标和人才规格，以相对稳定的教学内容、课程体系和培养方法构建的一种人才培养样式，这个概念强调的所谓的人才培养模式，实际上就是人才的培养目标和培养规格以及实现这些培养目标的方法或手段。

目前，我国中等职业教育的人才培养模式，按照国务院文件口径，就是"校企合作、工学结合"（《国务院关于大力发展职业教育的决定》国发［2005］35号）。这种人才培养模式是在学习和借鉴德国"双元制"人才培养模式的基础上，在服务于我国新型工业化发展道路，调整经济结构和转变增长方式的办学实践中逐步形成的。其核心是建立行业、企业、学校共同参与的办学机制，其最大特点是突出了"能力本位"，强调要依托专业所对应的行业和企业，一切以培养学生的职业能力为出发点，将能力培养专业化、课程设置职业化、教学内容任务化、教学环境企业化，教师在传授给学生专业技能的同时，还要教给学生胜任未来职业发展的能力以及与职业发展相联系的社会价值观，形成"职业—价值—能力—技能—知识"这样一种与传统人才培养方式不同的教育思维定式。

总而言之，人才培养模式的目标特征就是坚持以立德树人为根本，以服务为宗旨，以促进就业为导向，人才质量要求与企业岗位要求"无缝对接"，提高学生的就业能力，培养高素质劳动者和技术技能人才；内容特征就是坚持校企合作、工学结合，强化教学、学习、实训相融合的教育教学活动，推行项目教学、案例教学、工作过程导向教学等教学模式。

综上所述，对职业学校创新人才培养模式采取7大举措进行引导：①坚持校企合作、工学结合，强化教学、学习、实训相融合的教育教学活动；②改革教学模式，推行项目教学、案例教学、工作过程导向教学模式等；③调整和完善人才培养方案，加大实习、实训在教学中的比重，创新顶岗实习形式，强化以育人为目标的实习实训考核评价；④加强实习管理，健全学生实习保险制度；⑤推进"双证书"制度；⑥校企联合开展现代学徒制试点，推进校企一体化育人；⑦开展职业技能竞赛。这7大举措对中等职业学校人才培养模式创新无疑具有非常重要的指导意义。

需要注意的是，专业群建设对现有中职教育人才培养模式的影响主要表现在以下方面：

第一，专业人才培养理念的突破。专业群人才培养强调专业群与产业集团的融合，跨专业及专业方向的融合，教学、学习、实训相融合，学历证书与多种职业资格证书融合，为学生的职业成长提供更加宽厚的学习环境，其中与产业集团的融合、跨专业及专业方向的融合是传统意义上的单一性专业难以实现的。

第二，专业人才培养方案思路的突破。传统意义上的单一性专业人才培养方案以服务单一职业领域的职业岗位群为基础，通过市场调研，形成本专业的培养目标、人才规格、课程结构、教学安排、主要专业课程及教学要求、专业教师要求、实训条件要求、实施建设。专业群人才培养方案以服务某一产业领域的职业链和职业岗位群为基础，基于整个专业群的专业架构，把群内的所有专业整合在一起，在市场调研的基础上，对专业培养目标、人才规格、课程结构、教学安排、主要专业课程及教学要求、专业教师要求、实训条件要求、实施建设等方面进行重新整合，突破了围绕某一个专业的单一性思维的局限性，从集群的层面思考怎样发挥群的集聚性优势，实现"1+1>2"的办学效果，提高人才培养质量。

第三，人才培养定位的突破。非专业群人才培养定位一般仅立足于本专业所覆盖的工作岗位对应用型技能人才的需求，考虑的面比较窄。专业群人才培养定位必须考虑整个群所覆盖的产业领域的职业链和职业岗位群，强调"宽基础、多技能"，关注学生职业迁移能力的培养，以适应行业和企业对应用型人才规格多变的需求，尤其是对创新型人才的需求。

参考文献

[1] 敖立鼎. 职业教育中计算机教学网络化教学模式探究[J]. 教育与职业, 2013 (29): 166-167, 168.

[2] 陈福珍. "互联网+"背景下职业学校教师教学能力内涵及提升策略[J]. 教育导刊（上半月）, 2020 (6): 89-96.

[3] 陈兴华. 基于"互联网+"背景下的中职电子商务创新创业人才培养的策略研究[J]. 职业, 2019 (9): 57-58.

[4] 邓金梅. "互联网+"时代下中职会计人才培养路径的优化研究[J]. 中国商论, 2019 (1): 245-246.

[5] 丁蕾. 基于"互联网+"的中职物理混合式教学[J]. 中国电化教育, 2016 (3): 141-145.

[6] 房杰. "互联网+"时代混合式教学在中职教学中的应用[J]. 教育艺术, 2022 (1): 39.

[7] 胡伏湘. 基于大数据的智慧职教——内涵、平台设计与应用[J]. 中国职业技术教育, 2017 (3): 85-91.

[8] 兰鹏. 学分制下中职数学的分层教学初探[J]. 中国校外教育（基教版）, 2009 (12): 53.

[9] 李波. 人工智能背景下中职会计专业的实践教学改革探索[J]. 中国商论, 2019 (12): 244-245.

[10] 李红红. "互联网+"背景下中职语文教学模式创新分析[J]. 中国新通信, 2021, 23 (24): 156-157.

[11] 李久军. 中等职业教育价值取向研究[D]. 成都: 四川师范大学, 2021: 58.

[12] 李向红. "互联网+"背景下高职会计实践教学体系创新[J]. 教育与职业, 2017 (6): 89-93.

[13] 廖静. "互联网+"背景下中职护理专业教学探讨[J]. 现代职业教育, 2018 (24):

77.

[14] 林莉萍.“互联网+”背景下中职学校数控专业实训教学改革探索［J］.现代职业教育，2021（16）：39.

[15] 林文青.“互联网+”时代改进中职会计专业教学的认识［J］.投资与创业，2017（10）：182-183.

[16] 刘赞.中职英语课堂教学模式研究［M］.天津：天津科学技术出版社，2019.

[17] 路光达，郭庭航，韩瑜.职业教育在线教学工具的应用研究［J］.职教论坛，2020，36（8）：64-69.

[18] 骆书芳.“互联网+”背景下中职"双创"人才培养策略研究［J］.中国市场，2021（9）：172.

[19] 沙原.智慧课堂在中职英语口语教学中应用的有效性探讨［J］.职业技术教育，2021，42（2）：33-36.

[20] 孙钰林.职业教育的“互联网+”方法论［J］.自然辩证法研究，2016，32（6）：113-116.

[21] 王浩.完全学分制下选课管理的思考与实践［J］.考试周刊，2016（76）：175-176.

[22] 王强.“互联网+”视角下的职业教育智慧教学体系构建［J］.职业技术教育，2017，38（29）：58-60.

[23] 王秋燕.跨界融合背景下的中职学校教学改革思考［J］.福建茶叶，2019，41（8）：165.

[24] 王雯，韩锡斌.信息时代职业教育混合教学要素及其关系［J］.电化教育研究，2022，43（2）：19-25，41.

[25] 王雄.“互联网+”背景下中职计算机教学的反思探索［J］.中国新通信，2021，23（23）：69.

[26] 王云霞.“互联网+”下中职学生有效管理方法探究［J］.中国校外教育，2019（20）：150+153.

[27] 肖志忠.中职学校教学中潜意识教育的应用［J］.现代职业教育，2022（11）：124.

[28] 薛相萍.“互联网+”背景下中职市场营销课程教学创新思考［J］.中学教学参考，2021（33）：87-88.

[29] 严水荷.“互联网+”背景下中职会计"理虚实一体化"教学刍议［J］.中国职业技术教育，2017（14）：30-33.

[30] 颜辉盛. 中职服务育人教育新理念 [M]. 武汉：中国地质大学出版社，2014.

[31] 杨小悦，汤艳. "互联网+"环境下中职计算机网络高端技能型人才培养模式探索 [J]. 中国新通信，2021，23（5）：180.

[32] 袁和贵. 浅谈中职学校网络教学的定位 [J]. 当代教育论坛，2010（27）：50-51.

[33] 张东林，郑亚楠. 浅谈中职学分制信息化服务平台的构建 [J]. 河南教育（职成教版），2015（10）：8.

[34] 张雅，夏金星，孙善学. "互联网+"背景下职业教育课程智慧教学研究 [J]. 中国职业技术教育，2017（23）：8-12.

[35] 赵明梅. "互联网+"时代背景下中职会计专业教学的优化 [J]. 投资与合作，2021（6）：177.

[36] 朱枫. 浅析"互联网+"时代中职汽车专业人才培养模式与探究 [J]. 时代汽车，2020（23）：52-53.

[37] 刘合群，陆灼华. 以人为本中职教育新理念 [M]. 广州：暨南大学出版社，2008.